Gotham City

Daniel Damler ist Privatdozent an der Juristischen Fakultät der Universität Tübingen und assoziierter Wissenschaftler am Max-Planck-Institut für Rechtsgeschichte und Rechtstheorie in Frankfurt am Main.

Daniel Damler

Gotham City

Architekturen des Ausnahmezustands

Campus Verlag
Frankfurt/New York

Gedruckt mit finanzieller Unterstützung des LOEWE-Programms
(Schwerpunkt »Architekturen des Ordnens«).

AO Architectures of Order

MIX
Papier aus verantwortungsvollen Quellen
FSC www.fsc.org FSC® C089473

Klimaneutral
Papier
ClimatePartner.com/13732-1910-1001

ISBN 978-3-593-51518-2 Print
ISBN 978-3-593-44959-3 E-Book (PDF)
ISBN 978-3-593-44958-6 E-Book (EPUB)

Umschlaggestaltung: Guido Klütsch, Köln
Umschlagmotiv: New York City 1997 © Carla Damler
Satz: le-tex transpect-typesetter, Leipzig
Gesetzt aus der Alegreya
Druck und Bindung: Beltz Grafische Betriebe GmbH, Bad Langensalza
Beltz Grafische Betriebe ist ein klimaneutrales Unternehmen (ID 15985-2104-1001).
Printed in Germany

www.campus.de

Inhalt

Weltstadt des Untergangs – Seit 1939

Die Welt schaut auf diese Stadt. Die ganze Welt, die Welt im buchstäblichen Sinn. Ein steinernes Ungetüm altorientalischen Zuschnitts. Eine moderne Hure Babylon, die »hat mit dem Zorneswein ihrer Unzucht getränkt *alle* Völker« (Apoc. 14, 8).

Wer sich für existentielle Welt- und Staatskrisen im 21. Jahrhundert interessiert, kommt an der Batman-Saga nicht vorbei. Ihr Schauplatz – die fiktive Millionen-Metropole Gotham – ist auf der ganzen Erde, auf allen Kontinenten zu einem Sinnbild für ein Gemeinwesen geworden, das die Kontrolle über die öffentliche Sicherheit und Ordnung verloren hat oder zu verlieren droht. Gotham steht für den Ausnahmezustand in Permanenz, für die Herrschaft des Verbrechens, für unvorstellbares Staatsversagen, aber auch für den Triumph eines republikanischen Heroismus, wie ihn der prominenteste Bürger der Stadt, Bruce Wayne alias Batman, praktiziert.

Batman machte Karriere zunächst als Comicfigur, später als Filmstar. Der »dunkle Ritter« erblickte das Licht der Welt in dunklen, in sehr dunklen Zeiten, im Mai 1939, wenige Monate vor Ausbruch des Zweiten Weltkriegs. Beflügelt vom Erfolg Supermans, der 1938 in »Action Comics« Nr. 1 sein Debüt gegeben hatte, erschufen Bob Kane (Robert Kahn) und Bill Finger, beide Kinder jüdischer Einwanderer, in »Detective Comics« Nr. 27 (»The Case of the Chemical Syndicate«) einen kostümierten Superdetektiv, der seit inzwischen mehr als acht Jahrzehnte den dunklen Mächten Gothams das Fürchten lehrt.[1] In besagter Erstausgabe vom Mai 1939 erfährt der Leser noch nicht allzu viel über Herkunft und Motive des maskierten Helden. Immerhin wird das Geheimnis seiner Identität gelüftet: Es stellt sich heraus, dass ein gewisser Bruce Wayne, Freund des ermittelnden Kommissars (»Commissioner«) Gordon, ein Doppelleben führt und des Nachts in Gestalt einer Fledermaus »einen einsamen Kampf gegen die bösen Kräfte der Gesellschaft« (»a lone battle against the evil forces of society«) austrägt.[2]

Einige Ausgaben später, in »Detective Comics« Nr. 33, erschienen im November 1939, kommt die ganze Wahrheit ans Licht. Der Leser wird Zeuge eines abscheulichen Raubüberfalls auf die Familie Wayne. Auf dem Heimweg nach einem gemeinsamen Kinobesuch muss der kleine Bruce mitansehen, wie zuerst sein Vater Thomas Wayne und anschließend auch seine Mutter von einem Ganoven kaltblütig erschossen wird, der es auf die Halskette der vornehmen Dame abgesehen hat.[3] Der Junge – Erbe eines großen Vermögens – schwört im Bett bei Kerzenschein, für den Rest seines Lebens Rache zu nehmen an allen Kriminellen dieser Welt. In den folgenden Jahren trainiert er seinen Körper bis zur Vollendung (»trains his body to physical perfection«) und eignet sich in einem Labor naturwissenschaftliche Kenntnisse an (»he becomes a master scientist«). Endlich fühlt er sich zum Kampf gerüstet. Wie er es geschworen hat, will er nun Schrecken in die Herzen der Verbrecher tragen (»so my disguise must be able to strike terror into their hearts«). Just als er darüber nachsinnt, wie es ihm gelingen könne, diesen Schrecken zu erzeugen und sich in eine »Kreatur der Nacht« zu verwandeln, fliegt eine Fledermaus durch das offene Fenster. »A bat! That's it! It's an omen … I shall become a bat!« ruft der breitschultrige junge Mann – »und so ward sie geboren diese unheimliche Figur der Nacht.«[4]

So trivial die Geschichte vom kleinen, um die kindliche Unschuld beraubten Bruce auch erscheinen mag – sie füllt in dem Novemberheft gerade einmal eine Doppelseite – so nachhaltig war ihre Wirkung. In allen nur denkbaren Medien tausendfach wiederholt und aktualisiert, gehört die Zerstörung der Wayne-Familie inzwischen zu den großen Ursprungsmythen unserer Zeit.

Der Ort des Geschehens war damals noch New York oder schlicht unbenannt; erst seit Heft »Batman No. 4«, Winter 1940/41, ist von »Gotham City« die Rede. Angeblich kam Bill Finger die Idee zu diesem Namen beim Durchblättern des New Yorker Telefonbuchs, als ihm die Anzeige eines Juweliers ins Auge fiel: »Gotham Jewelers«.[5] Das Synonym für die Stadt am Hudson geht auf einen Einfall Washington Irvings zurück, der in der von ihm herausgegebenen Satirezeitschrift »Salmagundi« Manhattan auf Gotham taufte und damit der Stadt einen Spitznamen verpasste, den sie nie wieder los wurde. So geschehen im Jahr 1807.[6] Das Wort selbst ist allerdings viel älter. »Gotham« bedeutet eigentlich »Goats‹ Town«, also Ziegenstadt. Noch heute existiert ein Dorf gleichen Namens im englischen Nottinghamshire, unweit des Sherwood Forest, wo weiland Robin Hood – der mittelalterliche Superheld – die Witwen und Waisen gerächt haben soll.[7] Im Mittelalter bezeichnete »Gotham« eine Gemeinde mit verrückten und beschränkten Einwohnern, über die allerlei Witze im Umlauf waren,[8] so wie in Deutschland die Ostfriesen und in Spanien die »Leperos« aus der andalusischen Kleinstadt Lepe den Spott ihrer Landsleute auf sich ziehen. Wir dürfen unterstellen, dass Irving mit seiner Satire Ähnliches im Schilde führte.

Andere Bezeichnungen wie »Civic City«, »Capital City«, »Coast City« – allesamt recht farblos und technokratisch – hatte man verworfen. »New York« wiederum wäre zu konkret gewesen und hätte Nicht-New Yorkern womöglich den Zugang zu der Geschichte erschwert. »Wir wollten es nicht New York nennen, so dass sich jedermann in jeder Stadt damit identifizieren konnte«, gab später Bill Finger zu Protokoll.[9] Ihr Ziel haben Finger und Kane längst erreicht. Heute ist Gotham City tatsächlich die Projektionsfläche für »anybody in any city«, Inbegriff eines postmodernen Lebensgefühls, *Welt*stadt überdies gleich in mehrfacher Hinsicht.

Tun wir für einen Moment so, als ob Gotham City wirklich existierte. Dann würde die moderne Stadtsoziologie und Urbanistik wahrscheinlich sowohl von einer »globalen Stadt« (*global city*) als auch von einer Megastadt (oder Megalopolis) sprechen. Die Begriffe bezeichnen unterschiedliche Stadttypen mit Eigenschaften, die sich allerdings nicht ausschließen. *Global cities* sind Knotenpunkte eines transnationalen Städtesystem, in denen die Unternehmensleitungen weltweit agierender Konzerne, Banken und anderer Finanzdienstleister residieren samt der ihnen zuarbeitenden Wirtschaftsprüfer, Rechtsanwälte und Unternehmensberater. New York City, London und Tokio gelten seit der gleichnamigen Studie von Saskia Sassen aus dem Jahr 1991 als Inbegriff »globaler Städte«.[10]

Im Unterschied dazu findet das Etikett *megacity* Verwendung, wenn es sich um eine sehr bevölkerungsreiche Stadt, um einen gigantischen urbanen Ballungsraum handelt. Ausschlaggebend ist die schiere Größe und Einwohnerzahl. Gab es um 1900 weltweit nur zwölf Städte mit mehr als einer Million Einwohner, waren es 2018 dreiunddreißig mit mehr als zehn Millionen.[11] Ein Ende des Wachstums ist nicht abzusehen, vor allem nicht in den sogenannten Entwicklungs- und Schwellenländern. Glaubt man den Voraussagen, sollen zu Beginn des 22. Jahrhunderts ein Viertel der Weltbevölkerung in den 101 größten Städten leben, etwa in Lagos und

Kingshasa (jeweils 85 Millionen) oder in Mumbai und Dhaka (50–70 Millionen).[12] Eine *global city* kann also – bei entsprechender Größe – zugleich eine Megastadt sein (wie im Fall von New York City, London und Tokio), und Gotham mit seinen mehr als 12 (oder 20) Millionen Einwohnern wäre eine solche.

Für globale Städte wie für Megastädte ist charakteristisch, dass sie buchstäblich und im übertragenden Sinn ihrem regionalen und nationalen Umfeld entwachsen. In *global cities* findet eine Entkoppelung von der ökonomischen Entwicklung des übrigen Landes statt, das zum bloßen »Hinterland« degradiert wird. Einst blühende und mächtige Industriemetropolen wie Liverpool, Manchester, Detroit und Osaka befinden sich schon seit geraumer Zeit im Niedergang und haben längst den Anschluss an London, Tokio und New York verloren.[13] Und wenn – wie in den *megacities* – der Großteil eines Staatsvolkes in einem einzigen urbanen Zentrum lebt, stellt sich die Frage, ob überhaupt noch von einem »Staat« die Rede sein kann, jedenfalls wenn wir darunter den Flächenstaat verstehen, den Hauptakteur der frühneuzeitlichen und frühmodernen Staatswerdung in Europa.

Die Einheit der Nation, die Einheit des Staates ist dann unter Umständen nur eine fadenscheinige Fiktion, so dass über kurz oder lang auch die gesamte konstitutionelle Statik ins Rutschen gerät. Ran Hirschl hat jüngst kritisiert, dass Megastädte trotz ihrer immensen faktischen Bedeutung verfassungsrechtlich gar nicht existierten und unverändert der antiquierten »westfälischen Souveränitätsordnung« (»... subjugated by a Westphalian sovereigntist order«) unterworfen seien.[14] Zu einem Bruch mit der europäischen Völkerrechts- und Verfassungstradition muss es nicht kommen – Nationalstaaten sind sehr widerstandsfähige, stabile Gebilde – doch im Bereich des Möglichen liegt eine solche Entwicklung allemal.

Gotham City präsentiert sich auch insoweit als eine sehr moderne, eine prophetisch moderne Stadt. Indem sich ihre Schöpfer, Finger und Kane, weigerten, Batmans Wirkungsstätte einfach nach der berühmten US-amerikanischen Metropole am Hudson zu benennen, haben sie in die Geschichte einen Faden des Zweifels hineingewoben, einen Faden des Zweifels am staatsrechtlichen Status der Stadt. Gewiss, nach gängiger Lesart gehört Gotham zu den Vereinigten Staaten, aber ganz sicher kann man sich eben nicht sein. In den Abendteuern des Dunklen Ritters spielt der amerikanische Staat jedenfalls – anders als die städtischen Institutionen – keine oder nur eine untergeordnete Rolle.

Eine Dereliktion und offizielle staatsrechtliche Entwidmung Gothams erfolgte in der von Jordan B. Gorfinkel gestalteten serienübergreifenden Storyline »No Man's Land« aus dem Jahr 1999. Nach einem verheerenden Erdbeben erklärt die US-Regierung gegen den Willen der Stadtverwaltung Gotham zum Niemandsland, lässt einen Teil der Bevölkerung evakuieren und die Brücken zerstören, damit niemand mehr hinaus- oder hineingelangen kann. Diejenigen, die – wie viele Mittellose, Kriminelle und der harte Kern des Police Departments – in der verstoßenden Stadt verbleiben, kämpfen in den Häuserschluchten auf der Seite Batmans oder gegen ihn um die Vorherrschaft.[15]

In Christopher Nolans dritten Batmanfilm (2012) ruft des Terroristen Bane Drohung mit der Atombombe zwar das amerikanische Militär auf den Plan und ein finster dreinblickender General verlangt sofort den Präsidenten zu sprechen, aber ein US-General würde wohl genauso finster dreinblicken und ebenfalls auf eine Intervention drängen,[16] hätten Terroristen außerhalb des amerikanischen Staatsgebietes, etwa auf Kuba oder in Guatemala, einen Nuklearschlag in Aussicht gestellt, Souveränität hin oder her. Ausrichten können die hohen Herren in Washington und ihre Soldaten im Übrigen ohnehin nichts. Bane lässt die Brücken sprengen und sperrt die amerikanische Militärmacht aus, die mit ihrem Latein sehr schnell am Ende ist. Nein, die Bewohner Gothams müssen sich (wieder einmal) selber retten, müssen die Sache in die eigenen Hände nehmen, sonst ist alles verloren. Als der Präsident in einer schwülstigen Ansprache versichert, er habe Gotham nicht aufgegeben (»People of Gotham, we have not abandoned you!«) und Commissioner Gordon mit der Frage konfrontiert wird, wie man diese präsidialen Worte zu verstehen habe, erwidert er kühl: »Das bedeutet, dass wir auf uns gestellt sind« (»It means we're on our own«).[17]

Man agiert wenn nicht gar wie ein De-jure-, so doch zumindest wie ein De-facto-Stadtstaat. Als solcher wäre Gotham alles andere als ein weltgeschichtliches Novum. Herausragende politische Mächte des Altertums waren (freilich je nach Definition) Stadtstaaten: Ur, Babylon, Athen und (zu Anfang) Rom.[18] Vergleichbares gilt für außereuropäische Kulturen, beispielsweise für Tenochtitlan in Mittelamerika.

Auch in anderen Werken der Phantastik, der Comic- und Science-fiction-Literatur gehören unabhängige oder quasi-unabhängige Megastädte zum etablierten Repertoire. Das Cyperpunk-Genre und bereits dessen Vorläufer, Philip K. Dicks 1968 erschienener dystopische Roman »Do Androids Dream of Electric Sheep?«, kennen zahlreiche Metropolen inmitten eines verwahrlosten, kontaminierten und »entstaatlichten« Umlandes. In Ridley Scotts Film »Blade Runner« von 1982 (der auf Dicks Roman basiert) ist es das überbevölkerte, gestaltlose Los Angeles des Jahres 2019, das in einem politischen und rechtlichen Vakuum zu existieren scheint. Das Sagen hat die übermächtige, auf die Produktion von Replikanten spezialisierte Tyrell Corporation.

Die Entwickler von Computer(rollen)spielen wie »Cyberpunk 2077« (2020/21) nehmen den Gedanken gerne auf und beglücken ihre Kundschaft mit Riesenstädten wie »Night City«, beheimatet im Freistaat Nordkalifornien, dessen Recht und Gesetz die Einwohner konsequent ignorieren. Ähnlich verhält es sich mit der »Mega-City One« aus der Comicserie »Judge Dredd« (seit 1977/2000), nach dem Nuklearkrieg von 2070 eine der wenigen unzerstörten Weltregionen, eine Konurbation, die weite Teil der US-amerikanischen Ostküste bedeckt und ebenfalls ein Eigenleben führt. Man sieht: Das amorphe extraterritoriale Gotham ist beileibe kein Unikat, aber immerhin so etwas wie der Archetypus.

Die Insellage verstärkt die Isolation. Die Analogie zu New York hatte es von Anfang an nahegelegt, Gotham als Insel zu begreifen, da sich New York bekanntlich über mehrere Inseln (Staten Island, Long Island mit Brooklyn und Queens) und eine Halbinsel (Manhattan) erstreckt. Doch wohl erst die von Eliot R. Brown 1999 ersonnene Karte hat die geographische Eigentümlichkeit des Schauplatzes der Welt vor Augen geführt.[19] Andere Zeichner haben die Karte in der Folge hier und dort ein wenig modifiziert, aber ihre Grundstruktur ist inzwischen kanonisch und so etabliert, dass sie sogar in den Kinofilmen – wie in »The Dark Knight Rises« (Abb. 1) – in Gestalt eines Faltplans Verwendung findet: Zu erkennen sind drei untereinander über Brücken und Tunnel verbundene, eher horizontal denn vertikal ausgerichtete Hauptinseln und einige Nebeninseln.

Ein Eiland also wie Platons Atlantis und Mores Utopia, mit der für Inseln charakteristischen, »insularen« Selbstbezogenheit.[20] Freilich ist Utopia, wie es die Frontispize der Ausgaben von 1516 und 1518 abbilden (letzteres von Ambrosius Holbein (1494–1519) gestaltet, Hans Holbein d.J. Bruder),[21] vor allem Insel und weniger Stadt, wenngleich die für die Zeit recht hohen, mehrstöckigen Häuser auffallen, eine »Skyline«, die dem Gemeinwesen (mit 54 Städten) einen fast modernen urbanen Flair verleiht (Abb. 2).

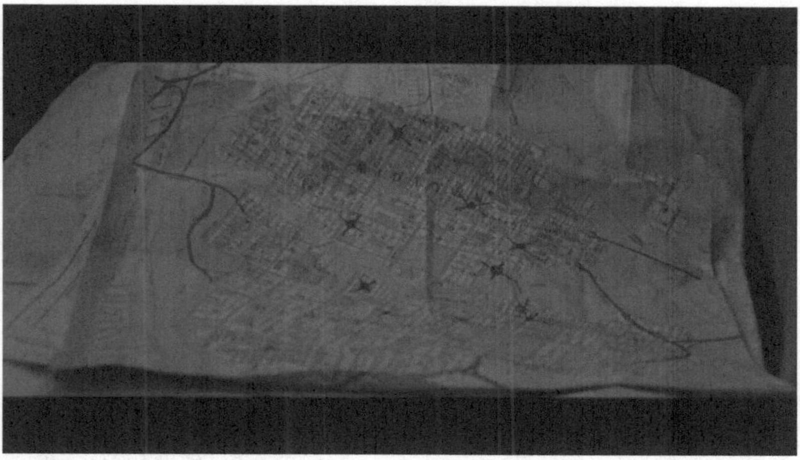

Abb. 1
Quelle: Christopher Nolan, The Dark Knight Rises, © Warner Bros. Entertainment Inc., 2012.

Gotham hingegen ist weniger Insel und vor allem Stadt, ein geschlossener Siedlungsraum, der sich die drei Inseln vollständig einverleibt hat und sich zudem in unmittelbarer Küsten- und Flussnähe (Gotham River) befindet. Trotzdem ist die Insellage für den Charakter der Stadt und ihrer politischen Ordnung nicht irrelevant. Wir erwähnten bereits, dass das Zerstören der Brücken, die Inseln und Festland verbinden, ein gängiges Mittel ist – in »No Man's Land« ebenso wie in »The Dark Knight Rises« – um Gotham gänzlich zu isolieren und auf die Weise deutlich zu machen, dass die Bürgerschaft sich nur selbst helfen kann.

Für globale Städte ist außerdem die Zugehörigkeit zu transnationalen Wirtschaftsräumen kennzeichnend (»transnational economic spaces«).[22] In dem Maße, in dem sie sich vom Hinterland entkoppeln und abschließen, in dem Maße bauen sie Beziehungen zu Ihresgleichen auf, zu Städten von vergleichbarer Größe, Wirtschaftskraft und Autonomie. So werden sie Teil eines informellen Städtebündnisses, das eines Tages vielleicht die Nationalstaaten und die *Völker*gemeinschaft als Hauptakteure der Weltpolitik ersetzt, Heimat einer heimatlosen Elite und Resonanzraum weltumspannender hyperkapitalistischer Aktivitäten. Der Film »The Dark Knight« (2008) deutet an, dass auch die Stadt Batmans dieser »Superliga« angehört, denn die Handlung spielt – soweit nicht in Gotham – in Hongkong, wo das Unternehmen des Geschäftsmanns und Großkriminellen Yinglain

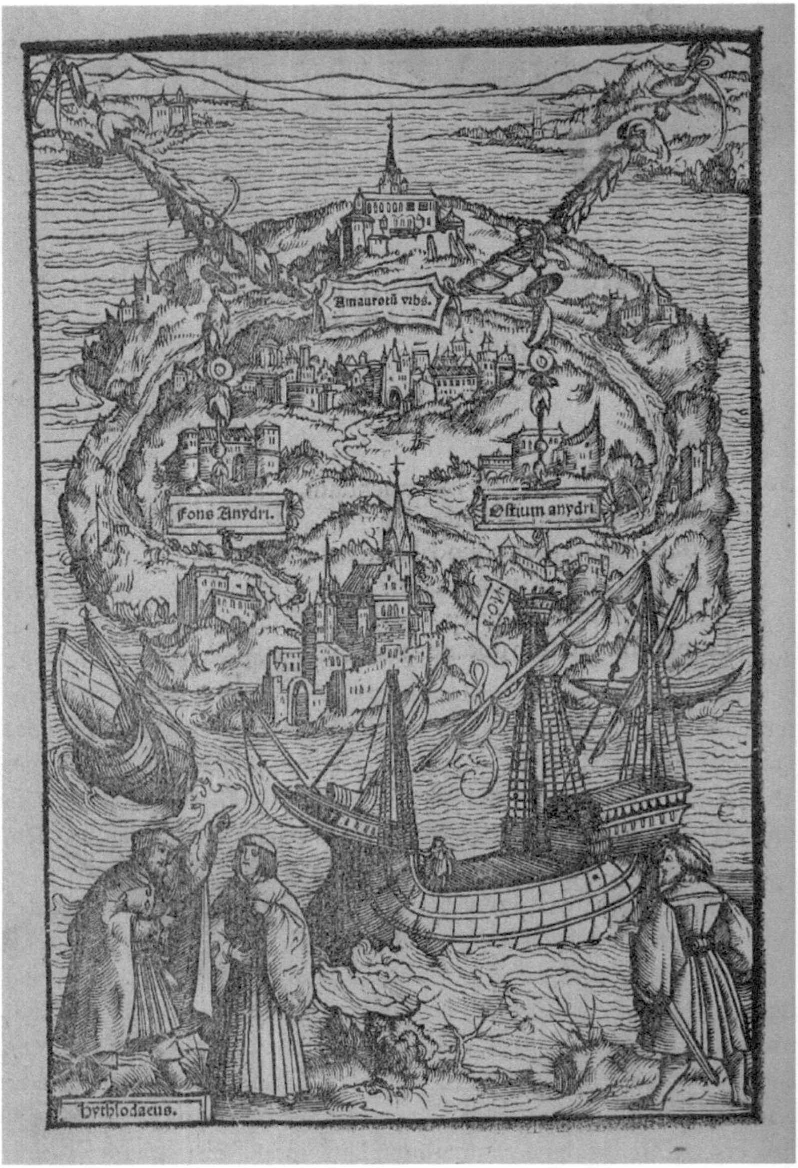

Abb. 2

Quelle: Thomas Morus, Utopia, 1518 (Ambrosius Holbein).

Lau ansässig ist, der Gothams Unterwelt (illegale) Finanzdienstleistungen anbietet.

Mit ihren Skylines, ihren atemberaubenden Stahl- und Glastürmen unterscheiden sich globale Städte schon äußerlich von den herkömmlichen National- und Provinzstädten. In letzteren beherrschen noch die Bauten des öffentlichen Sektors (im weitesten Sinne) – Gotteshäuser, Königspaläste, Regierungssitze, Parlamentsgebäude – das Stadtbild. Hingegen finanzieren in den globalen Städten Immobilienfonds und Konzerne die identitätsstiftende Architektur, geplant und ausgeführt von kosmopolitischen »Stararchitekten« und großen internationalen Architekturbüros, die genauso kapitalistisch ausgerichtet und organisiert sind wie ihre Auftraggeber.[23]

In den globalen Städten haben diese Büros oft ihren Hauptsitz und ebenso die wichtigsten Unternehmen der Medien- und Unterhaltungsbranche, riesige Konglomerate, bestehend aus Filmstudios, Plattenlabels, Buchverlagen und Fernsehkanälen, die in den letzten Jahrzehnten durch Fusionen und Zukäufe entstanden sind. Die Konzentrationsprozesse führen nach und nach auch zu einer Globalisierung der Inhalte, Werte, Aussagen und ästhetischen Ausdrucksformen. Die Medienkonzerne und die in den *global cities* ansässigen Eliten haben ein Interesse an einer Vereinheitlichung oder zumindest Harmonisierung der (Pop-) Kultur, weil sie weltweit akzeptierte Produkte – gleich ob Filme, Fernsehserien, Lieder oder Bücher – erfolgreicher und schneller vermarkten können.

»The decisions made in those headquarter cities, which are at the top of the global hierarchy, have enormous consequences for people everywhere«, schrieb der amerikanische Soziologe Mark Abrahamson schon zu Beginn des 21. Jahrhunderts, »the cultural industries are significant sociologically because of the important part they play in establishing people's beliefs and aspirations as well as setting popular styles. The various mediums of this industry are unsurpassed in providing models and symbolic forms for people to use in interpreting the significance of public and private events in their lives and in deciphering the meaning of their social relationships.«[24]

Damit ist bereits eine weitere – für unser Vorhaben besonders wichtige – globale Dimension Gothams angesprochen: Gotham als *weltweit* bekanntes und gegenwärtiges Sinnbild für gutes (und schlechtes) Regieren, Richten und Strafen in Extremsituationen. Rund um den Globus wird jährlich am dritten Samstag im September der Batman Day begangen. Zum 80. Geburtstag der Comic-Reihe im Jahr 2019 war in New York, Tokyo, Johannesburg, Melbourne, Rom, London und in vielen weiteren Städten das *Bat Si-*

gnal an den Fassaden prominenter Gebäude zu sehen (in Berlin am Potsdamer Platz).

Was Umsatz und Zuschauerzahlen anbelangt, gibt es nur wenige Produktionen, die es mit den Batman-Filmen aufnehmen können. Insbesondere die Dark Knight-Trilogie unter der Regie von Cristopher Nolan war außerordentlich erfolgreich. Sowohl der zweite (2008) als auch der dritte Teil (2012) spielten jeweils mehr als ein Milliarde US-Dollar ein.[25] Betrug der internationale (nicht US-amerikanische) Anteil am Gesamtumsatz 2008 noch 46,8 %, lag er 2012 bereits bei 58,5 %.[26] In 56 »Märkten«, von Ägypten bis Australien, von China bis Kolumbien, von Indonesien bis Nigeria: Überall hatte der Dunkle Ritter seinen Auftritt.[27] Da die Filme fortwährend im Fernsehen wiederholt werden und darüber hinaus über Speichermedien und Archive zugänglich sind, hat man wohl davon auszugehen, dass die Batman-Saga zumindest in ihren Grundzügen einem Milliardenpublikum bekannt ist.

Das ursprüngliche Medium, der Comicstrip, dürfte heute (anders als in der Mitte des 20. Jahrhunderts) nur noch vergleichsweise wenig zum Erfolg und zur Bekanntheit beitragen. Ungeachtet dessen werden Batmancomics weiterhin publiziert und gelesen, wiederum nicht nur in den Vereinigten Staaten oder in Westeuropa, sondern auch in Asien und Lateinamerika. Neben einfachen Übersetzungen existieren Geschichten mit nationalen oder regionalen Batmans, die in Aussehen und Verhalten landestypische Besonderheiten aufweisen, um die Leser in anderen Teilen der Welt stärker anzusprechen und eine Identifikation zu ermöglichen.

Dieses Phänomen hat Grant Morrison in der Reihe »Batman Incorporated« (2010–2013) auf originelle Weise selbst zum Gegenstand einer Bildergeschichte gemacht.[28] Wir sehen Bruce Wayne in Anzug und Krawatte, wie er im obersten Stockwerk des Wayne Towers dem Vorstand von Wayne Enterprises (oder der Wayne Foundation) seine neue Strategie einer dezidiert globalen Verbrechensbekämpfung erläutert (»Ich bin *zurück* und greife die *nächste Ebene* strategisch an. Wir werden fortan nicht nur in *Gotham* helfen, sondern die *Welt* verändern«).[29] Auf der Weltkarte im Hintergrund sind mit einem gelben Batman-Logo die Orte gekennzeichnet, an denen regionale Batman-Doppelgänger operieren, wie Waynes Ansprache zu entnehmen: »Wir wissen von mindestens 20 tapferen Männern und Frauen in aller Welt, die *Batman* inspiriert hat. Mit Batmans Unterstützung will ich ein *Netzwerk* internationaler Verbrechensbekämpfung aufbauen und diese finanzieren. Von *London* bis *Hong Kong*, von *Buenos Aires* bis

Moskau ... Wir schaffen ein omnipräsentes internationales Verbrechensbekämpfungs-Franchise.«[30]

Grant Morrisons Rahmenhandlung ist unter verschiedenen Gesichtspunkten bemerkenswert. Zum einen stellt sie Batmans Mission als eine an modernen wirtschaftlichen, korporativen Praktiken orientierte Unternehmung dar und gibt dem Ganzen dadurch eine ironische Wendung;[31] schließlich ist der reale Batman ebenfalls eine Marke und ein (sehr wertvolles) Wirtschaftsgut, das »gehandelt«, »lizensiert«, »vermarktet« wird. Und DC Comics, Inc., die Kapitalgesellschaft, die über Batmans Schicksal wacht, gehört als Tochtergesellschaft von DC Entertainment Inc. zu Warner Bros. Entertainment Inc., die als Teil von Warner Media, LLC (derzeit noch) von AT&T, Inc. kontrolliert wird.

Zum anderen trägt »Batman Incorporated« dem Bedürfnis nach einer Diversifizierung der Batman-Figur Rechnung, die ein universelles Prinzip und keine Pax Americana, keine spezifisch amerikanische Gerechtigkeits- und Friedensordnung, verkörpern soll. Die Protagonisten des von Bruce Wayne aus der Taufe gehobenen Verbrechensbekämpfungs-Franchise wie Batwing – der »afrikanische Batman« – oder der argentinische El Gaucho haben ihr eigenes Profil und ihren eigenen Kopf, ja El Gaucho weigert sich sogar, dem »Netzwerk internationaler Verbrechensbekämpfung« formell beizutreten (»Und was ›Batman Incorporated‹ angeht, bin ich dankbar und geschmeichelt, dass Du den ganzen Weg hierherkamst, aber El Gaucho ist sein eigener Herr, kein Angestellter«).[32]

Von der Globalisierung und zugleich Regionalisierung sind auch andere Ikonen der amerikanischen Pop-Kultur betroffen, zum Beispiel Spider-Man.[33] Bereits 2004 veröffentlichte die »Gotham (!) Entertainment Group« mit Sitz in Bangalore, Indien, eine auf den indischen Markt zugeschnittene Version des Spinnenmannes – »einer der ersten Versuche, einen durch und durch amerikanischen Superhelden kulturell zu übersetzen und in einen Helden mit indischem Hintergrund zu verwandeln.«[34] Sharad Devarajan, CEO der »Gotham Entertainment Group«, hob die ambitionierten Ziele seines Vorhabens hervor:

> »Anders als traditionelle Übersetzungen amerikanischer Comics wird Spider-Man India die allererste ›Transkreation‹ werden, in der wir (Inder und indischstämmige US-Amerikaner) den Ursprung einer westlichen Marke (*property*) wie Spider-Man neu erfinden.«[35]

Man sollte solche Bemühungen um kulturelle »Transkreation« und das Vermeiden von US- oder eurozentristischen Perspektiven nicht vorschnell als durchsichtige Vermarktungsstrategie abtun. Derartige kreative Hybride können unter Umstände ein kritisches Bewusstsein fördern und produktive öffentliche Debatten anregen[36] – wie im Fall des Nightrunner, des französischen Statthalters von Batman Incorporated. Der von David Hine konzipierte Superheld erhitzte die Gemüter konservativer Kolumnisten, weil ihrer Meinung nach ein 25jähriger Franzose algerischer Herkunft und noch dazu muslimischen Glaubens unmöglich einen Kreuzzug gegen das Böse anführen kann.[37]

Davon abgesehen bezeugen die »Transkreationen« ebenso wie die unbearbeiteten Importe freilich vor allem die fortschreitende Homogenisierung der populären Kultur und Lebensstile. Globale Erzählungen treten zunehmend neben die nationale Erzählungen oder ersetzen sie sogar. Daran werden wir uns gewöhnen müssen, auch wenn wir anerkennen, dass fremde Ideen und Vorstellungen nicht einfach »übernommen«, »rezipiert«, vielmehr immer sogleich modifiziert, umgedeutet, angepasst werden.[38]

Da die Superhelden-Comics und -Filme auch Normativitätswissen[39] speichern und vermitteln, leisten sie einen Beitrag zur Globalisierung solcher Wissensbestände und verdienen die uneingeschränkte Aufmerksamkeit derer, die für Staat, Recht und Politik Verantwortung tragen, zumal das Genre die ganz großen Fragen im Blick hat, Staatskrisen, Ausnahmezustand, nukleare Bedrohung, Terroranschläge, Revolten und Revolutionen. Es sind Kernthemen der Staatstheorie und politischen Philosophie, die man hier verhandelt, Souveränität und Gewaltmonopol, Legitimtät und Legalität, Volksherrschaft und Diktatur. Die Erosion des nationalen bildungsbürgerlichen Normativitätswissen lässt sich nicht dadurch aufhalten, dass wir sie leugnen und unverdrossen die Relevanz juristischer Texte und Autoren predigen, die längst ihre Relevanz verloren haben.

Wer Normen und Wissen über Normen und Recht in anderen als den überkommenen Quellengattungen und Medien (Gesetzestexte, wissenschaftliche Abhandlungen, Gerichtsakten usw.) erkunden möchte, muss den Eigenheiten und der Eigendynamik des Unvertrauten Rechnung tragen und gegebenenfalls neue Wege beschreiten. Kinofilme des 21. Jahrhundert vermitteln ihre Inhalte, ihre normativen Botschaften offenkundig nicht auf gleiche Weise wie juristische Lehrbücher des 19. Jahrhunderts: Bilder sind dem gesprochenen und geschriebenen Wort mindestens ebenbürtig; und die materielle Kultur – Gebäude, Gebrauchsgegenstände,

Werke der bildenden Kunst – begleitet sinnstiftend alle Handlungen und zwischenmenschlichen Kontakte.

Schon die vormodernen »Staatsromane« bedienten sich der Architektur als komplementäres Ausdrucksmittel, wenngleich sie (abgesehen von den erwähnten Titelkupfern) nur Beschreibungen urbaner Räume und keine Bilder enthalten. Die Orientierung im Raum ist für den Menschen überlebenswichtig, folglich unser Denken – auch das abstrakte – auf die lebensweltliche Umgebung ausgerichtet und »das menschliche Gedächtnis ... topologisch, ortsbezogen strukturiert.«[40] Wir denken mit den Räumen, in denen wir leben.[41] Wenn Platon im »Kritias« Staatsideal und »konstruktiv präzisierende Stadtbeschreibung« zueinander in Beziehung setzt, indem er für Atlantis einen kreisförmigen Grundriss »als Ausdruck einer zentralen gottgegebenen Königsherrschaft« wählte (Wasser- und Landringe umschließen das Poseidon-Kleito-Heiligtum und die Königsburg im Zentrum des Inselreichs),[42] ist das keine geniale Eingebung, keine revolutionäre Tat, vielmehr eine schlechthin natürliche, anthropologisch naheliegende Verknüpfung. Tommaso Campanellas »Sonnenstaat« (*civitas solis*) von 1623 hat eine ähnliche Gestalt: eine Stadt, »in sieben riesige Kreise oder Ringe eingeteilt, die nach den sieben Planeten benannt sind«,[43] und in der Mitte ein gigantischer Tempel von der sechsfachen Größe des Florentiner Doms,[44] Sitz der Priesterherrscher und Sinnbild für ihr totalitäres Regiment. Der *orbis pictus*, ein enzyklopädisches Bildprogramm auf den Wänden der Palästen, ergänzt in der Tradition der *ars memoriae* die »sprechende«, vielsagende Architektur.[45]

So erklärt sich der seltsame Aufbau und Zuschnitt unserer Studie, die architektur-, film-, politik-, staats- und rechtswissenschaftliche Einsichten zusammenführen möchte. Wir werden eine aus den Fugen geratene Welt vornehmlich durch das Prisma fiktiver, szenografischer Architektur betrachten und wollen so die Sinne schärfen für die in unserer Zeit lebendigen Vorstellungen von dem, was eine substantielle Staatskrise auszeichnet und was sie hervorbringt, und von den Mitteln, mit deren Hilfe wir sie einzuhegen hoffen.

Der Leser hält – das sei als Warnung vorangestellt – kein Kompendium für Batman-Liebhaber in den Händen, das sein Wissen über Gotham City durch kostbare Archivfunde, Autobiographien oder Interviews vermehrt. Da es uns allein auf die massenmediale Wirkung ankommt, beschränken wir uns auf die Kinofilme (seit 1989) und lassen schweren Herzens die Batman-Comics – oft vielseitiger, raffinierter, verwegener als die

Filme – unberücksichtigt, was nicht ausschließt, dass wir auf die eine oder andere Publikation hinweisen, schon weil die Drehbuchautoren die Comics als Vorlage für ihre Geschichten nutzten. Man mag sich immerhin damit trösten, dass schon jetzt nicht wenige brauchbare Gesamtdarstellungen existieren,[46] offizielle oder inoffizielle Chroniken und Übersichtswerke, die Anfänger und Fortgeschrittene über Batman, seine Verbündeten, seine Feinde, seine Herkunft und die vielen Facetten seines achtzigjährigen Daseins unterrichten.[47]

Ferner darf niemand erwarten, dass unsere kleine Schrift alle denkbare ethischen, rechtlichen, politischen Implikationen der Batman-Saga anspricht oder gar erschöpfend erörtert. Viele Wege führen nach Gotham, und wir maßen uns nicht an, jeden zu kennen. Auch gerieten wir schnell auf Abwege und würden das Ziel aus den Augen verlieren, wenn wir Vollständigkeit anstrebten. Tröstlich ist wiederum, dass es an Beiträgen, die das Weltphänomen Batman aus den unterschiedlichsten Blickwinkeln analysieren, keinen Mangel gibt. An dem Dialog haben sich über die Jahre hinweg Philosophen ebenso beteiligt wie Literatur-, Medien- und Politikwissenschaftler,[48] nicht zu vergessen die Comic- und Filmkritik im anspruchsvollen Feuilleton.[49]

Um nicht diejenigen von vornherein auszuschließen, die nicht alle Filme gesehen haben oder die sich an die Handlung nicht mehr erinnern, beginnen wir mit einer Inhaltsangabe unserer Hauptquellen, die den Gang der Geschehnisse zusammenfasst und die *dramatis personae* benennt (I.). Daran schließt sich an eine methodische Vorbemerkung über das Entstehen von Einstellungen, Ansichten, Weltbildern im Vorfeld politischer Programmatik und juristischer Theoriebildung (II.1) sowie ein notstandsrechtliches Breviarium, das an das komplizierte Verhältnis des Rechts zur Staatskrise erinnert (II.2). Das dritte Kapitel ist Gothams *chronischen* Leiden gewidmet, den strukturellen ästhetisch-psychischen Defiziten, die Institutionen und Bürgerschaft in ihrer Abwehrbereitschaft und -fähigkeit bedrohlich schwächen (III.). Mit den *akuten* Störungen, den eigentlichen Katastrophen, Plagen, Heimsuchungen, Verhängnissen, die Batman als Schutzmacht Gothams auf den Plan rufen, befassen wir uns in typologischer Absicht im vierten Teil und skizzieren die Topoi kollektiver Phobien, die nicht nur die Bürger Gothams um den Schlaf bringen und der Entmündigung, der demokratischen Selbstaufgabe den Weg ebnen (IV.). Wie die Rettung beschaffen ist, die Batman der Stadt anbietet, in welcher Tradition er steht und wie er die Mittel einsetzt, die ihm zu Gebote stehen, davon handelt das letzte Kapitel (V.).

I. Custos civitatis – Hollywoods Batman

Die 1980er Jahre bedeuten in mehrfacher Hinsicht eine Zäsur in der Geschichte der Verbrecher jagenden Fledermaus. Zum einen betritt 1986 in dem wegweisenden, viel bewunderten Comic »The Dark Knight Rises« von Frank Miller ein gealterter, verbitterter Bruce Wayne die Bühne, der nach einem langen inneren Exil den Kampf gegen das Verbrechen in einem von brutaler Bandenkriminalität heimgesuchten Gotham wieder aufnimmt.[50] Realer Hintergrund der düsteren Vision Millers waren die Gewaltexzesse auf den Straßen New Yorks unter der Reagan- und Bush-Administration (ausführlich dazu III.3). Zum anderen feierte 1989, rechtzeitig zu Batmans 50. Geburtstag, erstmals ein mit großem Budget realisierter, sehr erfolgreicher Hollywood-Film Premiere, der Gothams kostümierten Helden in eine neue Sphäre katapultierte.[51] Von hier an datiert der moderne »Batmanismus«. Seither kehrt die Fledermaus in regelmäßigen Abständen auf die Leinwand zurück, fast immer unter großer Anteilnahme der Weltöffentlichkeit. Über die Handlungen der Filme wollen wir uns im Folgenden einen Überblick verschaffen.

1. Tim Burton

Die Regie des Jubiläumsfilms führte der damals erst 30jährige Tim Burton, der seit einigen Jahren als Nachwuchs-Trickzeichner bei Disney arbeitete.[52] Der Film hätte ebenso gut »Joker« heißen können, denn die gefallene Unterweltgröße Jack Napier, gespielt von Jack Nicholson, steht im Mittelpunkt der dramatischen Ereignisse, die fast zur Vernichtung Gothams geführt hätten. Besagter Jack Napier stürzt in der Chemiefabrik »Axis Chemicals« in einen Kessel mit Säure, als er – von den eigenen

Leuten in eine Falle gelockt – sich dem Zugriff der Polizei und Batmans entziehen will. Völlig entstellt, von einem Arzt notdürftig operiert, verliert Napier den Verstand und treibt fortan als »Joker« sein Unwesen. Nachdem er sich Gothams Unterwelt gefügig gemacht hat, beginnt der Joker, die Stadt zu terrorisieren, indem er mit dem Toxin »Smylex« kontaminierte Kosmetikartikel in den Verkehr bringt, die bei den Konsumenten einen unkontrollierbaren Lachanfall auslösen und ihre Gesichter für immer in jokergleiche Fratzen verwandeln.

Nebenbei hat der Joker ein Auge auf die hübsche Fotografin Vicky Vale geworfen, die sich aber zu Bruce Wayne hingezogen fühlt. Er lockt sie in das Flu(e)gelheim Kunstmuseum, in dessen Restaurant angeblich Wayne sie zum Abendessen erwartet. Doch statt Wayne erscheint der Joker, der auf dem Weg zum Museumsrestaurant in einer berühmten Filmsequenz alle Gemälde, Plastiken und Skulpturen zerstört und verunstaltet, nachdem er Besucher und Personal – ausgenommen Vale – außer Gefecht gesetzt hat. Jokers Werben um die Zuneigung der Fotografin ist allerdings nicht erfolgreich, da Batman sie aus den Fängen des Wahnsinnigen befreien kann.

Jetzt holt der Joker zum großen Gegenschlag aus. Über alle Fernsehkanäle lässt er die Ankündigung verbreiten, aus Anlass des 200. Jahrestags der Gründung Gothams zwanzig Millionen Dollar zu verschenken. An dem vorgesehenen Termin drängen sich die Bürger der Stadt erwartungsvoll in den Straßen. In einem bizarren Karnevalsumzug erscheint der Joker mit seinen Männern. Wie ein König thront er auf einer gigantischen Geburtstagstorte, während es Dollarscheine auf die gierige Menge regnet. Plötzlich beginnen die riesigen bunten Ballons, die über dem Umzug schweben, Giftgas zu versprühen. Nun erkennen die Menschen die Falle und geraten in Panik. Der in seinem luxuriösen Anwesen Wayne Manor weilende Bruce, der inzwischen Jack Napier als den Mörder seiner Eltern identifiziert hat, durschaut rechtzeitig den Hinterhalt und eilt als Batman der Stadt zur Hilfe. Mit seinem Fluggerät zieht er die Ballons aus dem Verkehr, kann aber nicht verhindern, dass der Joker seine Geliebte Vicky Vale in Gothams Kathedrale entführt. Es folgt ein dramatischer Kampf zwischen Joker und Batman auf dem Glockenturm in luftigen Höhen, den der Mörder von Thomas und Martha Wayne mit dem Leben bezahlt.

Tim Burton hat seine Vorliebe für den expressionistischen Film der 1920er Jahre nie verleugnet (dazu III.1). So enthält der 1989er »Batman« unzählige Anspielungen und Hinweise auf deutsche Filmklassiker, namentlich auf Fritz Langs »Metropolis«, Vorbild unter anderem für das Design der Maschinenräume von »Axis Chemicals« und die Schlussszene auf den Dächern der Kathedrale (bis in die Einzelheiten dem Kampf zwischen Rotwang, Freder und Maria in und auf der Kathedrale von Metropolis nachempfunden). Schon für sich genommen ist der Umstand, dass Burton sich dem gängigen Realismus verweigerte und Studioaufnahmen in einer architektonischen Kunstwelt den Vorzug gab, eine Verbeugung vor dem cineastischen Konstruktivismus der 20er Jahre. In den Hallen und auf dem Gelände der Pinewood-Studios südlich von London erschufen Burton und sein Produktionsdesigner Anton Furst die beklemmende Vision eines wuchernden, baurechtlich unregulierten Molochs – das größte Außenset seit dem Monumentalfilm »Cleopatra« von 1963.[53]

Noch konsequenter setzte Burton die Grundsätze des Neo-Expressionismus (und der Postmoderne) in seinem zweiten Batman-Film »Batman Returns« (1992) um. Der Sitz des Kaufhausmoguls Max Shreck, verschlagener Großunternehmer und Gegenspieler Batmans, gleicht aus der Vogelperspektive Fritz Langs Turm von Babel, und der Name des Bösewichts verweist auf Maximilian Schreck, Hauptdarsteller in Murnaus »Nosferatu. Eine Symphonie des Grauens« von 1922. Der eigentliche Star des Films ist jedoch ein anderer Schurke: Oswald Cobblepot, »der Pinguin«, gespielt von Danny DeVito. Ihm war das Schicksal nicht hold, denn eigentlich stammt er, wie er selbst erst im Verlaufe des Films erfährt, von reichen und angesehenen Eltern ab, die ihn aber noch als Baby samt Kinderwagen in die Kanalisation warfen, als sie seines missgestalteten, an einen Pinguin erinnernden Körpers ansichtig wurden. Wider Erwarten überlebt der Junge und errichtet untertage und im Pinguin-Haus des örtlichen Zoos (»Arctic World«) – eine Art überdimensioniertes Schwimmbad – sein eigenes Reich.

Max Shreck kann den Pinguin dazu überreden, bei der Bürgermeisterwahl gegen den Amtsinhaber zu kandidieren, der seinen kriminellen Vorhaben im Wege steht. Kernelement der Cobblepot'schen Wahlkampfstrategie ist die Verunsicherung der Bevölkerung durch Plünderungen und Terroranschläge während der Weihnachtszeit. Immer wieder tauchen wie aus dem Nichts als Clowns und Akrobaten verkleidete Mitglieder des Zirkusensembles »Red Triangle« auf (deren heimlicher Boss der Pinguin ist) und verbreiten auf Gothams Weihnachtsmarkt Angst und

Schrecken. So soll der Bevölkerung die Unfähigkeit und Untätigkeit des gegenwärtigen Bürgermeisters nachdrücklich vor Augen geführt werden.

Letztlich scheitern Shrecks und Cobbelpots politische Pläne, und jener zieht sich in den Zoo zurück. Jetzt jeder Rücksichtnahme enthoben beschließt der Pinguin, alle erstgeborenen Kinder Gothams zu entführen und zu ermorden, ein Vorhaben, das Batman verhindern kann. Darüber erbost greift der Pinguin zum äußersten Mittel, mobilisiert seine treuesten Begleiter, die echten Pinguine, die ihn aufgezogen haben, und schickt sie, bewaffnet mit Raketen, in die Stadt, um diese auszulöschen. In einem turbulenten Finale gelingt es Batman, die Pinguinarmee so zu manipulieren, dass sie ihre Raketen auf den Zoo abfeuern und dadurch Cobblepots Schreckensregime ein Ende bereiten. Und auch der intrigante Max Shreck verliert in dem Show-down sein Leben.

2. Joel Schumacher

Da Tim Burton für weitere Batman-Abendteuer nicht mehr zur Verfügung stand, übernahm Joel Schuhmacher die Regie. Immerhin blieb Burton dem ersten Filmprojekt noch als Produzent erhalten, und überdies ist eine gewisse inhaltliche und stilistische Kontinuität nicht zu übersehen. Trotzdem gelten Schumachers Batman-Adaptionen im Allgemeinen als weniger gelungen als ihre Vorgänger, was für die Handlung und schauspielerische Leistung sicherlich zutrifft, nicht aber ohne weiteres für die Filmarchitektur.

Die Handlung von »Batman Forever« (1995) weist insoweit eine Übereinstimmung mit dem letzten Burton-Film auf, als Batman es abermals mit *zwei* Feinden zu tun hat, die Gotham bedrohen. Diesmal ist es der ehemalige Staatsanwalt Harvey Dent, dessen linke Gesichtshälfte bei einem Anschlag entstellt wurde und der dafür Batman zur Verantwortung ziehen will, und Edward Nygma, ein ebenso hochbegabter wie psychisch labiler Wissenschaftler, der als Angestellter von Wayne Enterprises ein Gerät zur Manipulation von Gehirnwellen erfunden hat. Als Bruche Wayne die Vermarktung des Apparats wegen ethischer Bedenken ablehnt, ist Nygma tödlich beleidigt und verwandelt sich in den stets grün gekleideten »Riddler«, der einen Pakt mit Two-Face schließt.

Der offenkündig verrückte Ex-Staatsanwalt ist besessen von dem Verlangen, Batmans Geheimnis zu lüften. Daher dringt er mit seinen Männern in den vollbesetzten, auch von Bruce Wayne besuchten »Gotham Charity Circus« ein. Im Gepäck hat er eine Bombe mit Zeitzünder, die unweigerlich explodieren wird, sollte Batman nicht seine wahre Identität preis geben. Die Akrobatenfamilie »Flying Graysons« kann schließlich die Bombe entwenden und rechtzeitig aus dem Zirkus entfernen. Dabei findet die Familie allerdings den Tod; nur der junge Dick überlebt. Ihn nimmt Bruce Wayne, den Gewissensbisse plagen, bei sich auf. Als Dick unter Wayne Manor Batmans Operationsbasis (»Batcave«) entdeckt, drängt er darauf, Bruce als Partner zur Seite stehen und den Tod der Eltern rächen zu dürfen. Bruce Wayne weigert sich zunächst, willigt aber schließlich ein. Von nun kämpfen Batman und Dick, der den Tarnnamen »Robin« annimmt, gemeinsam gegen das Böse.

Unterdessen feiert das von Edward Nygma gegründete Unternehmen »NygmaTech«, das seine Gedankenübertragungsmaschine vertreibt, große Erfolge. Fast alle Bewohner Gothams nutzen die »Box«, wodurch der Riddler nicht nur unermesslich reich wird, sondern auch Zugriff auf die intimsten Gedanken und Geheimnisse der Menschen erhält. Auf die Weise erfährt er von Bruce Waynes Doppelleben. Doch bevor er sein Wissen weitergeben kann, erscheinen auf der Insel, auf der sich sein Hauptquartier befindet, Batman und Robin. Es kommt zum Kampf, in dessen Verlauf Two-Face sein Leben und der Riddler endgültig den Verstand verliert. Die letzten Einstellungen zeigen Gothams berüchtigte Irrenanstalt »Arkham Asylum«, einen bedrohlichen gotischen Bau, in dem Edward Nygma nunmehr sein Dasein fristet.

Vergleichsweise unübersichtlich ist die Handlung von Joel Schumachers zweiten Film »Batman und Robin« (1997). Diesmal geht die Bedrohung von Poison Ivy und Mr. Freeze aus, beides ebenfalls etablierte Figuren der DC-Comic-Welt. Bei Poison Ivy handelt es sich um die Botanikerin Pamela Isley, eine Spezialistin für Pflanzengifte, die in einem von Wayne Enterprises finanzierten Dschungellabor in Südamerika mit ihrem Kollegen Dr. Jason Woodrue in Streit gerät. Dr. Woodrue versucht Isley umzubringen, doch diese überlebt den Anschlag und verwandelt sich in die hochtoxische Ökoterroristin Poison Ivy. Sie nimmt nun ihrerseits Rache an Dr. Woodrue, den sie vergiftet und dessen Laborschöpfung Bane – ein über eine Maske mit leistungssteigernden Drogen kontaminiertes Muskelmonster – sie in ihre Dienste stellt. In Begleitung von Bane begibt sich Poison Ivy nach Gotham City, wo sie bei einer öffentlichen Veranstaltung in Gothams Sternwarte Bruce Wayne zur Finanzierung verschiedener Umweltschutzvorhaben auffordert. Wayne lehnt dies mit dem Hinweis auf die Schattenseiten radikaler Umweltpolitik ab. Poison Ivy ist außer sich. Sie sinnt auf Revanche und richtet sich mit Bane in Gotham in einem verfallenen türkischen Bad häuslich ein.

In der verlassenen Fabrik »Snowy Cones Ice Cream« residiert der zweite (Haupt-) Schurke des Films: Mr. Freeze, auch er ein gefallener Wissenschaftler, Dr. Viktor Fries, der nach einem Unfall seine Körpertemperatur mit Hilfe eines Spezialanzugs stark herunterkühlen muss, will er überleben. Als Mr. Freeze mit seiner Bande die Rettet-den-Regenwald-Gala in Gothams Botanischen Garten überfällt, kann er von Batman nach einer wilden Verfolgungsjagd gestellt werden und landet im »Arkham Asylum«. Dort befreien ihn einige Zeit später Poison Ivy und Bane. Mit der falschen Behauptung, Batman habe Mr. Freezes Ehefrau getötet, schürt Poison Ivy dessen Hass auf den Dunklen Ritter und alle Menschen. Sie überredet ihn, das Teleskop in Gothams Sternwarte zu einer gigantischen Eiskanone umzubauen. So könne er die Stadt und mit ihr den ganzen Planeten in eine Eiswüste verwandeln. Nach Vernichtung der alten »animalischen Welt« – so Ivys diabolischer Plan – sollen und werden sich ihre Lieblinge, die Pflanzen, ungestört ohne tierisch-menschliche Feinde verbreiten.

Fast gelingt das Vorhaben, doch Batman und Robin können gerade noch rechtzeitig das Observatorium zurückerobern und das vereiste Gotham wieder auftauen. Sie klären Mr. Freeze über Poison Ivys Intrige auf und stellen klar, dass seine geliebte Frau noch am Leben ist. Die Ökoterroristin beschließt ihr Leben in Gothams Irrenanstalt, wo sie Mr. Freeze besucht und sich an ihr zu rächen verspricht.

3. Christopher Nolan

Nach längerer Pause verpflichtete Warner Bros mit Christopher Nolan einen Regisseur, der sich mit komplexen Thrillern einen Namen gemacht hatte[54] und daher dazu geeignet schien, dem Batman-Sujet eine ganz neue Wendung zu geben. Den Inhalt der insgesamt mehr als siebeneinhalbstündigen Dark-Knight-Trilogie (2005, 2008, 2012) in wenigen Worten angemessen wiederzugeben, ist kaum möglich. Da alle drei Filme kommerziell außerordentlich erfolgreich waren und sich bis heute unverändert großen Zuspruchs erfreuen, darf man immerhin wohl annehmen, dass vielen Lesern die Handlung in ihren Grundzügen ohnedies bekannt ist.

Nolas erster Film – »Batman Begins« (2005) – schildern Bruce Waynes langen Weg zu sich selbst: von der Ermordung seiner Eltern und dem Sturz des Jungen in eine Fledermaushöhle unweit des palastartigen Familiensitzes über seine Studienreisen in alle Winkel der Welt, um Wesen und Charakter des Verbrechens zu erforschen, bis hin zu der überraschenden Rückkehr nach Gotham mit tatkräftiger Unterstützung seines loyalen Butlers Alfred Pennyworth. Dort galt Bruce Wayne nach so langer Abwesenheit schon für tot, so dass William Earle, der Wayne Enterprises inzwischen leitet und sich Thomas Waynes philanthropischem Unternehmerethos nicht mehr verpflichtet fühlt, einen Börsengang vorbereitet.

Bruce zeigt sich nach außen hin uninteressiert an geschäftlichen Fragen und führt ein High-Society-Leben als reicher Playboy. Doch die Oberflächlichkeit ist ihrerseits nur Oberfläche. Tatsächlich erschafft er sich in dem von Fledermäusen bewohnten unterirdischen Gewölbe nahe Wayne Manor ein eigenes Reich, das ihm als Stützpunkt für seinen Kampf gegen das Verbrechen in Gotham dienen soll. Nach und nach perfektioniert er Strategie und Ausrüstung. Neben Alfred unterstützt ihn dabei das von Earle kaltgestellte Vorstandsmitglied Lucius Fox, ein genialer Ingenieur, der ihn mit Prototypen (Spezialanzüge, Fahrzeuge usw.) aus der Entwicklungsabteilung von Wayne Enterprises versorgt. So gerüstet will er als Batman seine Heimatstadt aus den Fängen einer ausufernden Kriminalität und Korruption befreien. In dem aufrichtigen Polizisten James Gordon findet er einen der wenigen Verbündeten in der öffentlichen Verwaltung, denen er vertraut.

Bald muss Bruce Wayne freilich erkennen, dass nicht allein die Mafia und gewöhnliche Kriminelle Gotham bedrohen, sondern eine noch viel gefährlichere Macht am Werk ist. Im Mittelpunkt steht zunächst der undurchsichtige Psychiater Dr. Jonathan Crane, der mit einer Vogelscheuchenmaske und einem halluzinogenen Gas, das die Ängste der Menschen verstärkt und sie zu panischen Reaktionen veranlasst, Batman in Lebensgefahr bringt. Es stellt sich heraus, dass Dr. Crane (»Scarecrow«) das Halluzinogen in Gotham Wasserversorgung einspeist. Der Sinn dieser Maßnahme ist zunächst unklar, da die Substanz nur im gasförmigen Zustand ihre verheerende Wirkung entfaltet. Erst später erfährt der

Zuschauer, dass Wayne Enterprises ein militärisch nutzbarer Mikrowellensender abhanden gekommen ist, der sich dazu eignet, Wasservorräte in kurzer Zeit verdampfen zu lassen.

Als Batman, durch ein Gegengift geschützt, Dr. Crane endlich ergreifen und verhören kann, muss er zur Kenntnis nehmen, dass für die gegenwärtige Krise die »Gesellschaft der Schatten« unter der Leitung Ra's al Ghuls verantwortlich ist. Bei dieser Vereinigung handelt es sich um einen jahrhundertealten Geheimbund, der sich zum Ziel gesetzt hat, aus Barmherzigkeit den Untergang unrettbar verlorener Gemeinwesen und den damit verbundenen Neuanfang zu beschleunigen. Für zahlreiche weltgeschichtliche Katastrophen wie den Großen Brand von London im Jahre 1666 soll die Sekte verantwortlich sein.

Bruce Wayne hatte während seines Asienaufenthaltes Bekanntschaft mit Ra's al Ghul gemacht, der ihn zu rekrutierte versuchte, und glaubte ihn damals getötet zu haben. Während seiner Geburtstagsfeier in Wayne Manor erkennt er, dass er nur einen Strohmann aus dem Verkehr gezogen hatte. Der richtige Ra's al Ghul – sein ehemaliger Ausbilder – ist noch am Leben und fest entschlossen, die Mission der Gesellschaft der Schatten, die schöpferische Zerstörung Gothams, zu Ende zu bringen. Aufhalten kann Bruce Wayne ihn zunächst nicht, vielmehr entkommt er nur um Haaresbreite dem Tod, als Wayne Manor in Flammen aufgeht.

Ra's al Ghul nutzt den Vorsprung und setzt seinen Vernichtungsfeldzug ins Werk. In den »Narrows«, einem Elendsviertels von Gotham City, installiert er den von Wayne Enterprises gestohlenen Mikrowellensender und löst durch den aufsteigenden toxischen Wasserdampf eine Massenpanik aus. Doch das soll nur der Anfang sein. Das eigentliche Ziel ist der Wayne Tower, das Zentrum Gothams und Knotenpunkt der Wasser- und Stromversorgung. Ihn steuert Ra's al Ghul in einem gekaperten Zug der (einst von Thomas Wayne errichteten) Hochbahn an. So will er alle Wasservorräte der Stadt zum Verdampfen bringen. Aber Jim Gordon und Batman gelingt es, die Bahn in letzter Minute, kurz bevor sie ihr Ziel erreicht, entgleisen zu lassen. Ra's al Ghul stirbt, und Gotham ist gerettet. Zu guter Letzt erwirbt Bruce Wayne nach dem Börsengang verdeckt die Mehrheit der Anteile an Wayne Enterprise und tauscht an der Unternehmensspitze William Earle gegen den treuen Lucius Fox aus.

In »The Dark Knight« (2008), Christopher Nolans zweitem Film, ist Batmans wichtigster Gegenspieler – wie schon 1989 – der Joker. Ähnlich wie in Tim Burtons Film bringt der Psychopathen-Clown zunächst die

Unterwelt auf Linie und nutzt deren Ressourcen für die eigenen Zielen, die sich von denen der Mafia, des konventionellen organisierten Verbrechens, fundamental unterscheiden. Ihm geht es nicht um persönliche Bereicherung, nicht um materielle Vorteile und Status und noch nicht einmal um Macht im eigentlichen Sinn. Vielmehr will der Joker die Stadt an sich selbst irre machen und den inneren Zusammenhalt der Gesellschaft zerstören, indem er die Bewohner Gothams fortwährend moralischen Extremsituationen aussetzt, die ihnen den Glauben an das Gelingen eines solidarischen Miteinanders nehmen sollen. Das in der Philosophie unter »Brett des Karneades« bekannte Gedankenexperiment (Cic. off. 3, 89–90) wird unter der geschickten Regie des Jokers zu einem unentrinnbaren Dauerzustand.

Prominentes Opfer und Sinnbild des Psychoterrors ist der engagierte und integre Bezirksstaatsanwalt Harvey Dent, der das Vertrauen sowohl der Bevölkerung als auch Bruce Waynes genießt. Der Joker bringt Dent und dessen Geliebte Rachel Dawes in seine Gewalt und hält sie in an zwei unterschiedlichen, mit Sprengladungen und Zeitzündern verminten Orten in Gotham gefangen, so dass Batman nur einer Person, entweder Dent oder Dawes, das Leben retten kann. Einzig Dent überlebt dieses »Experiment«, noch dazu schwer verletzt, da brennendes Benzin seine Gesichtshälfte entstellt hat.

Aus dem körperlich versehrten und innerlich zerbrochenen Harvey Dent wird endgültig der wahnsinnige »Two-Face«, als der Joker ihn von der Macht des Zufalls und dem Wert der Anarchie überzeugt. Fortan führt der Doppelgesichtige einen Rachefeldzug gegen jene Polizisten, die er für korrupt hält und für den Tod seiner Freundin verantwortlich macht. Dazu zählt Two-Face auch – obgleich zu Unrecht – Jim Gordon, dessen Familie er entführt und dessen Sohn er in Gordons Anwesenheit erschießen will. Seiner Angewohnheit folgend, den Wurf einer Münze über Leben und Tod entscheiden zu lassen, schreitet er zur »Urteilsfindung«, wird jedoch rechtzeitig von Batman liquidiert. Batman beschließt mit Gordons (widerwilliger) Zustimmung, Dents psychischen Verfall im Interesse des Gemeinwohls geheim zu halten und die Schuld für die Untaten des geistesgestörten Bezirksstaatsanwalts auf sich zu nehmen. Damit endet der Film. Die Handlung nimmt also diesmal aus Sicht Gordons und Batmans nicht wirklich einen glücklichen Verlauf, wenngleich der Dunkle Ritter immerhin den Joker aus dem Verkehr ziehen kann.

»The Dark Knight« enthält noch eine Vielzahl anderer grenzwertiger Konfliktlagen. So lässt der Joker die Bürger Gothams wissen, er werde jeden Tag einen von ihnen hinrichten, bis Batman sich stelle und seine Identität enthülle. Mord folgt auf Mord, und die Nerven der Stadtbewohner liegen blank. Endlich verkündet der Buchprüfer Coleman Reese, der Wayne Enterprises unter die Lupe genommen hat, er werde aussagen, wer sich hinter Batman verberge. Noch bevor es dazu kommt, meldet sich der Joker zu Wort und dreht den Spieß kurzerhand um: Man möge den Spielverderber Reese binnen einer Stunde ins Jenseits befördern, andernfalls werde er ein Krankenhaus seiner Wahl in die Luft jagen. Plötzlich befindet sich Reese in Lebensgefahr und muss von Polizisten geschützt werden, die zur gleichen Zeit um das Leben ihrer Angehörigen in Gothams Hospitälern bangen. Reese überlebt, und so macht der Joker seine Drohung wahr und sprengt das Gotham-General-Krankenhaus.

Auch der zweite Versuch des Jokers, einen Keil zwischen die Bürgerschaft zu treiben, scheitert, obwohl es zeitweise so aussieht, als könne er mit seinem Vorhaben reüssieren: Von den Drohungen und dem Terror des Jokers zermürbt fliehen die Einwohner Gothams aus der Stadt. Der Verkehr bricht zusammen, und es bilden sich lange Schlangen an den Fähren. Diejenigen, die es auf eines der Schiffe geschafft haben und sich in Sicherheit wähnen, erhalten plötzlich die Nachricht, sowohl ihre als auch eine weitere Fähre, die dem Transport von Strafgefangenen dient, seien vermint. Der Psychopath stellt Bürger und Häftlinge vor die Wahl, über einen Fernzünder innerhalb einer halben Stunde das jeweils andere Schiff zur Explosion zu bringen und auf die Weise das eigene Leben zu retten – oder dem Überlebenstrieb der Konkurrenz zum Opfer zu fallen. Sollte die Frist verstreichen, ohne dass etwas geschehe, werde er, der Joker, beide Fähren sprengen. Zu seinem Verdruss realisiert sich keine der Optionen.

Ein ethisches Dilemma eigener Art stellt die Überwachung der Mobilfunkgeräte aller Bewohner Gothams durch ein von Bruce Wayne entwickeltes und in den Räumen von Wayne Enterprises installiertes Sonar dar. Es ermöglicht die Ortung des Jokers auf Kosten des Datenschutzes. Lucius Fox protestiert gegen die totale Überwachung, erklärt sich schließlich aber dazu bereit, den Sonar im Auftrag Waynes zu betätigen. Nach erfolgreicher Nutzung gibt er, wie von Wayne gewünscht, seinen Namen als Passwort ein und bewirkt so die Zerstörung des Ortungssystems.

Der letzte Film der Nolan-Trilogie – »The Dark Knight Rises« (2012) – beginnt mit ungewöhnlich guten Nachrichten für Gotham: Obwohl oder vielleicht gerade weil Batman, der nach dem Tod Harvey Dents als *persona non grata* gilt, der Stadt den Rücken gekehrt hat, ist die Kriminalität stark zurückgegangen und Gotham nunmehr ein sicherer, lebenswerter Ort. Bruce Wayne, körperlich und seelisch angeschlagen, lebt abgeschieden, die Öffentlichkeit meidend im wiederaufgebauten Wayne Manor. Doch Gothams Rekonvaleszenz ist nicht von Dauer. Nach und nach kommt ans Licht, dass der gewalttätige Superterrorist Bane in seinem unterirdischen Hauptquartier die Vernichtung der Stadt plant. Mit Hilfe von Bruce Waynes Fingerabdrücken veranlasst er bei einem Überfall auf Gothams Börse Finanztransaktionen zu Waynes Lasten, die diesen ruinieren und zu seinem Ausscheiden aus dem Vorstand führen.

Um die Übernahme von Wayne Enterprise durch den skrupellosen Bauunternehmer John Daggett (»Daggett Industries«) zu verhindern, suchen Bruce Wayne und Lucius Fox den Schulterschluss mit Miranda Tate, reiche Umweltaktivistin und Mitglied des Vorstands von Wayne Enterprises. Nach der geglückten Rochade steht sie an der Spitze des Unternehmens und wird von Wayne und Fox in das heikelste Projekt des Technologiekonzerns eingeweiht: die Konstruktion eines Fusionsreaktors – ein ambivalentes Vorhaben, denn einerseits wäre der Reaktor in der Lage, in einem nie dagewesenen Umfang umweltschonend Energie zu produzieren, andererseits ließe er sich, geriete er in falsche Hände, zu einer Atombombe umbauen. Wayne und Fox zeigen Tate den still gelegten Reaktor unter dem Fluss.

Es ist Bruce Wayne vorläufig letzte Tat, denn er wird in seiner Rolle als Batman einige Zeit später von Bane schwer verletzt, gefangen genommen und in ein tief unter der Erde verborgenes Gefängnis am anderen Ende der Welt transportiert. Überdies dringt Bane in die Abteilung für angewandte Wissenschaften von Wayne Enterprises ein und bringt die dort gelagerten High-Tech-Waffen in seine Gewalt. Zu allem Übel bemächtigt er sich auch noch Lucius Fox und Miranda Tate, die er zur Reaktivierung des Fusionsreaktors zwingt. Auf sein Geheiß baut ein russischer Atomphysiker den Reaktor in eine Nuklearbombe mit Fernzünder um, die zugleich eine Zeitbombe ist, weil der Kernverfall bald ohnehin die Explosion auslösen wird.

In einem nächsten Schritt schaltet Bane nahezu die gesamte Polizei Gothams aus, indem er bei einem Großalarm Hundertschaften in die Kanalisation lockt und anschließend die Zugänge sprengt. Mit Unterstützung des Bauunternehmens Daggett Industries hatte Bane zuvor

Sprengsätze in der ganzen Stadt vergraben, die er jetzt aktiviert. Auch alle Brücken – bis auf eine – fallen dem Anschlag zum Opfer. Gotham ist den Terroristen auf Gedeih und Verderb ausgeliefert. Selbst die anrückende US-Armee (und Nationalgarde) muss dem Treiben hilflos zusehen. Die Einwohner erfahren von Banes Coup während eines Footballspiels. Bane lässt die Spielfläche des Stadions sprengen und fordert in Beisein seiner Milizionäre die paralysierten Zuschauer dazu auf, sich endlich die Stadt zurückzuerobern, den Mächtigen und Reichen ihre Privilegien zu nehmen und sie aus ihren Palästen und Luxuswohnungen zu vertreiben. Tatsächlich folgen Plünderungen im großen Stil. Jeder nimmt sich, was er bekommen kann. Es tagt ein Revolutionstribunal unter Vorsitz des aus der Anstalt befreiten Dr. Jonathan Crane (»Scarecrow«), der alle Register einer willkürlichen, in jeder Hinsicht unverantwortlichen Rechtsprechung zieht.

Ein weiterer Höhepunkt seiner destruktiven, anti-autoritären Kampagne ist Banes über alle Kanäle verbreitete Ansprache, in der er eine von Commissioner Jim Gordon vorbereitete, aber nie gehaltene Rede über die wahren Hintergründe der Tötung Harvey Dents verliest. Als so die Lüge Gordons ans Licht kommt, führt dies kurzzeitig sogar zu Spannungen zwischen ihm und dem jungen Polizisten John Blake. Beide gehören zu den wenigen Aufrechten, die im Untergrund den Widerstand gegen das neue Regime organisieren. Bane nutzt die Empörung über die Unaufrichtigkeit Gordons, um die vermeintlich unschuldigen Insassen des Hochsicherheitsgefängnisses »Blackgate Prison« zu befreien. Während also die Stadt in Chaos und Anarchie versinkt, donnert ununterbrochen ein streng bewachter und durch den ständigen Ortswechsel schwer zu ortender Lastwagen durch Gothams Straßen, der die aktivierte Atombombe transportiert.

Als dem von seiner schweren Verletzung genesenen Bruce Wayne durch übermenschliche Anstrengungen und gegen jede Wahrscheinlichkeit die Flucht aus dem Kerker gelingt, greift endlich Batman in das Geschehen in Gotham ein. Es stellt sich heraus, dass Bane nur ein Handlanger ist. Hinter ihm steht niemand anderes als das Vorstandsmitglied Miranda Tate, der Wayne uneingeschränkt vertraut hat. Talia, so ihr richtiger Name, ist als Tochter des von Batman einst eliminierten Ra's al Ghul neue Anführerin der »Gesellschaft der Schatten« und fest entschlossen, die Mission ihres Vaters – Gothams Vernichtung – zu erfüllen.

Sowohl Bane als auch Talia lassen im Kampf gegen Batman und dessen Verbündete ihr Leben. Damit ist allerdings Gothams größtes Problem noch nicht gelöst, denn der Schwerlaster zieht mit der Atombombe weiterhin in der Stadt seine Kreise. Da der Verfall des Kerns schon zu weit fortgeschritten ist und die Explosion der Bombe kurz bevorsteht, bleibt keine Zeit mehr für eine Entschärfung oder Evakuierung. Batman kann die Bombe aber an einem Seil mit seinem Fluggerät hinaus auf das offene Meer befördern, wo sie in sicherer Entfernung detoniert. Erschüttert vom Heldentod ihres Retters nimmt Gotham City Abschied von Batman. Was nur der Zuschauer erfährt: Bruce Wayne hatte den Autopiloten aktiviert und sein fliegendes Gefährt rechtzeitig verlassen. Jim Gordon findet das Bat-Signal auf dem Dach des Polizeipräsidiums repariert und einsatzbereit, und der loyale John »Robin« Blake erhält Zugang zur Bat-Cave.

4. Zack Snyder

Eine Sonderstellung im Reigen der Batman-Filme nimmt Zack Snyders zweieinhalb stündiges Epos »Batman v Superman: Dawn of Justice« (2016) ein. Genau genommen handelt es sich weit eher um einen Superman-, denn um einen Batman-Film. Ort der Handlung ist überwiegend Metropolis und nicht das benachbarte Gotham. In Metropolis und nicht in Gotham wird Bruce Wayne Zeuge, wie der Wolkenkratzer, in dem die Dependance von Wayne Enterprise untergebracht ist, bei der kriegerischen Auseinandersetzung zwischen den Kryptoniern Superman und General Zod Schaden nimmt, einstürzt und die Mitarbeiter seines Unternehmens in den Tod reißt. Traumatisiert von den Ereignissen in Metropolis entschließt sich Bruce Wayne (Batman), gegen Superman vorzugehen und ihm das Handwerk zu legen. Mit seiner Kritik an Superman steht Wayne nicht allein. Auch in Washington wachsen die Zweifel, ob einem demokratisch nicht legitimierten Außerirdischen ohne weiteres exekutive Kompetenzen zustehen sollten. Umgekehrt kann Superman der Selbstjustiz Batmans nichts abgewinnen, den er für einen selbstgefälligen Outlaw hält.

Dritter im Bunde und Schurke vom Dienst ist Lex Luthor, ein langhaariger Silicon-Valley-Jungspund mit dem branchentypischen Größenwahn. Der Erzrivale von Superman und CEO von LexCorp hat es auf ein im Indischen Ozean entdecktes Stück grünes Kryptonit abgesehen, ein seltenes Material, das Kryptoniern wie Superman töten kann, wenn man es ihnen verabreicht. Nachdem ihm die US-Senatorin Finch, die einen Senatsuntersuchungsausschuss zu den Aktivitäten Supermans leitet, Lex Luthor eine Einfuhrgenehmigung für Kryptonit verweigert hat, importiert dieser das wertvolle Mineral illegal, doch kommt es ihm bald wieder bei einem Einbruch abhanden. Es ist Batman, der das Kryptonit an sich genommen hat, um daraus Waffen gegen Superman zu entwickeln.

Die öffentliche Meinung wendet sich zusehends gegen den Mann aus Stahl, vor allem nach einem verheerenden Bombenschlag auf das Kapitol, während dort der Superman-Ausschuss unter Leitung von Senatorin Finch tagt. Viele machen für die Katastrophe (zu Unrecht) den Kryptonier verantwortlich. Für ihn spitzt sich die Lage weiter zu, als Luphor, der Supermans geliebte Adoptivmutter Martha hat entführen lassen, ihn zum Kampf gegen Batman drängt, der ihn bereits erwartet. Erst im letzten Moment, nach einem brutalen Duell, kommt der mit Kryptonit bewaffnete Dunkle Ritter zur Besinnung. Er lässt von Superman ab und nimmt dessen Kooperationsangebot an. Von nun an kämpfen die beiden gemeinsam gegen Lex Luthor, den eigentlichen Drahtzieher des Komplotts. Batman befreit Supermans Mutter, und der Mann aus Stahl liefert sich eine Endzeitschlacht mit dem von Luthor aus General Zods Leiche erschaffenen kryptonischen Monster Doomsday. Dank Batmans Kryptonitspeer kann Superman den Titanen besiegen, verliert dabei aber ebenfalls das Leben. Batman und die Welt betrauern den durch sein Opfer rehabilitierten Superhelden.

Dramaturgisch ist der Film mit seiner unkonzentrierten, hektischen Handlungsführung trotz des beachtlichen Budgets von 250 Millionen US-Dollar kein Meistwerk. Das ändert aber nichts daran, dass der Konflikt zwischen einem gerechten, aber auch selbstgerechten Weltenrettermilliardär und einem überambitionierten Übermenschen mit nuklearer Potenz Erkenntniswert hat. Pate stand die Auseinandersetzung zwischen Superman und Batman im letzten Teil von Frank Millers Comic-Serie »The Dark Knight Returns« (1986).[55]

II. Gothams Geist der Gesetze

Wie eingangs bemerkt, verdient Gotham City das Interesse der Rechtswissenschaft und politischen Theorie aus (mindestens) zwei Gründen: Seit Jahrzehnten medial präsent wie kein anderes fiktives Gemeinwesen ist Bob Kanes Schöpfung fester Bestandteil einer globalen politischen Subkultur und damit eines ideengeschichtlichen Untergrundes, über den wir noch immer vergleichsweise wenig wissen. Nach wie vor gilt das Hauptaugenmerk den regulären und regulierten Prozessen der Meinungsbildung und Entscheidung, dem Wirken der nationalen parlamentarischen Legislative und zwischenstaatlicher Institutionen. Doch scheint der Aufstieg der sozialen Medien mit den sich daraus ergebenen Veränderungen in der politischen Kommunikation der Akzeptanz repräsentativer Verfahren abträglich. Es wächst die Versuchung, sich unmittelbar auf den Willen des Souveräns, auf die »in der Bevölkerung« vorherrschende Auffassung zu berufen und diesen vermeintlichen Volkswillen sofort und ohne Umschweife zu vollstrecken.

Die Nachteile und Nebenwirkungen eines digitalen Volksregiments liegen auf der Hand und sind bereits vielerorts zu besichtigen. Zugleich drängt sich die Frage auf, wie sich denn überhaupt ein solcher »Volkswille« jenseits der verfassungsrechtlich vorgegebenen Abläufe einer parlamentarischen Demokratie konstituiert. Wir können das Thema im gegebenen Rahmen nicht befriedigend oder gar abschließend behandeln, möchten aber im Folgenden (1.) zumindest daran erinnern, dass das Nachdenken über eine Normengenese »von unten« eine lange, eine sehr lange Geschichte hat, die uns auch heute noch etwas angeht, weil eine (modernisierte) Theorie vom »Geist der Gesetze« einen Beitrag leisten kann zum besseren Verständnis der – seit dem 20. Jahrhundert nicht unwesentlich vom Film geprägten – juristischen und politischen Pop-Kultur und damit auch des eigenartigen republikanischen Regimes von Gotham City.

Batmans Heimat ist, zweitens, vor allem eine Stadt der Krise und als solche im öffentlichen Bewusstsein präsent. Entsprechend vielfältig und ausgefeilt sind die Maßnahmen und Reaktionsmuster, die sich über die Jahre herausgebildet haben, um der allgegenwärtigen Bedrängnis Herr zu werden. Umgekehrt tun sich die (realen) westlichen Demokratien schwer damit, für Notstandslage verfassungsrechtlich Vorsorge zu treffen – aus Gründen, die wir kurz erläutern wollen (2.). Das mit den Händen zu greifende Missverhältnis zwischen der überbordenden Fülle an fiktiven Instrumenten zur Krisendiagnose und -bewältigung einerseits und den farblosen, umständlichen, nie oder selten erprobten Notstandsregelungen des Verfassungsrechts andererseits erhöht die Wahrscheinlichkeit, dass man im Ernstfall Maß nehmen wird an dem vermeintlich Bewährten.

Das gilt umso mehr, als in Zeiten der Not die Zündschnur sehr kurz ist und die Geduld mit den Regierenden, den Gerichten und dem gesamten bürokratischen, juristisch geschulten Establishment schnell erschöpft. Wenn Terroranschläge, Kriegshandlungen, Pandemien oder Börsenzusammenbrüche den gesellschaftlichen Zusammenhalt auf die Probe stellen, haben populistische Medien und Bewegungen leichteres Spiel als sonst. Die Brandschutzmauern des Rechts halten dann unter Umständen dem revolutionär-basisdemokratisch artikulierten Deus-ex-machina-Volkswillen nicht lange stand.

1. Ex sensu ius oritur

Wer Texte der vormodernen politischen Philosophie und Rechtstheorie zu Rate zieht, ist immer wieder erstaunt, dass die Inhalte so gar nicht unseren Erwartungen entsprechen, dass sie so gar nicht passen wollen zu den Repräsentations- und Legitimationsdiskursen unserer Tage.[56] Und was noch mehr irritiert: Vieles liest sich wie ein Kommentar zu *Low-culture*-Phänomenen, zu den medialen Spektakeln aller Art, die Hollywood und andere »Traumfabriken« am laufenden Band produzieren. Es ist nach unseren Begriffen eher politische Psychologie und Soziologie denn Staats- und Rechtsphilosophie, was den Alten am Herzen lag, ein Sich-Vertiefen in seelische und kulturelle Dispositionen.[57]

Das gilt etwa für Platon, dem nichts wichtiger war, als der künftigen Elite des idealen Staates einen musikalischen und gymnastischen Katechismus an die Hand zu geben, um so die Einführung neuer Musikstücke, Tänze und Bewegungsfertigkeiten zu verhindern.[58]

Als leuchtendes Vorbild, als »ein Zeichen einer überragenden Gesetzgebung und Staatsverfassung«, preist der Athener in den *Nomoi* (656d-657a) den zehntausendjährigen ägyptischen Brauch, »dass die jungen Leute in den Städten sich bei ihren Übungen schöner Körperhaltungen und schöner Melodien befleißigen müssen. Nachdem sie nun festgesetzt hatten, welche das seien und wie beschaffen sie seien, machten sie [die Ägypter] sie in den Tempeln öffentlich bekannt. Und weder Malern noch all den anderen Künstlern, welche Körperhaltungen darstellen und was es sonst noch in dieser Art gibt, war es gestattet, entgegen diesen Mustern Neues einzuführen.«[59]

Und auch noch viel jüngere, neuzeitliche Autoren, die wir großzügig zu den Ahnherren unseres politischen Systems, des westlichen Liberalismus und was sonst alles rechnen, überraschen auf Hunderten von Seiten mit scheinbar abwegigen psychologischen Mutmaßungen. Wem Montesquieus Hauptwerk »De l'esprit des loix« (1748) in den Sinn kommt, denkt unwillkürlich an Gewaltenteilung und Verfassungsstaat, obwohl schon der Titel von noch ganz anderen Interessen kündet. Der heute zur bloßen Redensart, zu einer bildungsbürgerlichen Floskel verkommene »Geist der Gesetze«, das ist eben auch und vor allem das Ergebnis einer analytisch schwer fassbare, gleichsam spirituellen Normengenese. Die Faktoren, die den »Allgemeingeist« konstituieren, lassen sich allenfalls vage beschreiben. Ein Verfahren mit eindeutigen, im Voraus festgelegten Zuständigkeiten und Abläufen existiert nicht, auch folgt der *esprit général* keiner bestimmten, etwa ökonomischen Logik. Er wirkt, »reift« im Verborgenen. Ihn zu erkennen, setzt Erfahrung und Weltläufigkeit voraus, ihn zu antizipieren, prophetische Gaben.

In wünschenswerter Deutlichkeit kommt das Undeutliche und Unbestimmbare im 12. Kapitel des 19. Buches zur Sprache: »Les lois sont établies, les mœurs sont inspirées.«[60] Der Begriff *inspirer/inspiration* verweist auf die Sphäre des Poetischen und – nach dem Zeitverständnis – vor allem des Religiösen, wie ein Blick in die »Encyclopédie« zeigt: »inspiration, en termes de Théologie, est une grâce céleste qui éclaire l'âme et lui donne des connaissances et des mouvements extraordinaires et surnaturels« (Antoine-Gaspard Boucher d'Argis, 1765). In der Fokussierung auf den nur schwer dechiffrierbaren Untergrund des normativen Handlungsrahmens, lag ein wichtiger, bis in die frühe Moderne mit ihren Volks- und Weltgeistapologien hineinwirkende Akt der Modernisierung und Aktualisierung der alten, vor-aufklärerischen Gewohnheits(rechts)lehre.

Nach einer wechselvollen Geschichte des »Volksgeist«-Idee im 19. und 20. Jahrhundert hat sich der »Geist« (der Gesetze oder des Volkes) heute zwar keineswegs in Luft aufgelöst, doch fristet er als »Rechtsbewusstsein« ein Nischendasein in der Rechtssoziologie und ist damit fast völlig aus dem Blickwinkel der (Kern-) Rechtswissenschaft geraten.

Die Definitionen, die die gängigen rechtssoziologischen Lehrbücher für Begriffe wie »Rechtsbewusstsein« und »Rechtsgefühl«[61] vorschlagen, weichen ein wenig voneinander ab, doch soll es auf Feinheiten hier nicht ankommen. »Gegenstand des psychischen Vorgangs«, heißt es etwa, »kann die Vorstellung davon sein, wie eine bestimmte Rechtsnorm aussehen sollte. Rechtsbewusstsein in diesem Sinne ist das Wissen davon, was Recht sein soll, ist die Meinung über richtiges Recht.«[62] Offenkundig fehlt der metaphysisch-idealistische Beiklang, der für ältere Konzepte charakteristisch ist, aber hier wie dort geht es um bloße Vorstellungen, geht es um ein gedankliches Sollen, für das sich kein konkretes Gremium, keine Institution, kein Verfahren benennen lässt, das es hervorbringt. Lawrence M. Friedman spricht von »externer Rechtskultur« in Abgrenzung zum Juristenrecht.[63]

Wenn unsere Vorstellungen der Rechtslage entsprechen, handelt es sich um ein affirmatives, andernfalls um deviantes Rechtsbewusstsein. Letzteres kann, soweit die Inhalte bei einer Vielzahl von Personen übereinstimmen (»kollektives Rechtsbewusstsein«[64]) und wenn wir den herrschenden positivistisch-voluntaristischen Rechtsbegriff zu Grunde legen, auf verschiedene Weise zu Recht erstarken: Beispielsweise wird der Gesetzgeber – als »Volksvertreter« – häufig rechtspolitische Forderungen aufgreifen und sie gesetzlich normieren. Da auch professionelle Rechtsanwender (Richter, Staatsanwälte, Rechtsanwälte) in begrenztem Umfang für populäre Anschauungen empfänglich sind, vermögen solche Vorstellungen die Auslegung der Gesetze, insbesondere von Generalklauseln und unbestimmten Rechtsbegriffen, zu beeinflussen. In Randbereichen kann auch heute noch aus Rechtsbewusstsein Gewohnheitsrecht entstehen, wenn es tatsächlich gelebt, »geübt« wird.[65] Ferner sind extreme politische Konstellationen denkbar (Ausnahmezustand, Staatsnotstand), in denen Entscheidungsträger der Exekutive *praeter* oder *contra legem* unmittelbar auf den nicht-kodifizierten »wahren Volkswillen« zurückgreifen. Davon war bereits die Rede und wird noch ausführlich die Rede sein.

Als Hintergrundrauschen der Rechtsordnung, das unter Umständen sich auf eine Weise Gehör verschafft, dass die Stimmen im Vordergrund verstummen, ist das Rechtsbewusstsein alles andere als eine Quantité négligeable. Wer es ausblendet oder geringschätzt, nimmt einen erheblichen Verlust an Komplexität in Kauf und vermindert den Erklärungswert der Rechtstheorie.

Um das Phänomen »externe Rechtskultur« wieder besser in die Rechtswissenschaft zu integrieren, muss diese sich (auch) als Normwissenschaft begreifen.[66] Das (deviante) Rechtsbewusstsein besteht nicht aus Rechtsnormen (denn sie kann nur der Gesetzgeber oder eine andere autorisierte Instanz erlassen), wohl aber aus Normen, im weitesten Sinne verstanden als »Werte und Bewertungen«[67]. Wenn man das Recht zur Norm hin öffnet, ist das in der Sache begründet und kein weiteres Definitions- und Sprachspiel. Von einer Mode kann schon deshalb keine Rede sein, weil – wie gesehen – die Lehre vom »Geist« der Gesetze, des Volkes usw. unter namhaften Juristen seit Jahrhunderten bedeutende Anhänger und Fürsprecher hat. Sie haben erkannt oder zumindest intuitiv erfasst, dass eine strukturelle Verwandtschaft zwischen Rechtsnormen und anderen Arten von Normen besteht. Eben jenes allgemeine, normenspezifische Merkmal – das Element des Wertens und Sollens – erleichtert Austausch, Interaktionen und Interferenzen zwischen den unterschiedlichen Sphären.

Schwerer als toxische Begrifflichkeit (»Volks-«), überholte philosophische Konzepte und fachliche Selbstbeschränkung wiegen Unzulänglichkeiten in der Empirie. Eine Bestandsaufnahme des Ist-Zustandes gestaltet sich extrem schwierig. Demoskopische Befragungen sind grundsätzlich ein geeignetes Erkenntnismittel, doch die Zahl valider Studien ist viel zu gering, um detaillierte Aussagen treffen zu können.[68] Darüber hinaus bestehen methodische Zweifel, inwieweit sich der Inhalt so amorpher und vielgestaltiger Erscheinungen wie Rechtsbewusstsein oder Rechtsgefühl überhaupt seriös empirisch ermitteln lässt.[69]

Nicht sehr viel besser steht es um die Kenntnis der Faktoren und Mechanismen, die das Rechtsbewusstsein hervorbringen und steuern. Das Problem der Unschärfe ist schon bei Montesquieu mit den Händen zu greifen (»Les lois sont établies, les mœurs sont inspirées«), und über Friedrich Carl von Savignys »Volksgeistlehre« schwebt das Verdikt, sie sei im Kern »nichtempirisch«.[70] Den Idealen der exakten Wissenschaften auch nur annähernd zu entsprechen, stellt in jedem Fall eine große Herausforderung dar.

Immerhin scheint ein gewisser Minimalkonsens dahingehend vorhanden zu sein, dass die Rechtskenntnisse in der Bevölkerung als gering, vielleicht sogar als »erschreckend gering«[71] zu qualifizieren sind und dass die meisten Nicht-Juristen in ihrem Alltag kaum Gelegenheit haben (oder sie nicht nutzen), sich mit juristischen Themen näher zu befassen. Natürlich kommen Menschen im Verlauf ihres Lebens immer wieder mit Recht in Berührung, sei es im Betrieb mit dem Arbeitsrecht, als Selbständiger mit dem Steuerrecht, im Privaten mit dem Familien-, Miet-, Sozial- und Verkehrsrecht.[72] Man erwirbt explizit und vor allem implizit Wissen über Recht in der Schule und durch Gespräche mit Familiengliedern, Nachbarn, Freunden, Bekannten und Kollegen.[73] Doch erzeugen solche sporadischen Begegnungen und Erlebnisse allenfalls rudimentäre und punktuelle Kenntnisse. Ganze Rechtsbereiche bleiben außen vor, weil selbst im privaten und beruflichen Umfeld niemand persönliche Erfahrungen vorweisen kann. Für das Staats- und Verfassungsrecht interessiert sich lediglich eine bildungsbürgerliche Elite, und außerhalb des »Milieus« sind regelmäßige Kontakte mit dem Straf- und Strafprozessrecht sehr selten.

Letzteres führt freilich vor Augen, dass offenbar die externe Rechtskultur mehr ist als nur eine abgeschwächte Version der internen, denn subjektiv glauben sich viele Menschen mit dem Strafrecht und seinen Vorschriften bestens vertraut, wie sie auch regelmäßig die Kriminalitätsrate maßlos überschätzen. Die Selbstsicherheit resultiert nicht zuletzt daraus, dass aufwühlende Verbrechen ungeachtet ihrer statistischen Irrelevanz in den Massenmedien omnipräsent sind und alle Aufmerksamkeit auf sich ziehen.[74]

Eine Schlüsselrolle bei der Konstituierung der juristischen Pop-Kultur spielt seit dem frühen 20. Jahrhundert der Film,[75] also die Inszenierung fiktionaler Begebenheiten im bewegten Bild.[76] Die Darstellung folgt einer dramaturgischen Logik und zielt fast nie auf die Vermittlung von (Rechts-) Wissen. Andererseits enthalten Filme verallgemeinerungsfähige Bewertungen von Lebenssachverhalten, transportieren demnach – oft sogar starke und eindeutige – normative Botschaften. Das gilt auch für solche Produktionen, die gar nicht versuchen, einen Realitätsbezug zu suggerieren: Filme, die eine ferne Zukunft oder eine ferne Vergangenheit abbilden, Filme mit Außerirdischen, Monstern und technisch-physikalisch absurden Erfindungen und Apparaturen.

Obwohl viele Indizien für einen signifikanten Einfluss der Pop-Kultur auf das kollektive Rechtsbewusstsein sprechen, bleibt es außerordentlich schwierig, diesen genau zu beschreiben und zu analysieren, denn zum einen existiert ja eine ungeheure Zahl an Filmen – produziert in aller Herren Länder – und dementsprechend ein beachtlicher Bestand an normativen Aussagen, die sich nicht auf einen Nennen bringen lassen; zum anderen dürfen wir nicht ohne weiteres annehmen, dass die Zuschauer das, was man ihnen auf der Leinwand als richtiges, vorbildliches, rechtskonformes Verhalten vorführt, auch als solches akzeptieren. Die cineastischen Erlebnisse werden mit dem individuellen Vorverständnis abgeglichen, werden eingeordnet, unbewusst modifiziert und zum Teil wieder überschrieben. Dessen ungeachtet scheint auf lange Sicht und im Mittel eine gewisse Angleichung und Homogenisierung stattzufinden. Gerade die nach Zuschauerzahlen und Umsatz erfolgreichsten Genres wie Science-Fiction oder (ehedem) Western zeichnen sich durch ähnliche Handlungs- und Sinnmodule aus, die – obgleich stets etwas anders kombiniert und zusammengesetzt – einen relativ gleichförmigen, manchmal geradezu berüchtigt uniformen Eindruck vermitteln (»kennst du einen, kennst du alle«).

Bleibt die Frage nach dem Autor, bleibt die Frage nach dem, der verantwortlich ist für die Inhalte und normativen Botschaften. Schon in der ersten Hälfte des 20. Jahrhunderts lautete die gängige Antwort: Hollywood regiert die Welt. Es seien die (vor allem, aber nicht nur US-amerikanischen) Filmbosse mit ihrer Entourage aus Regisseuren und Drehbuchschreibern, die das Publikum manipulierten, es sich gefügig machten, sich über die Ansichten und Bedürfnisse der Masse hinwegsetzten und dieser die eigene Weltsicht – die Weltsicht der Filmschaffenden und ihrer Komplizen – oktroyierten.[77]

Doch so einfach ist es nicht. Zu Recht hat Siegfried Kracauer davor gewarnt, den »verzerrenden Einfluss der Hollywood-Massenunterhaltung« zu überschätzen.

> »Hollywood kann es sich nicht leisten, Spontaneität auf seiten des Publikums zu ignorieren. Allgemeine Unzufriedenheit zeigt sich in rückläufigen Kasseneinnahmen, und die Filmindustrie, für die Profitinteressen eine Existenzfrage ist, muss sich so weit wie möglich den Veränderungen des geistigen Klimas anpassen. Gewiss, amerikanische Kinobesucher kriegen vorgesetzt, was Hollywood will, dass sie wollen; auf lange Sicht aber bestimmen die Bedürfnisse des Publikums die Natur der Hollywood-Filme.«[78]

Kracauers Erkenntnis ist noch immer gültig. Die Produktionskosten eines einzigen Films können den Jahresgewinn eines börsennotierten Konzerns erreichen oder sogar übersteigen, daher müssen die, die das wirtschaftliche Risiko tragen, Rücksicht nehmen auf die, denen sie ihr Produkt verkaufen wollen. Wer das Publikum vor den Kopf stößt, riskiert viel. Die Filmindustrie ist eben eine »Industrie«. Sie folgt der kapitalistischen Logik und stellt nur das her, was sie voraussichtlich – auf der Grundlage einer Marktanalyse – an den Mann bringen kann.

Trotzdem sind einige wesentliche Einschränkungen und Ergänzungen des Kracauer'schen Befundes angezeigt. »Von Caligari zu Hitler« beschäftigt sich mit der Rolle des Films als Medium, als »Spiegel« der Verhältnisse in Deutschland vor 1933. Erklärtes Ziel ist der Nachweis, »dass mittels einer Analyse der deutschen Filme tiefenpsychologische Dispositionen, wie sie in Deutschland von 1918 bis 1933 herrschten, aufzudecken sind.«[79] Der zeittypische tiefenpsychologische Ansatz erschwert es, den Film als Akteur des gesellschaftlichen und politischen Wandels zu begreifen und nicht bloß als dessen Projektionsfläche. Letzteres ist selbst dann eine unzureichende Beschreibung, wenn wir unterstellen, dass sich Filme *ausschließlich* an den Meinungen und Bedürfnissen des Publikums orientieren. Auch in dem Fall wären sie nämlich nicht ohne jede Wirkung. Filme dieser Art vertiefen, verstärken, stabilisieren vorhandene Überzeugungen und greifen damit sehr wohl ein in das Normengefüge, nur eben nicht destruktiv, aber das ist nicht entscheidend und keine begriffliche Voraussetzung von »Wirkung«.

Zum zweiten haben große Produktionen ein internationales, folglich sehr heterogenes Publikum im Blick. Sie müssen sich weltweit vermarkten und verkaufen lassen, was bedeutet, dass sie auf einer normativen »Mischkalkulation« basieren, die Erwartungen nie vollständig erfüllen kann. Immer gibt es eine Differenz, einen Abstand zu nationalen, regionalen, sozialen, gruppenspezifischen Maßstäben und Standards. Je größer die Entfernung zwischen dem gemittelten Werteniveau und dem tatsächlichen, desto größer die destabilisierenden, deformierenden Effekte.

Drittens schließlich trifft die Annahme, dass (kommerzielle Mainstream-) Filme normative Erwartungen reproduzieren und bestätigen, nur *cum grano salis* zu. Film sind nicht die Summe inhaltlicher Direktiven, sondern kollektive Unternehmungen, in das sich zahlreiche, auch rein technische Professionen mit ihrem Wissen und Gestaltungswillen einbringen.[80] Vor allem Thomas Elsaesser hat mit Blick auf das Weimarer Kino auf das Eigengewicht und die Eigendynamik der technischen, handwerklichen, künstlerischen Prozesse hingewiesen, die den Film erst erschaffen.[81]

Die Modifikation des Inhalts durch die Form als Folge eines ästhetischen Überschusses ist leicht zu übersehen, weil Architektur, Lichtführung, Trickeffekte, Kostüme für sich genommen als Adiaphora gelten und sich bei den »Filmausstattern« oft weit und breit keine politischen Ambitionen ausmachen lassen. Von fehlenden Absichten auf fehlende Wirkungen zu schließen, wie das immer wieder geschieht, ist allerdings unzulässig. Auch außerhalb des Films gibt es – in der Moderne ebenso wie in der Vormoderne – Beispiele dafür, wie ästhetische Formeln zu politischen Parolen und am Ende sogar zu rechtlichen Prinzipien mutierten, ohne dass dem je ein Plan, ein absichtsvolles Handeln zu Grunde lag.[82]

Darüber hinaus leistet die Filmarchitektur einen wichtigen Beitrag zur mnemotechnischen Codierung von Normen. Deren Durchschlagskraft hängt ganz entscheidend von ihrem »Bewusst-Sein«, von ihrer Präsenz im menschlichen Gedächtnis ab. Es gibt keine Normen und kein Normativitätswissen ohne Gedächtnis. Gelegentlich entsteht der Eindruck, als ob das menschliche, neuronale Erinnerungsvermögen als gesellschaftlicher und kultureller Faktor weitgehend seine einstige Bedeutung eingebüßt habe, weil sich dank digitaler Netze und Medien inzwischen jede beliebige Information blitzschnell speichern, suchen und abrufen lasse. Doch das ist eine oberflächliche Diagnose. Gewiss müssen wir heute nicht mehr wie noch zu Homers Zeiten Wissen über alles und jedes auswendig lernen, um es künftigen Generationen zu überliefern. Das ändert indes nichts daran, dass sich ein Großteil des täglichen Handelns und Verhaltens spontan vollzieht und also sich aus unseren Erinnerungen speist, speisen muss. Ob und wie wir jemandem auf der Straße helfen (dürfen oder müssen), der behauptet, unserer Hilfe bedürftig zu sein, entscheiden wir schon aus Zeitgründen nach unserem aktuellen Rechtsgefühl (oder -bewusstsein) und nicht erst nach einer Recherche in juristischen Datenbanken.

Was noch wichtiger ist: Das Wissen und Entscheiden darüber, was gut oder schlecht, was geboten oder nicht geboten ist, *wollen* wir als höchstpersönliches Substrat der *humanitas* gar nicht delegieren. Unsere normativen Überzeugungen erscheinen uns angeboren, apriorisch, evident und nicht Teil des digitalen Wissenskosmos. In Wahrheit freilich bestehen sie aus abrufbaren Informationen, eben aus Erinnerungen, so dass die Präsenz von Normen in unserem Bewusstsein von der Stabilität ihrer Codierung im Gedächtnis abhängt. Aus der Fülle normativer Botschaften, denen wir tagtäglich ausgesetzt sind, werden einige besser memoriert als andere, und genau sie sind es, die unsere Meinungen und Vorstellungen vom Sollen und so auch unser Rechtsbewusstsein konstituieren.

Wenngleich wir des Gedächtnisses im Allgemeinen so wenig entbehren können wie die Menschen des Altertums, so trifft es doch zu, dass sich die Juristen und Redner der Antike intensiver mit den Eigenheiten des Erinnerungsvermögens beschäftigt haben als spätere Generationen. Bereits Cicero (de orat. 2, 357) konnte auf elaborierte griechische Theorien zurückgreifen und stützte mit der Autorität seiner unvergleichlichen Lebenserfahrung nachdrücklich die Auffassung, »dass man in seiner Vorstellung das am besten nachbilden kann, was durch eine sinnliche Wahrnehmung übermittelt wurde und sich eingeprägt hat, dass aber der schärfste von all unseren Sinnen der Gesichtssinn ist.«[83] Und er referierte zustimmend die griechische Lehre:

> »Daher könne man das, was man durch die Ohren oder die Gedanken aufnimmt, am leichtesten behalten, wenn es auch durch die visuelle Vorstellungskraft im Gedächtnis verankert werde, so dass eine bild- und gestalthafte Vorstellung nicht Sichtbares und der Beurteilung durch den Augenschein Entzogenes so einprägt, dass wir Sachverhalte, die wir durch Denken kaum erfassen können, durch die Anschauung gewissermaßen festhalten.«[84]

Die mnemotechnische Loci-Methode – das in Antike, Mittelalter und frühe Neuzeit wichtigste praktische Verfahren zur Verbesserung der Gedächtnisleistung – basierte auf diesen Erkenntnissen.[85] Wer sich als Gerichtsredner verlässlich einen komplexen Sachverhalt oder eine verwickelte Argumentation einprägen wollte, der schritt in Gedanken einen fiktiven oder realen Raum (Gebäude, öffentlichen Platz) ab und verknüpfte die verschiedenen Stationen des Weges mit außergewöhnlichen Bildern, die er wiederum den zu memorierenden Inhalten zuordnete. »Das Sachgedächtnis ist das eigentliche Metier des Redners; bei ihm können wir dadurch, dass wir einzelne Personen und Sachen gut platziert haben, Markierungspunkte setzen, um die Gedanke durch Orte zu erfassen« (Cic. de orat. 2, 359).[86] Dass die Methode funktioniert und effizient ist, hat sich nicht nur in der rhetorischen Praxis gezeigt, sondern lässt sich auch experimentell und neurowissenschaftlich mit bildgebenden Verfahren belegen. Nachweisbar sind sowohl statistisch signifikante Verbesserungen beim deklarativen Lernen als auch sichtbare Änderungen der für das Memorieren und Wiedergeben von deklarativen Gedächtnisinhalten genutzten neuronalen Strukturen.[87]

Orte und Bilder: Das sind also die wirkungsmächtigsten Signale, die unser Gedächtnis stimulieren. »Wenn wir«, schreibt Quintilian (inst. 11, 2, 17), »nach einer gewissen Zeit an irgendwelche Örtlichkeiten zurückkehren, erkennen wir nicht nur diese selbst wieder, sondern erinnern uns auch daran, was wir dort getan haben, auch fallen uns Personen wieder ein, ja zuweilen kehren gar die Gedanken in unseren Geist zurück, die wir uns dort gemacht haben.«[88] Cicero stellt klar, dass nicht jeder Ort und nicht jedes Bild sich in gleicher Weise einpräge. Für »ins Auge fallende, klar abgegrenzte und durch mäßige Zwischenräume getrennte Plätze und dazu lebhafte, scharf umrissene und charakteristische Bilder«[89] seien wir besonders empfänglich (Cic. de orat. 2, 358).[90]

»Orte nennen wir etwas«, heißt es auch in der »Rhetorica ad Herennium« (3, 29), »was kurz, vollkommen, auffallend entweder von der Natur oder von Hand vollendet wurde ... z.B. ein Gebäude, den Raum zwischen zwei Säulen, einen Winkel, ein Gewölbe und anderes dieses ähnliches.«[91] Und über die Beschaffenheit von Bildern, die unser Gedächtnis anregen, lesen wir im gleichen Text (Rhet. Her. 3, 35–36):

> »Wenn wir im Leben unbedeutende, gewöhnliche, alltägliche Dinge sehen, prägen wir uns diese gewöhnlich nicht ein, deswegen weil unser Sinn durch keine neuartige und bewundernswerte Sache beeindruckt wird (*propterea quod nulla nova nec admirabili re commovetur animus*); aber sehen oder hören wir etwas ausnehmend Schändliches, Unehrenhaftes, Ungewöhnliches, Bedeutendes, Unglaubliches, Lächerliches (*turpe, inhonestum, inusitatum, magnum, incredibile, ridiculum*), so prägen wir uns dies gewöhnlich für lange ein ... Der Sonne Aufgang, Lauf, Untergang bewundert niemand, deswegen weil sie täglich geschehen; aber eine Sonnenfinsternis bewundert man, weil sie selten vorkommt, und Sonnenfinsternisse bewundert man mehr als Mondfinsternisse, deswegen weil letztere häufiger sind.«[92]

Orte und Bilder: Das sind auch die wesensbestimmenden Merkmale populärer Filme. Sie verwenden genau jene Zutaten, die römische Rhetoriklehrer und moderne Gedächtnisforscher als Stimulanzien und Stabilisatoren des Erinnerungsvermögens empfehlen, nämlich (Quint. inst. 11, 2, 18) »Örtlichkeiten..., die möglichst geräumig und recht abwechslungsreich und einprägsam ausgestattet sind«[93] – etwa weit voneinander entfernte exotische Städte oder deutlich unterscheidbare Handlungsorte innerhalb einer Stadt (Krankenhaus, Rathaus, Kanalisation, Stadion usw.) – und eindrückliche »Bilder« – auffällige Kostüme, Skulpturen, spektakuläre Maschinen und technische Geräte.

Ganz vorne dabei ist das Science-fiction-, Cyberpunk- und Superhelden-Genre. Wohin man auch blickt: exzentrischen Hauptquartiere,

Paläste, Labore, Raumschiffe und nicht weniger exzentrische Bewohner in Gestalt von Robotern, Replikanten, Außerirdischen, fliegenden Bodybuildern in Strumpfhosen und mehrköpfigen Fabelwesen. Und innerhalb dieser Gattung nimmt wiederum die Batman-Saga eine Sonderstellung ein, als eine der ältesten und populärsten Superheldenerzählungen. Ikonische Orte mit einem hohen Wiedererkennungswert wie »Wayne Manor«, »Batcave« oder »Arkham Asylum« strukturieren das Erinnern an Handlung, Dialoge, charakterliche Eigenschaften und psychische Verfassung der Akteure, politische und gesellschaftliche Rahmenbedingungen usw.

So entstehen mnemotechnisch wirksame Topografien, die auch die Vermittlung und Verbreitung der normativen Botschaften eines Films sehr begünstigen, weil diese mit der Handlung so eng verwoben sind, dass das eine nicht ohne das andere gedacht, memoriert werden kann. Von der kollektiven Erinnerung an »szenografische« Normen bis zu ihrer stabilen Implementierung im Rechtsbewusstsein oder gar Anerkennung durch den Gesetzgeber ist es dann noch ein langer Weg, doch kein unzugänglicher, den wir ignorieren dürfen.

2. Ex necessitate ius oritur

Im auffälligen Kontrast zur Popkultur und trotz der Aufmerksamkeit, die Autoren wie Carl Schmitt, Agamben oder Foucault auf sich ziehen,[94] hat der Ausnahmezustand in der Rechtswissenschaft einen schweren Stand. Das ist insoweit vielleicht nicht ganz so verwunderlich, als existentielle Notlagen glücklicherweise nur selten vorkommen. In Westeuropa und Nordamerika gab es im juristischen Alltag seit 1945 wenig Gelegenheit, die Anwendung von Notstandsregelungen überhaupt auch nur in Erwägung zu ziehen.[95]

Aber die geringe Praxisrelevanz ist nicht der einzige Grund für die Enthaltsamkeit. Die Zurückhaltung lässt sich auch mit grundlegenden rechtstheoretischen und politischen Bedenken erklären. Von Seiten der »antipositivistischen« Staatsrechtslehre[96], die gegen die neukantianische Trennung von Sein und Sollen polemisierte, wurde die Abhängigkeit rechtlicher Normen von den sie stützenden kulturellen und gesellschaftlichen Verhältnissen betont.[97] »Die wirkliche Staatsverfassung«, schreibt

Hermann Heller, »kennt zwar eine Normalität ohne Normativität, nicht aber umgekehrt eine normative Geltung ohne Normalität.«[98] Wenn demnach – wie in Notstandszeiten – die Normalität verloren geht, gehen auch die Akzeptanz und Steuerungswirkung des Rechts verloren. Somit kann der echte Notstand nicht Gegenstand einer prophylaktischen rechtlichen Regelung sein.

Carl Schmitt – in politischer, nicht aber in methodischer Hinsicht Antipode Hellers in der Weimarer Staatsrechtslehre[99] – bestritt ebenfalls eine Rechtsgeltung über den Normalzustand hinaus. »Die Norm braucht ein homogenes Medium«, heißt es in der »Politischen Theologie«, »diese faktische Normalität ist nicht bloß eine ›äußere Voraussetzung‹, die der Jurist ignorieren kann; sie gehört vielmehr zu ihrer immanenten Geltung. Es gibt keine Norm, die auf ein Chaos anwendbar wäre. Die Ordnung muss hergestellt sein, damit die Rechtsordnung einen Sinn hat.«[100] Der Ausnahmefall offenbare das Wesen der staatlichen Autorität am klarsten. »Hier sondert sich die Entscheidung von der Rechtsnorm, und (um es paradox zu formulieren) die Autorität beweist, dass sie, um Recht zu schaffen, nicht Recht zu haben braucht.«[101]

Die Position Hellers und Carl Schmitt mag heute unter Verfassungsjuristen nicht die vorherrschende sein,[102] ganz aus der Welt sind ihre Annahmen nicht – und sei es nur als historisch-empirischer Befund, dass in schwerwiegenden Staatskrisen – wenn sich die Machtverhältnisse radikal ändern – entgegenstehende Rechtsnormen den Wandel nicht aufhalten können und die Karten stets neu gemischt werden, was auch immer die Juristen des Ancien Régime für solche Notlagen vorgesehen haben.

Hinzu tritt ein zweiter, in der politischen Debatte nach wie vor häufig artikulierter Vorbehalt: dass nämlich eine Verrechtlichung des Ausnahmezustandes langfristig der Gewalt- und Alleinherrschaft Tür und Tor öffne. Tim Burton lässt in seinem zweiten Film in dem Bürgermeisterkandidaten und ruchlosen Schurken Oswald Cobblepot die Idee reifen, in Gotham terroristische Anschläge zu inszenieren, um so der Bevölkerung die Unfähigkeit der gegenwärtigen Stadtregierung vor Augen zu führen und sich als neuen »starken Mann« zu empfehlen. Wenngleich es zunächst eher um die Wahl denn um diktatorische Vollmachten geht, so ist doch die Stoßrichtung unverkennbar, zumal Cobblepot explizit vom »Reichstagsbrand« spricht (in der englischen Originalfassung des Films: »Reichstagsfire«), den es zu kopieren gelte,[103] und damit auf die (mutmaßliche) Beteiligung der Nationalsozialisten an dem Brandanschlag auf das deutsche Parlament im Februar 1933 anspielt, der dem neuen Regime den benötigten Vorwand zur Beseitigung des Rechtsstaats lieferte. Wenn, so könnte man den Gedanken weiterführen, in Gestalt von Notstandsklauseln gleichsam eine Anleitung zum legalen Staatsstreich existiert, ist die Versuchung groß, den Notstand (verdeckt) selbst herbeizuführen und anschließend die Macht nicht mehr aus den Händen zu geben. Gelegenheit macht Diebe.

Die Furcht vor Missbrauch und Anmaßung, die Furcht vor einer sich selbst erfüllenden prophetischen Norm ist sehr viel älter als der Reichstagsbrand. Schon Machiavelli kannte diese Sorgen und nahm sie ernst, auch wenn er sie nicht teilte:

»Von irgendeinem Schriftsteller werden diejenigen Römer verdammt, die in Rom die Einführung der Diktatur erfunden haben, weil diese mit der Zeit die Ursache der Tyrannis in Rom geworden wäre. Er führt an, dass der erste Tyrann, den Rom gehabt hat, unter dem Titel eines Diktators geherrscht hat, und behauptet, dass Cäsar, hätte dieser Titel nicht bestanden, nicht in der Lage gewesen wäre, seine Tyrannis mit einem rechtmäßigen Titel aufzuwerten.«[104]

Noch deutlicher (und prinzipieller) wurde Thomas Jefferson,[105] der in seinen »Notes on the State of Virginia« die im Zustand größter Bedrohung 1776 und 1781 im »House of Delegates« eingebrachten Anträge auf Übertragung der Amtsgewalt auf das neu zu schaffende Amt eines Diktators als den Versuch wertete, »a limited monarch« durch »a despotic one« zu ersetzen,[106] letztlich also die amerikanische Unabhängigkeitsbewegung ad absurdum zu führen, ja der Lächerlichkeit preis zu geben.

Jefferson erschien das Ansinnen als ein bizarres Fanal der Schwäche, da so jedermann – den eigenen Bürgern wie den Feinden der Republik – signalisiert werde, dass man den republikanischen Institutionen nicht zutraue, auch schwierige Situationen zu meistern, und lieber schnell wieder unter den Rock der Despotie flüchte, sobald es brenzlig werde. Das sei Hochverrat am Volk, echauffierte sich Jefferson, mehr noch: Verrat an der ganzen Menschheit.

»The very thought alone was treason against the people; was treason against mankind in general; as rivetting forever the chains which bow down their necks, by giving to their opressors a proof, which they would have trumpeted through the universe, of the imbecility of Republican Government, in times of pressing danger, to shield them from harm.«[107]

Sollte tatsächlich so große Not über das Land kommen, dass die Regierung aufhöre zu existieren, dann falle die Staatsgewalt wieder zurück ans Volk und nicht etwa an einen Monarchen oder eine Oligarchie:

»Necessities, which dissolve a government, do not convey its authority to an oligarchy or a monarchy. They throw back, into the hands of thr people, the powers they had delegated, and leave them as individuals to shift for themselves.«[108]

Im 20. Jahrhundert hat die Erfahrung mit dem berüchtigten Art. 48 Weimarer Reichsverfassung nicht gerade das Vertrauen in einen verantwortungsbewussten Umgang der Politik mit verfassungsrechtlichen Notstandsnormen gestärkt.[109] Als in Deutschland im Frühjahr 1968 die Bundesregierung die sogenannten Notstandsgesetze beriet und zur Abstimmung stellte, formierte sich dagegen in Teilen der Öffentlichkeit massiver Widerstand. Unter dem Motto »Notstandsgesetze bringen den Notstand« organisierten Aktivisten einen Sternmarsch nach Bonn. Man fürchteten einen schleichenden Übergang der Macht auf ein Notstandsregime und sah in der bisherigen Abwesenheit einer Notstandsverfassung wenn schon keine unüberwindliche, so doch eine beachtliche psychologische Barriere gegen einen Staatsstreich durch die Hintertür.[110] Namhafte linke Intellektuelle unterstützen die Protestbewegung und lehnten die Grundgesetzänderung ab.[111] Auch unmittelbar nach den Ereignissen vom 11. September 2001 waren Bedenken gegen einen zu leichtfertig erklärten und auf Dauer gestellten Ausnahmezustand weit verbreitet.[112]

Die Kritik musste und muss sich zunächst das regierungspraktische Argument entgegen halten lassen, dass man Ausnahmesituationen – die »Stunde der Exekutive« – nur durch schnelles und wirksames Handeln meistern kann.[113]

»Die gewöhnliche Gang der Geschäfte in den Freistaaten ist langsam«, klagte schon Machiavelli, »denn kein Rat, keine Behörde kann allein alles erledigen, in vielen Dingen brauchen sie sich gegenseitig. Durch den notwendigen Ausgleich der verschiedenen Willensrichtungen vergeht die Zeit, und so entsteht die größte Gefahr, wenn man einer Sache abhelfen soll, die keinen Zeitverlust erlaubt. Die Freistaaten müssen daher in ihren Verfassungen eine der Diktatur ähnliche Einrichtung haben.«[114]

Unter »Diktatur« verstand Machiavelli das gleichnamige Institut des Römischen Rechts (dazu sogleich) und nicht das, was wir heute (seit dem 19. Jahrhundert[115]) gewöhnlich darunter verstehen, nicht Tyrannis, nicht Despotie, nicht Cäsarismus.

Für den Florentiner Sekretär gibt es noch ein zweites, nicht minder wichtiges Argument, das eine überraschende Ähnlichkeit mit dem Einwand der Gegenseite aufweist, man dürfe den Feinden der Republik keine goldenen Brücken bauen:

»Fehlt einem Freistaat eine solche Einrichtung [scil. die Diktatur], so ist es unausbleiblich, dass er entweder bei Aufrechterhaltung der Verfassung zugrunde geht oder, um nicht zugrunde zu gehen, die Verfassung brechen muss. In einem Freistaat sollte nie etwas vorkommen, das die Anwendung ungesetzlicher Mittel nötig macht; denn wenn auch das ungesetzliche Mittel für den Augenblick vorteilhaft ist, so schadet doch das Beispiel. Die Gewohnheit aber, die Verfassung zu guten Zwecken zu brechen, bewirkt, dass man sie unter diesem Deckmantel dann auch zu schlechten bricht.«[116]

Auch Machiavelli fürchtet also in der Krise den verfassungsgefährdenden Präzedenzfall, der für ihn allerdings im – sei es nur vorübergehenden – Bruch der Verfassung besteht und nicht in der Verrechtlichung von Notstandskompetenzen. Trotz der schlechten Erfahrung mit Art. 48 WRV hat der deutsche Gesetzgeber sich 1968 auf die Seite derer geschlagen, die es nicht auf eine spontane verfassungswidrige Selbstermächtigung der Exekutive ankommen lassen wollten oder darauf, dass die Alliierten ihre Vorbehaltsrechte mit fast unbegrenzten Handlungsspielräumen ausübten.[117]

Wer sich so entscheidet, muss dann in einem zweiten Schritt die Frage nach der konkreten Ausgestaltung der Notstandsregelung beantworten. Zwei grundverschiedene Modelle stehen zur Auswahl: Entweder man gibt der »römischen« Lösung den Vorzug und konzentriert alle Macht in einer einzigen, nur für den Ausnahmezustand konzipierten Institution, oder es findet lediglich eine Kompetenzverschiebung innerhalb des bestehenden Institutionengefüges statt, die etwa mit einer temporären Aufhebung der Gewaltenteilung einhergehen kann.

Für den römischen Weg sprach aus Sicht Machiavellis und anderer, dass er immerhin einige Jahrhunderte lang seine Brauchbarkeit unter Beweis gestellt habe (noch in den Bundestagsdebatten der 1960er Jahre fand der römischrechtliche Diktator als Vorbild für eine funktionierende Notstandsregelung Erwähnung[118]). Vor einem Missbrauch der Sonderbefugnisse müsse sich niemand fürchten, meinte Machiavelli. »So war es ihm [scil. dem Diktator] infolge der kurzen Dauer seiner Diktatur, infolge der Beschränkung seiner Machtbefugnisse unmöglich, seine Grenzen zu überschreiten und dem Staat zu schaden. Vielmehr zeigt die Erfahrung, dass er ihm immer nützte.«[119]

Die Diktatur gehörte in Rom zu den Obermagistraturen. Kein ständiges Amt, kam die Ernennung zum Diktator nur in Betracht, wenn bestimmte Voraussetzungen erfüllt waren. Die bedeutendste und älteste Fallgruppe, gleichsam der Normalfall der Ausnahme, war die Diktatur *rei gerundae causae*, die im Krieg Zusammenhalt und maximale Kampfbereitschaft gewährleisten sollte; hingegen kam bei inneren Unruhen der Diktator *seditionis sedandae causa* zum Einsatz.[120] Zwar war ein Diktator anders als die Konsuln nicht durch kollegiale Interzession gehindert (aus der auf strikte Kollegialität fixierten römischen Perspektive eine Anomalie und Ungeheuerlichkeit), dafür aber – darauf spielt Machiavelli an – betrug ihre Amtszeit maximal sechs Monate, was zumindest in der frühen Republik der voraussichtlichen Höchstdauer eines Feldzugs entsprach.[121] Bestimmt und ernannt wurde der Diktator von einem der Konsuln (nur ganz ausnahmsweise fand eine Volkswahl statt)[122] – in Anbetracht der »Beschämung«, die die Diktatur für die regulären Magistraturen, insbesondere die Konsuln, mit sich brachte, aus Sicht Machiavellis wiederum ein kluger Schachzug: »Wunden und jedes andere Übel, das sich der Mensch aus freien Stücken und aus eigener Wahl selbst zufügt, schmerzen viel weniger als Wunden und Übel, welche ihm von anderen zugefügt werden.«[123]

Als Urform des Gegenmodells zur römischen Diktatur – Spezialzuständigkeiten regulärer Institutionen in Notstandslagen – kann man mit etwas gutem Willen die Figur der »Prärogative« ansehen, vor allem in der Gestalt, die ihr John Locke im »Second Treatises« (1689) gegeben hat.[124]

> »Where the Legislative und Executive Power«, heißt es im 14. Kapitel (»Of Prerogative«), »are in distinct hands, (as they are in all moderated Monarchies, and well-framed Governments) there the good of the Society requires, that several things should be left to the discretion of him, that has the Executive Power.«[125]

Zu den Schwächen, die sich auf diese Weise beheben lassen, rechnet Locke unter anderem nicht hinnehmbare Verzögerungen im normalen Geschäftsgang: »in some Governments the Law-making Power is not always in being, and is usually too numerous, and so too slow, for the dispatch requisite the Execution.«[126] Die Befugnis zum Einschreiten des »Executor of the Laws« in Eilfällen – »till the Legislative can conveniently be Assembled to provide for it« – ergebe sich aus dem Naturrecht (»the common Law of Nature«).[127]

Die meisten Befürworter von Notstandsgesetzen in den westlichen Demokratien des 20. Jahrhunderts wollten sich auf solche naturrechtlichen Ableitungen lieber nicht verlassen. Gefolgt ist man Locke aber insoweit, als man sich überwiegend für eine Eilzuständigkeit in Notlagen entschieden hat und nicht für die Schaffung eigenständiger Notstandsinstitutionen nach römischem Vorbild.[128] Die 1968 so heftig umstrittenen deutschen

Notstandsgesetze haben überdies nur sehr behutsame chirurgische Eingriffe in das Kompetenzgefüge des Grundgesetzes vorgenommen.

Was den inneren Notstand (im Unterschied zum Spannungs- und Verteidigungsfall) anbelangt, so sind die außerordentlichen Befugnisse der Bundesregierung vor allem Art. 87a Abs. 4 und 91 Abs. 2 GG zu entnehmen. Droht eine »Gefahr für den Bestand oder die freiheitliche demokratische Grundordnung des Bundes oder eines Landes« und ist das Land, in dem die Gefahr droht, nicht selbst zur Bekämpfung der Gefahr bereit oder in der Lage, so kann gemäß Art. 91 Abs. 2 S. iVm Art. 1 GG die Bundesregierung die Polizei in diesem Lande und die Polizeikräfte anderer Länder ihren Weisungen unterstellen sowie Einheiten des Bundesgrenzschutzes einsetzen.

Art. 87a Abs. 4 S. 1 GG geht noch einen Schritt weiter und ermächtigt die Bundesregierung, sofern die Polizeikräfte sowie der Bundesgrenzschutz nicht ausreichen, darüber hinaus auch die Streitkräfte »beim Schutze von zivilen Objekten und bei der Bekämpfung organisierter und militärisch bewaffneter Aufständischer« einzusetzen. Nach Abs. 2 ist dieser Einsatz einzustellen, wenn der Bundestag oder der Bundesrat es verlangen. Ob daneben Art. 20 Abs. 4 GG[129] eine Generalklausel für ein Staatsnotrecht zweiter Stufe enthält, ob mithin als *ultima ratio* auch Staatsorgane widerstandsberechtigt sind und auf das Widerstandsrecht als Legalitätsreserve zurückgreifen können, oder ob sich die Regelung exklusiv an die Bürger richtet (als Gegenstück und Korrektiv zu den Staatsnotstandsvorschriften)[130], ist nicht völlig geklärt.

Der deutsche Gesetzgeber[131] hat demnach zwar gewisse Vorkehrungen für extreme innerstaatliche Notlagen getroffen, sich aber geweigert, das konstitutionelle Gefüge vom Kopf auf die Füße zu stellen und völlig neue Verfahren und Institutionen einzuführen. Kehrseite der Zurückhaltung ist die geringe Konturierung der Notstandsvorschriften, nicht zuletzt auf der Tatbestandsseite. Wann eine »Gefahr für den Bestand oder die freiheitliche demokratische Grundordnung« vorliegt, wird nicht konkretisiert, sieht man einmal von dem beiläufigen Hinweis auf die Bedrohung durch »organisierte und militärisch bewaffnete Aufständische« ab. So bleibt vieles offen und im Ernstfall die Versuchung, ganz andere, an populären Idealen ausgerichtete Wege einzuschlagen.

III. Das dunkle Babylon der Postmoderne

Gotham Lage ist deshalb so prekär, weil es zwei Arten von Krisen gleichzeitig bewältigen muss: einen akuten, »heißen« Notstand (dazu IV.) und einen chronischen, »kalten«. Jeder für sich genommen wäre vielleicht noch erträglich, aber das Zusammenspiel dieser Bedrängnisse stellt eine übermächtige Bedrohung dar.

Wie chronischen Leiden den Körper schwächen und anfälliger machen für Infektionen, so beeinträchtigen Probleme, die eine Stadt nicht loswird und ihren Alltag bestimmen, die Resilienz der Bürgerschaft, ihre Befähigung zur Selbstorganisation und Gefahrenabwehr. Drei dieser dauerhaften Gebrechen, die Gotham aufzehren, wollen wir etwas genauer betrachten: Da ist zum einen die große Zahl an psychisch labilen Menschen, die alles um sich herum verzerrt wahrnehmen, genauso verzerrt, falsch und unharmonisch wie Gothams schräge, deformierte Architektur. Mit solchen Bürgern, mit Bürgern, die aufgrund seelischer Unzulänglichkeiten keinen echten Gemeinsinn entwickeln können, ist kein Staat zu machen (1.).

Aber auch das Fehlen einer Agora, einer baulichen Infrastruktur, die zum politischen Wettbewerb, zum freien Austausch von Ideen und Meinungen animiert, hemmt das bürgerschaftliche Engagement, wie überhaupt jeder Widerspruch zwischen materieller Kultur und politischem System einem nachhaltigen *state building* entgegensteht (2.).

Des Weiteren tragen die *cives Gotamiensis* schwer an der Bürde einer weit überdurchschnittlichen (Alltags-) Kriminalität, befördert durch ein Ausmaß an urbaner Verwahrlosung, das einzigartig sein dürfte. Der Müll türmt sich in den Straßen, überall baufällige Gebäude und Industrieruinen, mit Graffiti beschmierte Hauswände, brennende Mülltonnen und eingeschlagene Fenster – und weil das so ist, weil der Regelverstoß, die Abweichung von der Norm sich eingeschrieben hat in die bauliche Substanz der Stadt, besteht die Gefahr, dass sich die Bürger, die immer auch

Passanten, Flaneure, Beobachter sind, von der augenfälligen, ästhetischen Devianz in ihrem Handeln und sozialen Verhalten inspirieren und leiten lassen (3.).

1. Politischer Caligarismus

Dass mit der Stadt und ihren Bewohnern irgendetwas nicht stimmt, dass die Dinge schon seit einiger Zeit aus dem Ruder gelaufen sind, dass das Anormale, Befremdliche hier zum Alltag gehört, weiß oder ahnt der Zuschauer von Anfang an. In Tim Burtons Gotham ist auf eine zunächst nur schwer zu definierende Art nichts, wie es sein sollte: Straßen, Brücken, Kaufhäuser, Kirchen, Kinos, Fabriken, alles besitzt eine eigenartige Form und Dimension, gigantomanisch, dysfunktional, falsch proportioniert, schräg.

Für Burtons Filmarchitektur sind eine Reihe von Zuschreibungen im Umlauf. Das ist wenig überraschend, denn die Produktionsdesigner des ersten und des zweiten Batmanfilms – Anton Furst und Bo Welch – gaben einer Vielfalt der Stile den Vorzug und orientierten sich an den Maximen ganz unterschiedlicher Architekturschulen des 19. und 20. Jahrhunderts, soweit es ihnen dienlich erschien, die Zuschauer von der Andersartigkeit Gothams, von der Präsenz des Bösen und Pathologischen zu überzeugen. »Wir hatten eine unglaubliche Anomalie der Stile«, bekannte Furst, »bei uns entwirft Antoni Gaudi Wolkenkratzer, Otto Wagner verewigt sich mit faschistischen Fassaden auf eleganten Stadthäusern, dazu viktorianische Brücken à la Brunel ... Ein buntes Allerlei, ein fast dadaeskes Nebeneinander von Stilen. Wir wollten die böse Natur von Gotham City zum Ausdruck bringen.«[132] Und Welch beschreibt das Ergebnis als »ein heruntergekommenes New York mit einem Hauch von faschistischer Architektur.«[133]

Dass aber überhaupt die »böse Natur Gothams«, dessen schwarze Seele, das Dunkle und Abseitige einen solchen Stellenwert hatte und als unbestrittenes Leitbild bis in die Details das Dekor prägte, ist der außerordentlich langlebigen Faszination für die expressionistische Filmkunst der 1920er Jahre zu verdanken. An der Bedeutung des deutschen Expressionismus für das Burton'sche Oeuvre besteht kein Zweifel. Schon eine der ersten Burton-Produktionen, der Kurzfilm »Vincent« von 1982, wies entsprechende Stilmerkmale auf und weckte bei Filmkritikern Erinnerungen an cineastische Meisterwerke wie »Das Cabinet des Dr. Caligari« (1920) und »Nosferatu – eine Symphonie des Grauens« (1922).[134] Diesen Einfluss hat Burton auch in seinen späteren Filmen, etwa in der Komödie »Beetlejuice« von 1988[135] und dem Horrormärchen »Sleepy Hollow« von 1999,[136] nie verleugnet. Die Vermählung der Weimarer Avantgardeästhetik mit der postmodernen Popkultur gilt vielen geradezu als das Markenzeichen des Regisseurs.[137]

An offenkundigen Anspielungen auf das expressionistische Kino ist – wir erwähnten es bereits (I.) – auch in den Batman-Filmen von 1989 und 1992 kein Mangel.[138] Der Bösewicht Max Shreck in »Batman Returns« trägt das expressionistische Erbe schon im Namen: Maximilian »Max« Schreck (1879–1936) spielte in Friedrich Wilhelm Murnaus »Nosferatu« den Vampirgrafen Orlok – eine der emblematischen Rollen des Weimarer Kinos. Äußerlich gleicht Burtons Max Shreck mit seinen nach hinten gekämmten langen weißen Haaren dem Erfinder Rotwang in Fritz Langs »Metropolis« (1927). Shrecks blonde Assistentin Selina Kyle (Michelle Pfeiffer), die zu Catwoman mutiert, erinnert an die Metropolis-Maria (Brigitte Helm), die engelsgleiche unerschrockene Kämpferin für die Rechte der Arbeiter, und Jack Napiers Garderobe (Jack Nicholson) ist dem Kostüm »des Schmalen« (Fritz Rasp), der den Sohn des Metropolis-Herrschers Joh Fredersen beschatten soll, nicht unähnlich. Kaum zu leugnen sind die Übereinstimmungen in der Darstellung und Ausstattung von Oswald Cobblepot und Dr. Caligari (Werner Krauß): die gedrungene Gestalt, der lange schwarze Mantel, der auffällige Zylinder, das strähnige weiß-graue Haar.

Auch architektonisch bezieht sich Tim Burton immer wieder auf die 20er Jahre. Shrecks Warenhaus und Konzernzentrale ist eine Persiflage auf den »neuen Turm Babel«, in dem Joh Fredersen residiert (Abb. 3a). Dass Tim Burton das Gebäude wie Fritz Lang aus der Vogelperspektive filmt, unterstreicht die Ähnlichkeit (Abb. 3b).[139] Ferner stand der gotische Dom von Metropolis, in dem Rotwang und Freder um Maria kämpfen (Abb. 4a), Pate für Gothams düstere Kathedrale, in die sich der Joker mit seiner Gefangenen – Vicki Vale (Kim Basinger) – flüchtet (Abb. 4b),[140] und die Aufsicht auf die Apparaturen in der Chemiefabrik »Axis Chemicals« (Abb. 5b) zitiert Filmsequenzen aus »Metropolis«, die von der »Herzmaschine« und ihrer Zerstörung handeln (Abb. 5a).[141] Eine Steinbrücke wie das berühmte, auf unzähligen Plakaten und Illustrationen verewigte Bauwerk, über das Cesare sein Opfer schleppt (Abb. 6a), spielt auch in »Batmans Rückkehr« eine zentrale Rolle (Abb. 6b). Und die schrägen, eigenartig gewun-

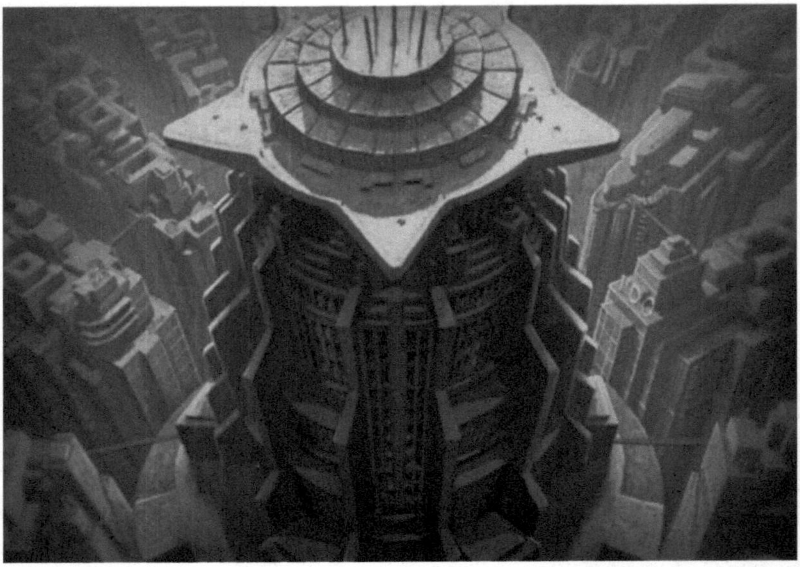

Abb. 3a
Quelle: Fritz Lang, Metropolis, 1927.

denen Wände samt deformierter Spitzbögen im Innere des Pinguin-Pavillons »Arctic World« (Abb. 7b) sind offenbar eine Hommage an das von Hans Poelzig – Stararchitekt der Weimarer Zeit – entworfene Bühnenbild (Abb. 7a) für den Film »Der Golem, wie er in die Welt kam« von 1920 (Regie: Paul Wegener und Carl Boese).[142]

Tim Burtons Faible für den deutschen Expressionismus teilen natürlich nicht alle Regisseure Hollywoods. Christopher Nolans Gotham erweckt auf den ersten Blick sogar den Eindruck, als sei es schlechthin als die Antithese zu Burtons exzentrischen Kulissen konzipiert. Der Wille, aus dem Schatten der stilbildenden Inszenierungen von 1989 und 1992 herauszutreten, ist unverkennbar. Nicht im Studio wie Burton drehte Nolan seine Filme, sondern in realen urbanen Räumen des 21. Jahrhunderts, in ganz gewöhnlichen Bürogebäuden, Parkhäusern, Supermärkten, Apartments und Hotelfoyers.

Sehen wir genauer hin, sind freilich auch Nolans Szenenbilder nicht ganz so gewöhnlich, ja einige genauso artifiziell und verstörend wie Burtons Pappmachébauten. Künstlich ist Nolans Gotham schon insoweit, als es sich um eine Montage von Stadtfragmenten handelt: hier ein Hochhaus

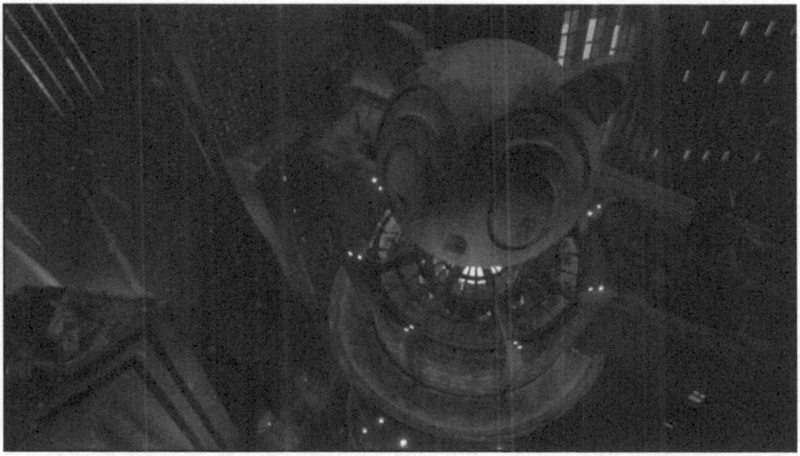

Abb. 3b
Quelle: Tim Burton, Batman Returns, © Warner Bros. Entertainment Inc., 1992.

in Chicago, dort eine Unterführung in Pittsburgh, eine Lagerhalle in London, eine Garage in Los Angeles, ein Einkaufszentrum in New York.[143] Mit der Wirklichkeit einer gewachsenen Metropole hat das wenig zu tun, doch gerade dadurch erlangt die Architektur eine ähnliche inhaltliche Bedeutung wie bei reinen Studioproduktionen und kann gezielt Aussagen und Stimmungen generieren.

Irritierend extravagant und disharmonisch mutet das szenographische Leitmotiv der beiden letzten Nolan-Filme an: Räume, die tief, in der Fläche ausgedehnt, aber von vergleichsweise geringer Höhe sind. Besonders auffällig ist das Missverhältnis zwischen Höhe und Tiefe im Fall der provisorischen Batcave, die Bruce Wayne nach der Zerstörung von Wayne Manor als Operationsbasis dient (in Wirklichkeit ein Club und Multifunktionsgebäude in Los Angeles). Die mit Oberlichtern aus Plexiglas verkleidete, hell erleuchtete Decke scheint nur mannshoch über dem Betonboden zu schweben, während die Grenzen des Raumes nach vorne und nach hinten kaum auszumachen sind (Abb. 8).[144] Nicht weniger absurde Proportionen weist der Sitzungssaal auf, in dem sich der Vorstand von Wayne Enterprises versammelt (California Bank & Trust Building in Los Angeles[145] und IBM Building im Chicago[146]). Der Konferenztisch steht isoliert in der riesigen, aber nicht sehr hohen Etage eines weitläufigen Gebäudekomplexes (Abb. 9).

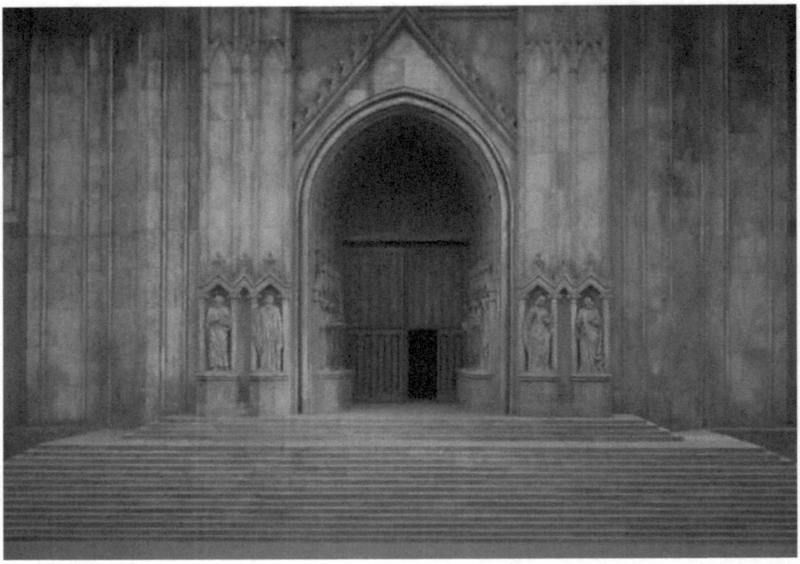

Abb. 4a
Quelle: Fritz Lang, Metropolis 1927.

Den paradoxen Eindruck einer klaustrophobischen Weite vermitteln ferner die im Film omnipräsenten Tunnel und Unterführungen, die Batman durchqueren muss, um sich in Sicherheit oder seine Gegenspieler zur Strecke zu bringen, das Depot der Wayne-Enterprises-Abteilung für angewandte Wissenschaften (Los Angeles Convention Center[147] und West Building in Chicago[148]) sowie der flache unterirdische Raum, in dem sich der Fusionsreaktor befindet.[149] Architektonisches Gegenstück bildet das Verlies, das Bane für den psychisch wie physisch versehrten Bruce Wayne ausgesucht hat: ein zum Himmel hin offener, extrem hoher, brunnenartiger Schacht, der sinnbildlich einerseits für Hoffnung und Freiheitsdrang, andererseits für Bedrängnis und Unvermögen steht.[150]

Wenn sogar ein Regisseur wie Christopher Nolan, der sich gewöhnlich einer von Tim Burtons Stil grundverschiedenen hyperrealistischen Bildsprache bedient, nicht umhinkam, seine Batman-Trilogie hier und dort expressionistisch zu grundieren (ergänzend zu erwähnen wären weitere unvermeidliche Zugaben einer Batman-Szenerie – wie 24-Stunden-Nächte, wandernde Schatten als Menetekel und bizarre Kostüme – die auch unter Nolan Verwendung fanden), dann muss das expressionistische Ele-

Abb. 4b
Quelle: Tim Burton, Batman, © Warner Bros. Entertainment Inc.,1989.

ment von Anfang an vorhanden gewesen sein und dessen fortwährende Aktualisierung gleichsam in der Natur der Sache liegen. Tatsächlich stand bereits der Batman-Schöpfer Bob Kane zumindest mittelbar unter dem Eindruck des Weimarer Kinos. Zu seinen Lieblingsfilmen zählte »The Bat Whispers«, ein Thriller von Roland West aus dem Jahr 1930,[151] der als vom Expressionismus beeinflusst gilt.[152] Dieser Film und auch die Stummfilmversion von 1926 (ebenfalls unter der Regie von Roland West) basierten auf dem Broadway-Stück »The Bat« aus der Feder von Mary Roberts Rinehart und Avery Hopwood und handeln von einem als fledermausähnliches Geschöpf verkleideten Kriminellen.[153]

Eine zweite Spur führt zu Paul Lenis Meisterwerk »The Man Who Laughs« von 1928, dem Victor Hugos historischer Roman »L'homme qui rit« zu Grunde lag. In der Hauptrolle des Gwynplaine – eines von Hand eines Chirurgen absichtlich entstellten, dauerhaft grinsenden Edelmannes – glänzte Conrad Veidt, der schon den Somnambuler Cesare in »Das Cabinett des Dr. Caligari« gespielt hatte. Leni selbst war eine der Schlüsselfiguren des expressionistischen Films, bewundert sowohl für einige der ausgefallensten Filmbauten der 20er Jahre als auch für seine Regie, etwa in »Das Wachsfigurenkabinett« (1924), ebenfalls ein expressionistisches Bravourstück. Trotz Zugeständnisse an den Geschmack Hollywoods trägt auch »The Man Who Laughs« das Etikett »expressionistisch« nicht zu Unrecht,[154] ja es ist wohl einer der letzten Filme, die es verdienen.[155]

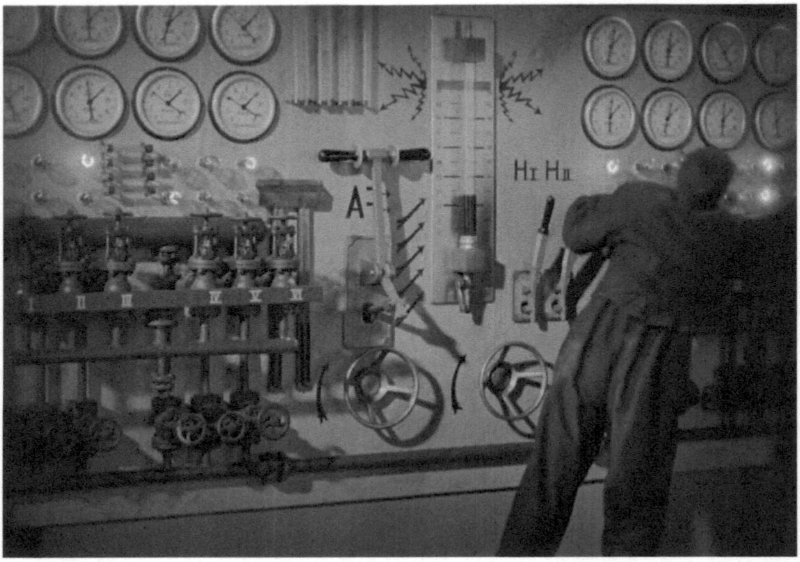

Abb. 5a
Quelle: Fritz Lang, Metropolis 1927.

Wer den Joker »erfunden« hat, der 1940 im Heft Batman # 1 seinen ersten großen Auftritt hatte – Kanes Assistent Jerry Robinson oder Bob Kane selbst (in Zusammenarbeit mit Bill Finger) – darüber stritten die Beteiligten. Umso einiger waren sie sich, dass man an Conrad Veidt in der Rolle des Gwynplaine Maß genommen und den Gegenspieler Batmans nach diesem Vorbild modelliert hatte.[156]

Wenn demnach der Expressionismus zum Erbgut der Batman- und Gotham-Erzählung gehört, müssen wir uns damit befassen, wie die dieser Bewegung zuzuordnenden deutschen Filme der 20er Jahre gesellschaftlich und politisch zu verorten sind, welche Bedürfnisse der Zeit, Absichten und Empfindungen sie artikulieren. Das ist freilich eine heikle, in dem gegebenen Rahmen gewiss nicht abschließend zu beantwortende Frage. Die einflussreiche Theorie Kracauers, wonach der Weimarer Film »tiefenpsychologischen Dispositionen, wie sie in Deutschland von 1918 bis 1933 herrschten,« visualisierte, kam bereits zur Sprache und ebenso die Kritik daran, dass Filme die Wirklichkeit nicht nur abbilden, sondern sie auch (mit-) gestalten. Problematisch ist überdies Kracauers Neigung, die Epoche ausschließlich als ein Prolog zur nationalsozialistischen Diktatur zu begreifen. Folglich stehen in seiner Filmanalyse Indizien im Vordergrund,

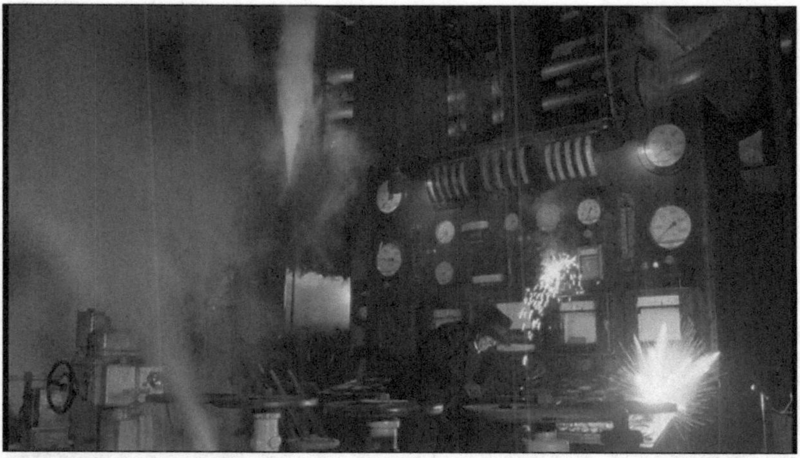

Abb. 5b
Quelle: Tim Burton, Batman, © Warner Bros. Entertainment Inc.,1989.

die Hitlers Triumph ankündigen, wie etwa die Faszination einiger Regisseure für autoritäre, »tyrannische« Charaktere.[157]

Ein Zeitalter ist jedoch ein Produkt der Vergangenheit, nie der Zukunft, so dass wir das Weimarer Kino als Epilog zu den Vorgängen vor 1918 auffassen sollten, als ein Nachspiel zum Ersten Weltkrieg und seinen verheerenden körperlichen und seelischen Spätfolgen.[158] Auch Robert Wienes »Das Cabinet des Dr. Caligari« gehört in diesen historischen Zusammenhang. Viele zeitgenössische Filmkritiker verstanden den Film »als die angemessene Übersetzung einer Irrenphantasie in eine Folge von Bilder«,[159] wie Kracauer nachwies, um jenen Kritikern sogleich entschieden zu widersprechen:

> »In ihrem Triumph übersahen die Banausen eine bedeutungsvolle Tatsache: obwohl der Film Irrsinn mit Hilfe schiefer Schornsteine anprangerte, versinnbildlichte er doch niemals den normalen Zustand durch senkrechte Schornsteine. Expressionistische Ornamente überwuchern auch die Schlussperiode, in der man vom Standpunkt des Spießers aus, hätte erwarten sollen, dass senkrechte Linien die Wiederherstellung konventioneller Wirklichkeit charakterisieren würden. Das heißt der Caligari-Stil war gleich weit davon entfernt, Irrsinn zu schildern und revolutionäre Botschaften zu übermitteln.«[160]

Kracauer liegt damit richtig und falsch zugleich. Einerseits lässt sich Wieners Film in der Tat unmöglich so deuten, dass die verstörende Architektur mit ihren Absonderlichkeiten, ihren ausgreifenden Schrägen

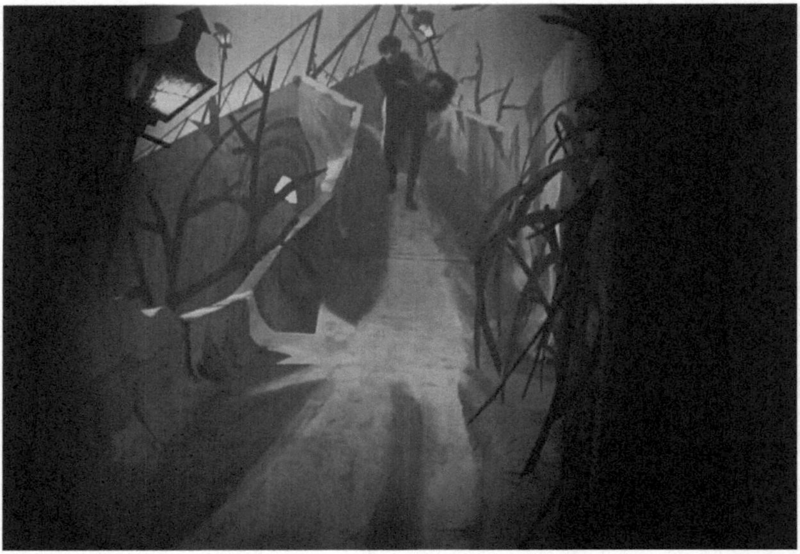

Abb. 6a
Quelle: Robert Wiene, Das Cabinet des Dr. Caligari, 1920.

und Ecken, allein dazu dient, den angegriffenen Geistes- und Gemütszustand des Protagonisten der Rahmenerzählung – Francis – kenntlich zu machen. Andererseits ist das eigentümliche Szenenbild sehr wohl als ein Hinweis auf Wahnvorstellungen zu verstehen, freilich gilt das Interesse des Regisseurs nicht dem »Irrsinn« eines Einzelnen, dem die Mehrheit der Gesunden gegenübersteht, sondern den psychischen Deformationen einer ganzen Generation und Gesellschaft. Kracauer selbst verweist auf die »in der Nachkriegszeit« verbreitete Definition des Expressionismus als die »Gestaltung ursprünglicher Empfindungen und Erfahrung« und auf die Leitfrage expressionistischer Künstler, »wie wohl die spontanen Offenbarungen einer in der Tiefe erregten Seele am besten veranschaulicht werden könnten.«[161]

In der Tiefe erregt waren die Seelen in den Nachkriegszeit durch eben diesen Krieg, den »Großen Krieg«, wie ihn die Engländer nennen, und das in einem Ausmaß wie wir es uns heute – ein Jahrhundert später – kaum vorstellen können. Der zermürbende, mit allen damals zur Verfügung stehenden technischen Mittel – einschließlich Giftgas – geführte Stellungskrieg hatte Millionen von jungen Männern in atemberaubender Geschwindigkeit desillusioniert und sie an die Grenzen ihrer seelischen

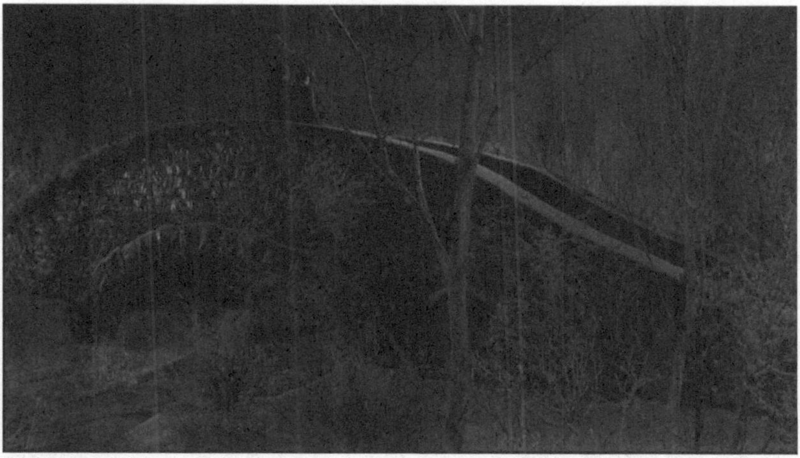

Abb. 6b
Quelle: Tim Burton, Batman Returns, © Warner Bros. Entertainment Inc., 1992.

Belastbarkeit geführt – und nicht wenige weit über diese Grenze hinaus. Es gab hinter der Front und in der Heimat eigene »Nervenlazarette«, in denen Ärzte um die psychische Gesundheit einer riesigen Zahl verwirrter, aus der Bahn geworfener Soldaten rangen. Im Englischen hat sich für das Phänomen der Begriff *shell shock* eingebürgert, der eine der Hauptursachen der posttraumatischen Störung benennt: den ununterbrochenen Beschuss der Schützengräben mit Granaten (*artillery shells*). In Deutschland sprach man von Kriegszitterern oder Schüttelneurotikern, weil die Betroffenen häufig nicht mehr ihre Bewegungen kontrollieren konnten.[162] Davon soll es allein hierzulande mehr als 600.000 gegeben haben.[163] Wahrscheinlich hatte sogar fast jeder Soldat im Fronteinsatz in der einen oder anderen Form mit psychischen Problemen zu kämpfen, wenngleich das Leiden nicht immer für Außenstehende erkennbar war.

Abzulesen ist die Bedeutung und Dringlichkeit der Angelegenheit an den vielen Fachpublikationen, die zu diesem Thema während des Krieges und kurz danach erschienen: »Der Krieg und die Nerven« (1915),[164] »Der Krieg und die traumatischen Neurosen« (1915)[165], »Die Schädigung der Nerven und des geistigen Lebens durch den Krieg« (1917)[166], »Kriegsneurosen und ›Psychisches Trauma‹« (1918)[167], »Die Nerven. Ihre Gefährdung und Pflege in Krieg und Frieden« (1918)[168], »Zur Psychoanalyse der Kriegsneurosen« (1919)[169]. Die Ärzteschaft hatte schnell erkannt, »daß es … nicht immer der blutige Soldatenkampf sein muß, der so verheerende Spu-

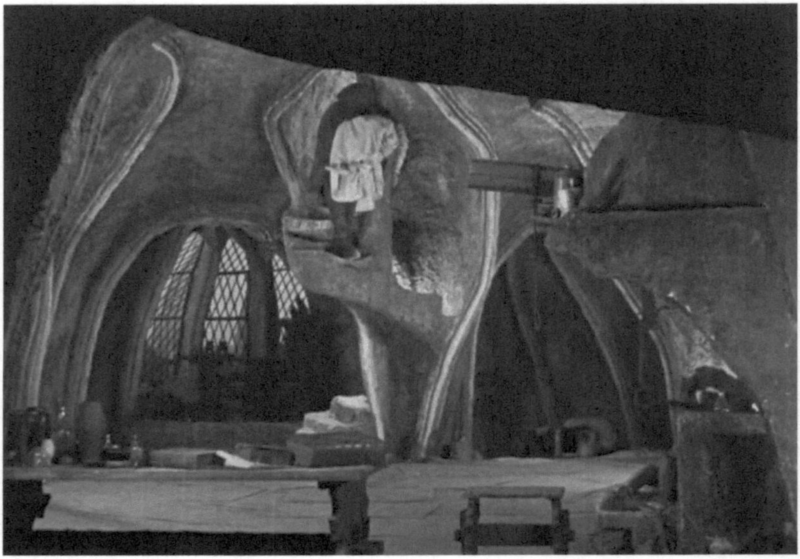

Abb. 7a
Quelle: Paul Wegener/Carl Boese, Der Golem, wie er in die Welt kam, 1920.

ren an und in den Beteiligten hinterläßt, sondern sehr häufig auch der schwere Konflikt, den die Persönlichkeit in sich mit der durch den Krieg veränderten Umwelt auszukämpfen gezwungen ist in einem Kampf, in dem der Kriegsneurotiker schließlich in stummer, oft unerkannter Qual unterliegt.«[170] Die »psychischen und nervösen Shockwirkungen der Granat- und Minenexplosionen« seien Teil der »gigantische(n) Experimente des Weltkrieges«.[171]

Nach dem Ende der Kampfhandlungen im Westen und Osten überfluteten die psychischen Invaliden die Großstädte der »Heimatfront«. Vor allem in Berlin gehörten die Kriegszitterer zum Straßenbild und Alltagsgespräch. Zeitweise waren sie so präsent, dass sie Verkehrsbehindungen und Tumulte verursachten und die Polizei vor den »Gliederschüttelern« mit großflächigen Anzeigetafeln warnten. Die Berliner Krankenhäuser konnten den Ansturm nicht bewältigen und schickten die Patienten wieder weg.[172] Weimar war – jedenfalls zu Beginn – eine »Republik der Zitterer«[173].

Das kollektive Trauma hat Politik und Kunst des 20. Jahrhunderts nachhaltig geprägt. Zu den prominentesten Opfern des *shell shock* gehörte der im Oktober 1918 bei einem Gasangriff in Flandern erblindete Adolf

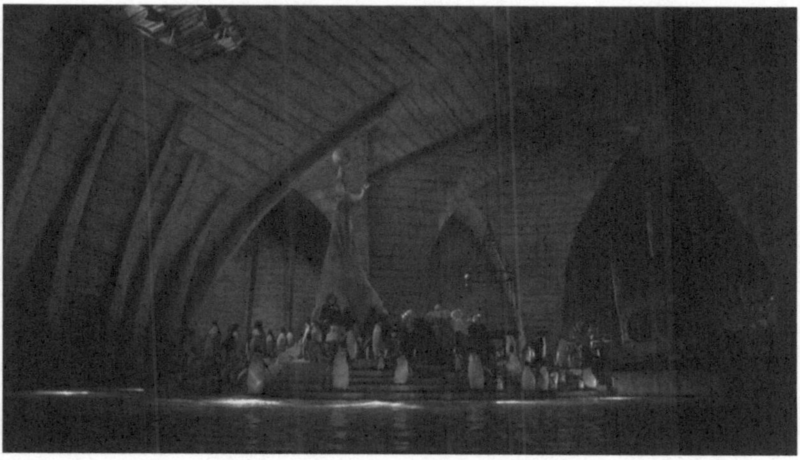

Abb. 7b
Quelle: Tim Burton, Batman Returns, © Warner Bros. Entertainment Inc., 1992.

Hitler. Da er zugleich Symptome wie Zittern und nervöse Unruhe zeigte, diagnostizierten die Ärzte bei ihm eine kriegsbedingte »psychopathische Hysterie« und unterzogen ihn einer entsprechenden Therapie im Krankenhaus von Pasewalk. Hitler selbst schilderte das Geschehen in »Mein Kampf« als einschneidendes Erlebnis, das sein Leben für immer veränderte.[174]

Auch viele Künstler und Schriftsteller empfanden die neue Art von Krieg als einen Wendepunkt, der ihnen eine andere Weltsicht aufzwang. Wenn sie nicht persönlich den Wahnsinn in den Schützengräben erlebt hatten, konnten sie zumindest überall die furchtbaren Folgen eines Waffengangs in Zeiten technologischen »Fortschritts« beobachten. Franz Kafka rief 1916 zur Einrichtung einer »Krieger- und Volksnervenheilanstalt« auf,[175] Ernst Ludwig Kirchner und Georg Grosz waren zeitlebens von den Schrecken des ersten totalen Krieges gezeichnet.[176] Und Alfred Döblins expressionistischer Großstadtroman »Berlin Alexanderplatz« (1929), der wie kein zweites Buch die Stimmung, den »Geist« der Zwischenkriegsjahre abbildet, behandelt die Irrungen und Wirrungen eines Kriegstraumatisierten.[177] Die Hauptfigur, Franz Biberkopf, dem die Ärzte zu guter Letzt ein »psychisches Trauma« bescheinigen,[178] wird immer wieder von der kontaminierten Vergangenheit, verdrängten Erinnerungen an Sperrfeuer und Schützengräben, eingeholt (»Und Rollen von Eisenbahnen, Kanonen krachen, Platzen der Handgranaten, Sperrfeuer, Chemin

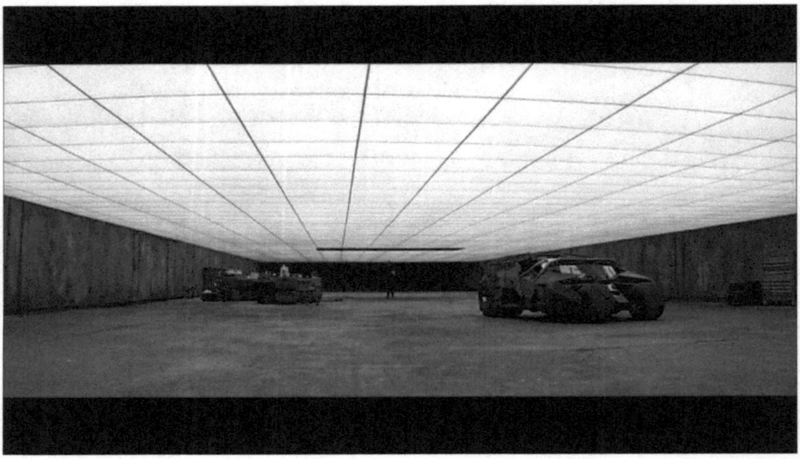

Abb. 8
Quelle: Christopher Nolan, The Dark Knight, © Warner Bros. Entertainment Inc., 2008.

des dames und Langenmarck, Lieb Vaterland magst ruhig sein, lieb Vaterland magst ruhig sein. Die Unterstände verschüttet, hingesunken die Soldaten. Der Tod rollt seinen Mantel, singt: O ja, o ja«).[179]

Franz Marc, Wegbereiter der expressionistischen Malerei, 1916 bei Verdun gefallen, hatte schon zu Beginn des Krieges – im September 1914 – die künstlerischen Konsequenzen gezogen, indem er in einem Brief von der Front bemerkte, der Krieg werde aus ihm keinen Naturalisten machen, ganz im Gegenteil: das Realistische verschwinde in diesem Umfeld völlig; undenkbar jetzt eine Zeit, in der man den Krieg noch als eine Abfolge von Biwaks am Lagerfeuer und Kavallerieattacken malte.[180]

Die Avantgarde des noch jungen Films – ohnehin auf der Suche nach einer ihrem disruptiven Medium angemessenen Ästhetik – kam einige Jahre später zu einem ähnlichen Schluss. Dem modernen Krieg in seinen für die Einzelseele apokalyptischen Ausmaßen sei, so glaubten sie, mit konventionellen, realistischen Inszenierungen von Grabenkämpfen und Luftschlachten nicht beizukommen.[181] Der (nur teilweise erhaltene) Robert-Reinert-Film »Nerven« von 1919 stellt im Vorspiel[182] noch einen unmittelbaren Bezug zum Krieg her, indem er das Sterben eines jungen schwer verwundeten Mannes auf dem Schlachtfeld in Szene setzt, doch ist das Geschehen bereits stark stilisiert und nicht mehr im engen Sinne realistisch dokumentiert. Der vielsagende Titel verweist auf das Leitmotiv, das die verschiedenen Episoden des Film miteinander verknüpft: Konfu-

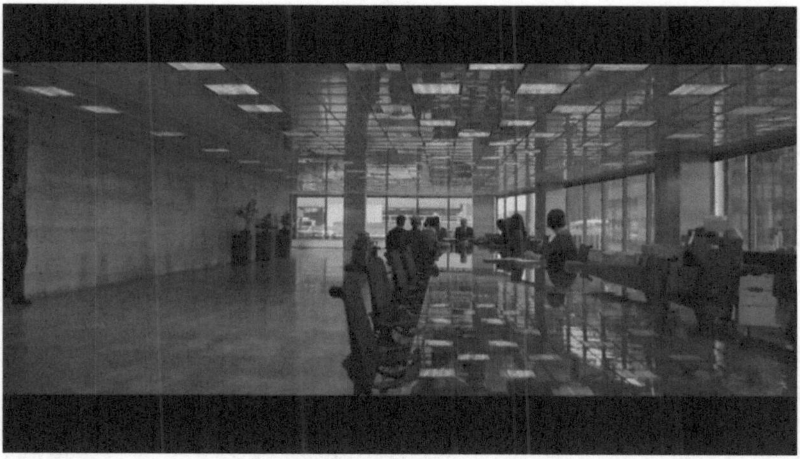

Abb. 9
Quelle: Christopher Nolan, The Dark Knight Rises, © Warner Bros. Entertainment Inc., 2012.

sion und Leiden in einer psychisch völlig derangierten, dem Wahnsinn nahen Gesellschaft, gemäß dem vorangestellten Motto: »Zum Tier wird der Mensch, wenn Ihr versagt, Nerven, seid Ihr nicht selbst die Seele?«[183]

Im »Cabinet des Dr. Caligari« – der Film feierte nur wenige Monate nach »Nerven« Premiere – kam der Krieg als solcher bereits überhaupt nicht mehr vor. Das Treiben auf dem Jahrmarkt einer Kleinstadt ist vielleicht das am wenigsten »militärische« Sujet, das sich denken lässt. Und doch spricht einiges dafür, dass der Film vornehmlich die durch den Krieg zugefügten inneren Verletzungen und ihre gesellschaftlichen Implikationen zur Anschauung bringen will. Das Szenenbild simuliert die Fronterlebnisse einfacher Soldaten authentischer als jeder Dokumentarfilm: die schrägen, sich nach oben hin schließenden Hauswände, die den verschachtelten Gassen der Stadt das Gepräge von Schützengräben und Unterständen verleihen, ferner die primitiven, mit groben Strichen auf die Wände gepinselten Zeichen, die wie militärische Signale über den Standort und die Funktion des jeweiligen Gebäudes Auskunft geben (Abb. 10), die verkohlten, schattengleichen Baumskelette, die einsam in der Landschaft stehen, und so fort.[184]

Die Rahmenhandlung thematisiert nicht nur Wahnsinn und psychischen Verfall, sondern auch das Zerwürfnis zwischen dem (übermächtigen) ärztlichen Direktor einer psychiatrischen Klinik und einem seiner Patienten – ein Konflikt, der in den von Kriegstraumatisierten bevölkerten

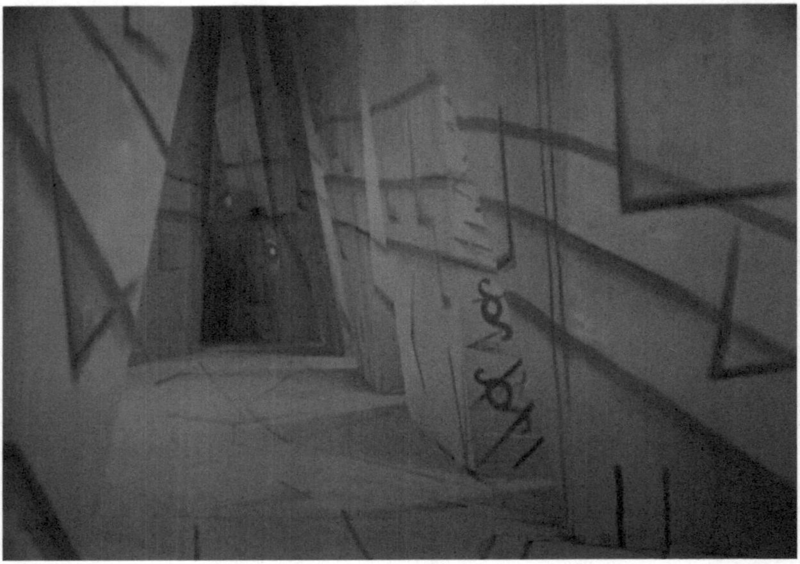

Abb. 10
Quelle: Robert Wiene, Das Cabinet des Dr. Caligari, 1920.

Nervenheilanstalten recht häufig ausgetragen wurde, wie nicht nur der bekannte Prozess des Ex-Soldaten Walter Kauders gegen seine weißgekittelten Peiniger belegt, die ihre Patienten mit Elektroschocks zu misshandeln pflegten. Niemand anderes als Sigmund Freud trat in der Sache als gerichtlicher Gutachter auf – im Februar 1920, also just in dem Monat, in dem »Das Cabinet des Dr. Caligari« in den Lichtspielhäusern debütierte.[185]

Schlechte Nerven, eine ruinierte psychische Gesundheit galten (namentlich in Deutschland) schon vor Ausbruch des Ersten Weltkrieges als ein Signum der sich immer schneller um die eigene Achse drehenden Moderne. Die Rationalisierung von Arbeitsprozessen, neue Techniken und Verkehrsmittel wie die Eisenbahn, später das Auto und das Flugzeug, die Landflucht und das Entstehen von Riesenstädten, all das »zerrte an den Nerven«, ging einher mit einer bald sprichwörtlichen Reizüberflutung.[186]

Dass das Streben nach Effizienz und Zeitersparnis nicht spurlos an den Menschen vorüberging, dass die Modernisierung »verdeckte Kosten« produzierte, gelangte im späten 19. Jahrhundert zunehmend zu Bewusstsein.[187] Die »Neurasthenie« – ein von dem amerikanischen Neurologen George Miller Beard in den 1860er Jahren erstmals beschriebenes

Krankheitsbild – schien überall auf den Vormarsch.[188] »Die Summe der Empfindungen, Kenntnisse, Erfahrungen, also die ganze Last der Cultur,« notierte dereinst Nietzsche, »ist so gross geworden, dass eine Ueberreizung der Nerven- und Denkkräfte die allgemeine Gefahr ist, ja dass die cultivirten Classen der europäischen Länder durchweg neurotisch sind und fast jede ihrer grösseren Familien in einem Gliede dem Irrsinn nahe gerückt ist.«[189]

Die Politik und die Art, Politik zu betreiben, blieb davon nicht unberührt. Der Herrscher, der in Berlin, dem Weltzentrum der Nervositätsepidemie, residierte, war notwendigerweise besonders gefährdet. Selbst Vertraute und Wohlmeinende rechneten Wilhelm II. – »den Unsteten«, wie ihn der Volksmund nannte – zu den »Neurasthenikern« und sorgten sich beständig um dessen psychisches Wohl.[190] In einer berühmten Rede prophezeite der Kaiser 1910, den künftigen Krieg gewinne derjenige, der über gesunde Nerven verfüge.[191]

Das massenhafte Auftreten von Kriegsneurosen seit 1914 bildete den Höhe- und zugleich Wendepunkt dieser Entwicklung. Die ungeheueren Ausmaße des Leidens rief alle jene auf den Plan, die Sabotage und einen Anschlag auf die Kampfmoral der Truppe witterten. Sie denunzierten mit wachsendem Erfolg das »Kriegszittern« als eine von der »jüdischen Medizin« und der Sozialdemokratie ersonnene Pseudo-Krankheit. Wer nach Granatenbeschuss und Sperrfeuer psychische Probleme geltend machte, anstatt sich fröhlich in das nächste »Abendteuer« zu stürzen (bis das Leben auch physisch zu einem Ende kam), war in ihren Augen entweder ein in der Großstadt verweichlichter Schwächling oder ein schäbiger Simulant, der – während des Krieges – sich um den Fronteinsatz drücken und – nach dem Krieg – in den Genuss von Rentenansprüchen wegen Arbeitsunfähigkeit kommen wollte.[192]

Diese reaktionäre Kehrtwende der Ärzteschaft ist ein bemerkenswerten (und inzwischen gut untersuchtes) Kapitel deutscher Medizin- und Gesellschaftsgeschichte.[193] Was die Wirkungsgeschichte des Weimarer Films anbelangt, die uns interessiert, so ist der Umschwung eher von untergeordneter Bedeutung, denn selbstverständlich gab es in den 1920er Jahren weiterhin sehr viele Menschen, die ein kriegsbedingtes Trauma alles andere als für ein Hirngespinst hielten. Die zahlreichen Invalidenverbände und sozialdemokratisch orientierten Hilfsorganisationen leisteten entschiedenen Widerstand gegen eine pauschale Diffamierung der »Kriegszitterer«.[194] Erst recht gingen die progressiven, meist pazifistisch gesonnenen, der Völkerverständigung zugetanen Künstler – einschließlich der Regisseure – zum Gegenangriff über, indem sie die seelischen Verwerfungen, die der Krieg gezeitigt hatte, eindringlich (wenngleich in Filmen wie »Caligari« aus heutiger Sicht verschlüsselt) vor Augen stellten.[195]

Man mag einwenden, die künstlerisch anspruchsvollen und gesellschaftskritischen Produktionen machten nur einen Bruchteil des Weimarer Kinos aus und seien aus dem Grund in ihrer Wirkung überschätzt. Schließlich hätten zwischen 1920 und 1927 fünfhundert Filme pro Jahr das Licht der Welt erblickt, davon die meisten seicht, trivial, unpolitisch.[196] Das ist zwar richtig, verfehlt aber insoweit den Kern, als gerade das cineastisch Außergewöhnliche und Revolutionäre für den Export bestimmt war – als »Aushängeschild« der noch jungen, um internationale Anerkennung ringenden Republik.[197] Diesem Umstand ist es nebenbei zu verdanken, dass viele der besseren Filme weitgehend wiederhergestellt werden konnten, eben weil sich in amerikanischen, russischen und anderen ausländischen Archiven Exportversionen erhalten haben, während die allein dem deutschen Markt zugedachte Unterhaltungsmassenware oft für immer verloren ist.

So führen zahlreiche Fäden von Weimar nach Hollywood und sogar zu Hollywoods Batman. Indem zunächst die Comiczeichner, dann die Regisseure Stilelemente des deutschen 20er-Jahre-Kinos übernahmen, allen voran die exzentrische Filmarchitektur und Kostümierung, übernahmen sie auch etwas von der eigenartigen Atmosphäre der Zwischenkriegszeit, etwas von dem Wahnwitz einer psychisch entgleisten Gesellschaft.

Psychisch labil sind auch viele Bürger Gothams, die prominentesten allemal. Batman selbst ist nichts anderes als eine therapeutische Maßnahme, ersonnen von Bruce Wayne, um sein Trauma – die Ermordung der Eltern – irgendwie in den Griff zu bekommen. Kaum ein Batmanfilm, in dem Wayne nachts nicht schweißgebadet aufwacht, heimgesucht von Alpträumen, die ihn zurückführen in die Kindheit. Tim Burtons »dunkler Ritter« laboriert überdies an einer ausgeprägten Beziehungs- und Bindungsangst, die jeden Psychotherapeuten auf der Suche nach einem geregelten Einkommen entzücken dürfte; Zack Snyders Batman ist ein gewalttätiger Psychopath; und in Christopher Nolan »The Dark Knight Rises« lebt der zur Untätigkeit verdammte Bruce Wayne isoliert, zurückgezogen und völlig apathisch in einem Gästen und Freunden unzugänglichen Flügel seines Landhauses, infolge der seelischen Leiden auch körperlich verfallen. Erst als er wieder Batman sein darf, gewinnt er den Lebensmut zurück, den sein Diener Alfred freilich umgehend als verdeckte Todessehnsucht deutet und damit wiederum als einen psychischen Defekt.

Das Pandämonium der Gotham'schen Staatsfeinde besteht ohnehin fast ausnahmslos aus Subjekten, die dringend einer psychiatrischen Behandlung bedürften. Der Joker tritt dem Zuschauer unverstellt als der personifizierte Wahnsinn entgegen, wobei die Gründe variieren, die ihn zu dem gemacht haben sollen, was er ist. Nach einer Überlieferungstradition, die sich Nolan in »The Dark Knight« zu eigen macht, verdankt er sein verunstaltetes, fratzenhaftes Gesicht dem sadistischen Vater, der Mutter und Sohn regelmäßig misshandelte und in einem dieser Anfälle die Wangen des Kindes zerschnitt, eine Tat, die mehr noch als den Körper die Psyche für immer schädigte. Batman gegen Joker: Das ist nach der Lesart Nolans der Zweikampf zwischen zwei Traumatisierten. Todd Phillips treibt schließlich in seinem Film »Joker« – eine Art psychiatrisches Gutachten auf Zelluloid – die Seelenforschung auf die Spitze. Sein Arthur Fleck ist ein bemitleidenswertes, mit Psychopharmaka zugedröhntes Wrack, das irgendwann dem inneren und äußeren Druck nicht mehr standzuhalten vermag.

Wohin wir auch sonst in Gotham blicken, überall sind Schurken mit pathologischen Persönlichkeitsstrukturen am Werk. Neben dem Riddler und Two-Face sticht vor allem Oswald Cobblepot alias »der Pinguin« heraus, in »Batman Returns« ein verwachsenes Männchen, das die Eltern als Kleinkind samt Kinderwagen in einem Flüsschen »entsorgt« hatten, weil sie Anblick und Verhalten des abnormalen Sprösslings nicht ertragen konnten. Intelligent, aber verbittert und unfähig, emotionale Beziehungen zu anderen Menschen aufzubauen, betreibt der Pinguin Selbstverwirklichung durch Terrorismus und schreckt selbst nicht vor dem barbarischsten aller barbarischen Anschläge, dem herodischen tausendfachen Kindsmord, zurück.

Eine der interessantesten und komplexesten Antihelden im Batman-Burton-Kosmos ist Selina Kyle (»Catwoman«).[198] Mit ihr betritt der Typus der durch gesellschaftliche Zwänge gespaltenen Persönlichkeit die Bühne. Als bebrillte biedere Assistentin des Warenhaustycoons Max Shreck bemüht sie sich einerseits, dem ihr von der Konvention aufgezwungenen weiblichen Rollenbild gerecht zu werden; andererseits strebt sie als Catwoman im hautengen schwarzen Lackkostüm nach einer Revision der überkommenden Geschlechterordnung und Sexualmoral, will die Ketten sprengen, die sie am Ausleben des eigenen Ichs hindern. Selina Kyles zahlt für ihre Emanzipation und Suche nach Authentizität und Identität einen hohen Preis. Seelisch zerbricht sie an den Widersprüchen zwischen den (nach traditionellem Verständnis) inkommensurablen (Geschlechter-) Rollen und wird schizophren. Ihr Schicksal erinnert daran, dass die erste Generation der Vorkämpferinnen für Gleichstellung und Gleichberechtigung große persönliche Opfer brachten und ihnen als Individuen oft kein Happy End beschieden war.

Wir verstehen jetzt, warum die psychiatrische Klinik »Arkham Asylum« eine so zentrale und unentbehrliche Institution in Gotham City ist, nicht weniger zentral und unentbehrlich als das Rathaus oder das Polizeipräsidium. Wer innerhalb der Stadtgrenzen eine derart große Zahl an psychisch Versehrten beherbergt, benötigt eine Behörde, eine Anstalt, die sich ihnen, nur ihnen widmet. Dass auch der für Arkham Asylum verantwortliche Psychiater Dr. Jonathan Crane (»Scarecrow«) massive psychische Auffälligkeiten zeigt, ist eine fast schon unvermeidliche Pointe.

Gotham City ist demnach ein Gemeinwesen, dessen Bewohner zu einem signifikanten Teil nicht den Standards und Idealen geistiger Gesundheit entsprechen. Eine »Republik der Zitterer« eigener Art. Zwar haben hier nicht Stellungskrieg und Grabenkämpfe den Menschen die Köpfe verdreht, wohl aber Straßen- und Alltagskriminalität, häusliche Gewalt, lebensfeindliche urbane Räume. Die Betroffenen haben einen deformierten, »expressionistischen« Blick auf die Welt, sehen sie verzerrt, eingefärbt, verfremdet, wie Dr. Crane nach einer Überdosis jenes Nervengases, mit dem er seine Feinde außer Gefecht zu setzen pflegt.[199]

Offenkundig, dass Gothams existentielle Probleme mit der epidemischen Verbreitung psychischer Krankheiten (oder zumindest Unzulänglichkeiten) in einem direkten Zusammenhang stehen. Rechtlich-institutionelle Mängel kommen hingegen kaum Sprache, ja Überlegungen, Gotham müsse nur die Staatsform ändern, eine Verwaltungsreform durchführen, das Wahlrecht modifizieren oder die Amtszeit des Bürgermeisters begrenzen und schon sei bald alles in bester Ordnung, entbehren jeder Grundlage und wären völlig abwegig. Soweit ersichtlich, orientiert sich Gothams »Verfassung« an dem typisierten Leitbild US-amerikanischer Gemeindeordnungen. Das Modell mag nicht über alle Zweifel erhaben sein, hat sich aber im Großen und Ganzen bewährt. Nein, an dem politischen System als solchem liegt es nicht; die schwankende seelische Konstitution ihrer Bürger macht der Stadt zu schaffen.

Damit lenkt die Batman-Saga mit ihren expressionistischen Figuren und Kulissen die Aufmerksamkeit auf ein – man möchte fast sagen – vorsintflutliches Verständnis von Verfassung und Politik. Robert Pippin hat vor einiger Zeit die berechtigte Frage gestellt, ob es die Gegenwart mit ihrem Faible für Legitimationsprobleme nicht etwas übertreibe und darüber das Geschäft der politischen Psychologie vernachlässige.[200] Und auch von einer unabdingbaren Reform der Staatsorganisation, von dem Erfordernis eines neuen »institutionellen Designs« ist heutzutage bei schweren Krisen meist ein wenig zu schnell und ein wenig zu häufig die Rede.[201]

Die Vormoderne tat sich schwerer damit als das 20. und 21. Jahrhundert, die Vielfalt der menschlichen Seelenzustände und Temperamente aus der politischen Theorie gleichsam herauszurechnen. Wir operieren wie selbstverständlich mit dem Leitbild des rationalen Akteurs, der (ausschließlich oder vorwiegend) seine Interessen durchzusetzen versucht, ja das Absehen von individual- oder gruppenpsychologischen Eigenheiten gilt dem aufgeklärten politischen Beobachter und Reformer geradezu als wissenschaftliche Tugend. Man versteht sich als Experte für institutionelle Mechanik, für das Gestalten und kontinuierliche Verbessern eines filigranen Regelwerks, dessen Anwendung und Akzeptanz grundsätzlich nicht von einem – wie auch immer definierten – »Volkscharakter« abhängen soll. Zwar hat in den letzten Jahren und Jahrzehnten die Verhaltensökonomik einige Tropfen Wasser dem Wein universalanthropologischer Selbstgewissheit beigemengt, indem sie dem Dogma der rationalen Interessen- und Nutzenmaximierung die experimentell gewonnenen Erkenntnisse der kognitiven Psychologie zur Seite stellte. Aber eine Bewegung, die bestimmte Staatsformen oder – allgemeiner – politische Ordnungen auf die jeweilige psychische Verfassung der Staatsbürger zurückführt, ist daraus nicht entstanden.

Das Altertum nahm die politische Psychologie als Aufgabe und Verheißung ernster. Allen voran Platon interessierte sich für die Wechselwirkung zwischen Seele und Polis.[202] Über die politischen Institutionen und Verfahren, die das Zusammenleben regulieren oder regulieren sollen, erfährt der Leser seiner »Politeia« hingegen erstaunlich wenig, nicht viel mehr jedenfalls als wir über Gothams Verfassung wissen – obwohl die griechischen Staaten in der Regel über eine komplexe politische Infrastruktur des Machtausgleichs und Meinungsaustauschs verfügten, wie uns andere Quellen verraten.[203]

Platon entwickelt eine eigene »Psychopathologie«[204], beschreibt, wie Gemeinwesen degenerieren und schlechte Staatsformen ausbilden, wenn die Bürger ihre Eigenschaften ändern, sie habgierig, phlegmatisch, streitsüchtig oder krankhaft misstrauisch werden.

»Befremdlich muss für den, der politische Ausführungen erwartet, die ... Behauptung klingen, unterschiedliche Verfassungen seien nicht auf unterschiedliche Organisationsformen der Macht, sondern auf unterschiedliche Charaktere zurückzuführen... Spätestens hier deutet sich eine eklatante Diskrepanz zur üblichen Konzeption politischer Ordnungen an. Es sind offenbar nicht politische, sondern psychologische Gegebenheiten, an denen [der platonische – DD] Sokrates die Unterschiede zwischen seinen Verfassungen festmachen möchte.«[205]

An zwei Stellen wird in der »Politeia« der Zusammenhang zwischen seelischem Zustand, Ethos, »Sitte« einerseits und politische Ordnung, »Verfassung« andererseits besonders deutlich. So im 4. Buch:

»Ist es nun nicht uns ganz notwendig, sprach ich, zu gestehen, dass in einem jeden von uns diese nämliche drei Arten und Handlungsweisen sich finden wie auch im Staat? Denn nirgends anders her können sie ja dorthin gekommen sein. Denn es wäre ja lächerlich, wenn jemand glauben wollte, das Mutige sei nicht aus den Einzelnen in die Staaten hineingekommen, die vorzüglich diese Kraft in sich haben« (435e).[206]

Und im 8. Buch heißt es:

»Und du weißt doch, dass es gewissermaßen ebensoviel Arten von Menschen geben muss wie von Verfassungen. Oder meinst du, dass die Verfassungen von der Eiche oder von Felsen entstehen und nicht aus den Sitten derer, die in den Staaten sind, nach welcher Seite hin eben diese den Ausschlag geben und das übrige mit sich ziehen?« (544d-e).[207]

Folgerichtig ordnet Platon den heute noch zumindest dem Namen nach bekannten Herrschaftsformen wie Demokratie und Oligarchie scharf konturierte Persönlichkeitsprofile zu. Die Timokratie bevölkert »der timokratische Mensch«, aus Sicht Platons ein im Großen und Ganz leidlich anständiger Charakter, der jedoch erste Verfallserscheinungen zeigt:

»Wird nicht auch ein solcher, sprach ich, das Geld in seiner Jugend zwar verachten, je älter er aber wird, um desto mehr es lieben, da er ja an der Natur des Geldliebenden teilhat und nicht mehr rein auf die Tugend gerichtet ist, weil er von dem vollkommensten Wächter im Stich gelassen worden ist?« (549b).[208]

In den Staaten, die sich noch weiter vom Ideal einer guten politischen Ordnung entfernt haben, sieht Platon Bürger mit handfesten Persönlichkeitsstörungen am Werk. Der »oligarchische Mensch« (553a-555b) gilt ihm als ein »schwächlicher Geldsack« und »schmuddeliger Knicker.«[209] Erst recht ist die »tyrannisch beherrschte Seele« (577e) hochgradig neurotisch: ein seelisches Wrack, ein armes Würstchen, übermächtigen Trieben und Ängsten schutzlos ausgeliefert. »Und glaubst du, dass du in irgendeinem anderen mehr Klagen und Seufzer und Angst und Weh antreffen wirst? Nirgends. Und glaubst du, dass dergleichen in irgendeinem anderen Manne mehr sein wird als in diesem tyrannischen, der von wollüstiger Liebe und anderen Begierden ganz verstört ist?« (578a).[210]

Bei der Lektüre solcher Dialoge beschleicht den Leser das Gefühl, der Autor wolle mit amüsanten biographischen Skizzen und burlesken Exkursen unterhalten, damit er ihm nicht von der Fahne gehe. Sogar der Verdacht steht im Raum, Platon habe bei dem etwa zwanzig Jahre älteren Aristophanes abgeschrieben oder sich zumindest von dem großen Komödiendichter inspirieren lassen, wenn er die Verhältnisse in Staaten mit Herrschaftsformen, die ihm missfielen, in den grellsten Farben schilderte, als einen bunten Reigen der Verkommenheit.[211]

Der polemische, offenkundig unsachliche Charakter der platonischen Verfassungslehre ist eine nicht versiegende Quelle der Kritik an Platon und dem Platonismus. Der Grieche machte es modernen Verächter seiner Lehren wie Karl Popper leicht, ihn als geschworenen Feind der offenen Gesellschaft zu denunzieren, ihn, Platon, der die Demokratie als ein wüstes Gelage, als politische Bacchanalien, als ein Tollhaus der ungezügelten Freiheit der Lächerlichkeit preisgab. Sein demokratische Mensch ist ein Bruder Leichtfuß, der dem *anything goes* huldigt, der nur das macht, wonach ihm, ihm allein, der Sinn steht, ohne Rücksicht auf das große Ganze, so »dass man so gar nicht gezwungen ist, am Regiment teilzunehmen in einem solchen Staat, und wenn du auch noch so geschickt dazu bist, noch auch zu gehorchen, wenn du nicht Lust hast, und ebensowenig, wenn die anderen Krieg führen, auch mitzukämpfen« (557e).[212]

Seiner Fabulierkunst setzte Platon im 6. Buch der Politeia die Krone auf, als er den Leser an den vergnüglichen Abendteuer einer vielstimmigen inkompetenten Schiffsbesatzung teilhaben lässt. Auf dem Narrenschiff, dem *ship of the fools* – dieser Ausdruck hat sich im englischen Sprachraum für das philosophiegeschichtlich einzigartige Gefährt eingebürgert – herrscht Hauen und Stechen, weil gerade die Unfähigsten und Verrücktesten das größten Verlangen nach Macht und Verantwortung an den Tag legen. Ein anarchisches Treiben ohne Sinn und Verstand, ein grotesker, törichter Kampf jeder gegen jeden:

»Denke dir also, sei es nun über viele Schiffe oder über eines, einen solchen Schiffsherrn gesetzt, der zwar an Größe und Stärke alle anderen im Schiffe übertrifft, übrigens aber ist er schwerhörig, sieht auch wenig und versteht von der Schifffahrt ungefähr ebensoviel, und die Schiffsleute in Fehde unter sich wegen des Befehls, indem jeder glaubt, er müsse steuern, der jedoch nie die Kunst erlernt hat ... denke dir nun, dass diese immer den Schiffsherrn umlagern, bittend und alles versuchend, damit er ihnen das Steuerruder übergebe, zuweilen aber, wenn einige ihn nicht überreden können, sondern es scheint, andere eher, dann jede diese anderen töten oder aus dem Schiff herauswerfen, den edlen Schiffsherrn aber durch Zauberbeeren oder Rausch oder anderswie fesseln und so das Fahrzeug regieren mit Hilfe dessen, was sich eben darin findet, und so zechend und schmausend schiffen, wie es von solchen zu erwarten ist« (488a-c).[213]

Ein Narrenschiff[214] mit einer »zechenden und schmausenden« Crew hat Hieronymus Bosch um 1500 auf einem Triptychon verewigt, Sinnbild für eine auf sich gestellte Gemeinschaft, einen »Staat« der Törichten, Wollüstigen und Geilen (Abb.11). Das Gemälde nimmt wohl nicht direkt Bezug auf Platon, sondern auf den europäischen Bestseller »Daß Narrenschyff ad Narragoniam« (1494) aus der Feder des Straßburger Juristen und Humanisten Sebastian Brant, der mit dem Werk Platons bestens vertraut war.[215] Die platonischen Einfälle fanden im Allgemeinen in den Künsten großen Anklang. Dank ihres dramatischen Gehalts und ihres ausgefallenen Dekors waren sie als Motive wie geschaffen für publikumswirksame Inszenierungen aller Art.

Der Nachweis, dass Platon maßlos übertrieb und seine Verfallsformen zu keiner Zeit der historischen Wirklichkeit entsprachen, weder in Sparta noch in Athen, noch an irgendeinem anderen Ort der altgriechischen Welt, ist einfach zu erbringen. Ein Blick in zeitgenössische wie moderne Geschichtswerke reicht aus, um Platons schwungvolles Räsonieren als Übertreibung und Fiktion zu entlarven.

Gerade aber weil jeder Verständige die »Politeia« unmöglich als Tatsachenbericht ernst nehmen konnte, stellt sich die Frage, was der Athener mit seinen pointierten Vignetten bezweckte. Aus Sicht der politischen Psychologie liegen die Gründe für Platons Vorgehen auf der Hand. Wer je versucht hat, die verwirrende Vielfalt psychischer Erscheinungen auf einen allgemeinen Nenner zu bringen – so allgemein, dass er für die Gesellschafts- und Staatstheorie eine verlässliche, kalkulierbare Größe darstellt – wird die Schwierigkeiten einer solchen Unternehmung nur zu gut kennen. Schon das Innenleben eines einzigen Menschen zu erkunden kann eine Lebensaufgabe sein und Proust'sche Dimensionen annehmen. Um wie-

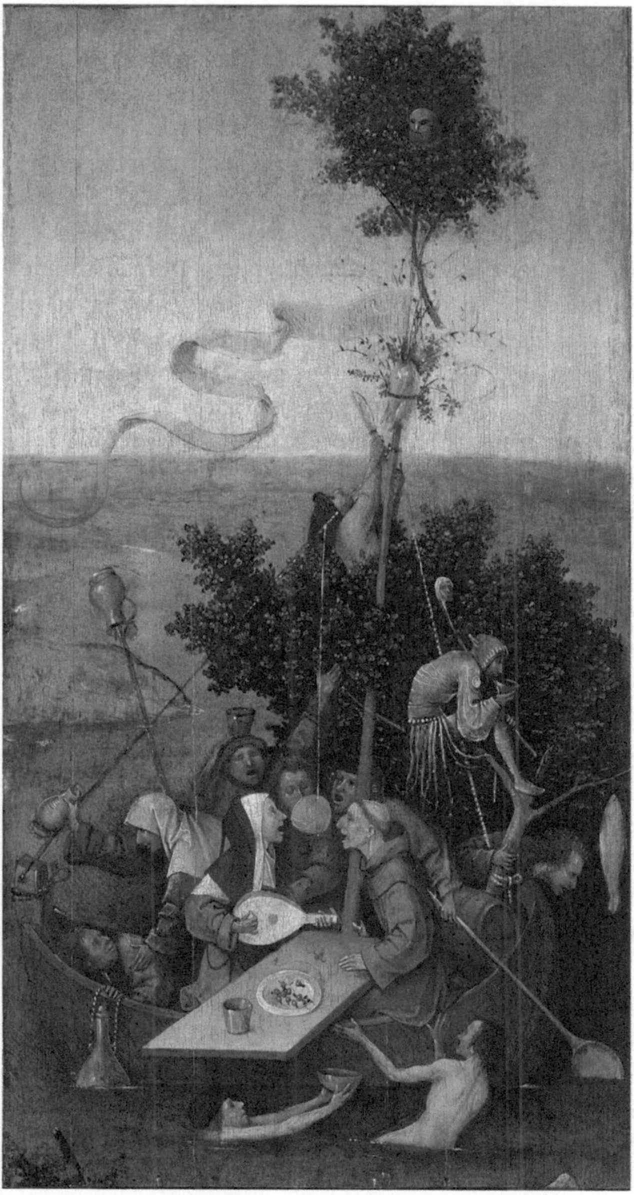

Abb. 11
Quelle: Hieronymus Bosch, Narrenschiff, um 1500 (Musée du Louvre, Paris).

viel schwieriger erscheint es, einer Gruppe von Menschen oder ganzen Gesellschaften oder Staaten gerecht zu werden. Daher ist – damals wie heute – die Versuchung groß, aus Bequemlichkeit und Überdruss seelische Befindlichkeiten kurzerhand zu politischen Adiaphora zu erklären, bestenfalls zu einer Quantité négligeable, leicht zu leugnen und zu ignorieren.

Platon geht einen anderen Weg. Der Idealtypus, nicht der Realtypus interessiert ihn.[216] Indem er die Dinge zuspitzt und – wie im Fall des »Narrenschiffs« – geradezu filmreife Szene, Kulissen, Dialoge erfindet, die in der Geschichte der Philosophie noch immer ihresgleichen suchen, verdeutlicht er, dass der seelische Zustand eines Gemeinwesen durchaus nicht unbeachtlich ist und ein Wandel derselben Veränderungen der Machtstrukturen und des politischen Diskurses nach sich ziehen kann. Erst im Gedankenexperiment tritt das Amorphe, Gestaltlose, schwer Fassbare zu Tage. Gewiss, damit ist noch nicht im engeren Sinn bewiesen, dass sich Ähnliches in realen Gesellschaften abspielt, die ungleich heterogener sind als Platons psychische Monokulturen, aber das Argument, in abgeschwächter Form, je nach »Reinheitsgrad«, sei das psychopathologische Profil der Bürgerschaft[217] eine stets zu berücksichtigende Rechengröße, lässt sich ebenso wenig mit leichter Hand widerlegen.

Platons Vorgehen hat noch einen weiteren Vorzug. Wenn nämlich einmal tatsächlich die Bewohner einer Polis, eines Staates aus dem seelischen Gleichgewicht geraten und ihr Zusammenleben ausnahmsweise eine Gestalt annimmt, die dem närrischen Treiben in Platons »Politeia« nahekommt, ist der aufmerksame Platonleser weit besser sensibilisiert und gerüstet für die anstehenden Schlachten als jene, die glauben, mit einigen institutionellen Reform, etwa einem Mehr an politischer Partizipation und sozio-ökonomischer Teilhabe, sei bald wieder alles im Lot und die Krise schnell überwunden. Zu Recht widerspricht inzwischen die verfassungsgeschichtliche Forschung der gerne wiederholten, aber unsinnigen Behauptung, die traumatische Kriegs- und Zwischenkriegszeit als Nukleus des »Zeitalters der Extreme« wäre politisch weit weniger extrem geraten, hätten die Väter der Weimarer Verfassung nur nicht den fatalen Fehler begangen, den Grundrechtsteil statt an das Ende an den Anfang ihres Elaborats zu stellen.[218] Eine »Republik der Zitterer« ist nur mit weit größeren Anstrengungen wieder auf Kurs zu bringen.

Und genau darin, im Sichtbarmachen seelischer Abgründe und ihrer politischen Dimension, besteht auch eine wesentliche Errungenschaft des Kinos »von Caligari zu Batman«. Wenn psychisch Versehrte Politik machen, helfen weder die Maßstäbe des christlichen Menschenbildes noch die Gewissheiten des rationalen Egoismus weiter, will man ihre Handlungen vorausberechnen und institutionell neutralisieren; so wenig wie sich die schiefen, verdrehten Häuser und Brücken des expressionistischen Szenenbildes mit den Naturgesetzen oder anerkannten bautechnischen Standards in Einklang bringen lassen. Weder der Joker noch die meisten anderen Superschurken in Gotham City verfolgen materielle Ziele, wollen reich und immer reicher werden, ein Leben in Saus und Braus führen. Demonstrativ setzt der Joker in »The Dark Knight« einen mehrere Meter hohen Turm aus Geldscheinen vor den Augen gewöhnlicher Krimineller in Flammen, die dem antikapitalistischen Autodafé fassungslos beiwohnen. »It's not about money, it's about sending a message«, wie es im amerikanischen Original heißt.[219] Der Joker will nur spielen, ein böses, destruktives, bizarres Spiel und vor allem immer ein Spiel nach *seinen* Regeln.

Wirklich gefährlich wird es, wenn das rationale Böse sich in seiner überschlauen Überheblichkeit anschickt, die wilden Pferde des Irrsinns vor den Helios-Wagen der eigenen Interessen zu spannen. So glaubt es, noch schneller ans Ziel aller profanen Begierden zu gelangen, den Quellen von Macht und Reichtum entgegen. Diesen Vorgang, der in der Weltgeschichte so manches Unheil angerichtet hat, kleidet Tim Burton in eine ingeniöse architektonische Metapher:[220]

In der obersten Etage eines mehrstöckigen Gebäudes haust Oswald Cobblepot in einem schäbigen, unwohnlichen, »caligaresken« Raum, spärlich möbliert und dunkel, da die (allerdings stark beschädigten) Jalousien heruntergelassen sind. Besagter Cobblepot, an seinem barocken Schreibtisch gänzlich mit sich selbst beschäftigt und in Wahnvorstellungen gefangen, zeigt keine Neigung, von sich aus das heruntergekommene Quartier zu verlassen (Abb. 12a). Doch dann erscheint der Warenhaustycoon Shreck und lockt ihn mit einem toten Fisch zu einer gußeisernen Wendeltreppe in der hintersten Ecke des Zimmers. Einige Schritte auf der Treppe und schon befinden sich die beiden in dem darunterliegenden Geschoss, das in jeder Hinsicht die Antithese zu Cobblepots schmutzigen Verschlag bildet, ein hell erleuchtetes modernes Großraumbüro mit makellosen weißen Möbeln und ebenso makellosen weißen Jalousien. Es ist die mit bunten Luftballons geschmückte Wahlkampfzentrale des künftigen Bürgermeisterkandidaten Cobblepot, die Shreck hat einrichten lassen, um den widerspenstigen Pinguin zur Kandidatur zu bewegen und geradezu vor vollendete Tatsachen zu stellen (Abb. 12b).

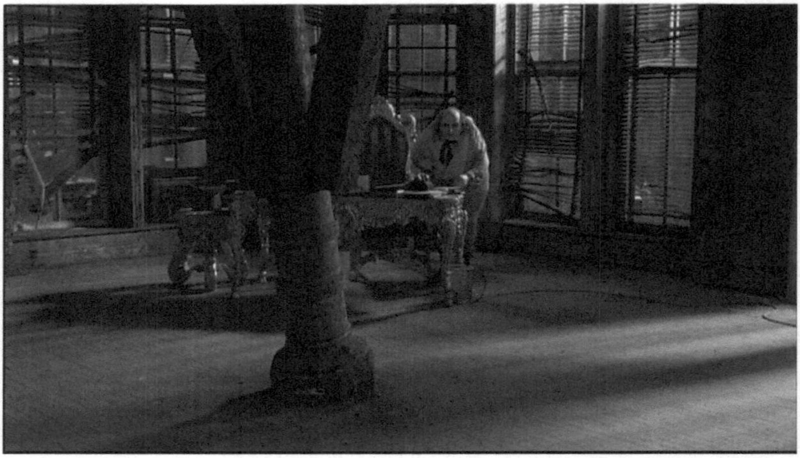

Abb. 12a
Quelle: Tim Burton, Batman Returns, © Warner Bros. Entertainment Inc., 1992.

Beide Welten, die der psychischen Störung und die der effizienten politischen Organisation liegen eng beieinander und wenig – etwas bösen Willen und eine Wendeltreppe – bedarf es, um sie zusammenzubringen, so die Botschaft. Shreck ist ein übler Geselle, ein Ganove, ein Anti-Held, aber in einem überaus konventionellen Sinne. Er will gute Geschäfte machen, seinen Reichtum mehren, und niemand soll ihn nach Möglichkeit daran hindern. Wer es versucht, den drängt er beiseite, sei es ein unbequemer Geschäftspartner oder ein gesetzestreuer Bürgermeister. Er glaubt sich Cobblepot als Marionette, als Steigbügelhalter bedienen zu können, weil er der eigenen Rationalität grenzenlos vertraut und sich nicht vorstellen kann, dass ein geistig debiles Wesen wie der halluzinierende Pinguin ihn zu überspielen vermag, ihn, Max Shreck, den archetypischen *homo oeconomicus.* Natürlich kommt es anders, und der rationale Nutzenmaximierer geht an seinem Hochmut elend zu Grunde. So einfach lässt sich der einmal inthronisierte Wahnsinn nicht das Szepter des Handelns entreißen, nicht in Gotham, nicht sonst wo auf der Welt.

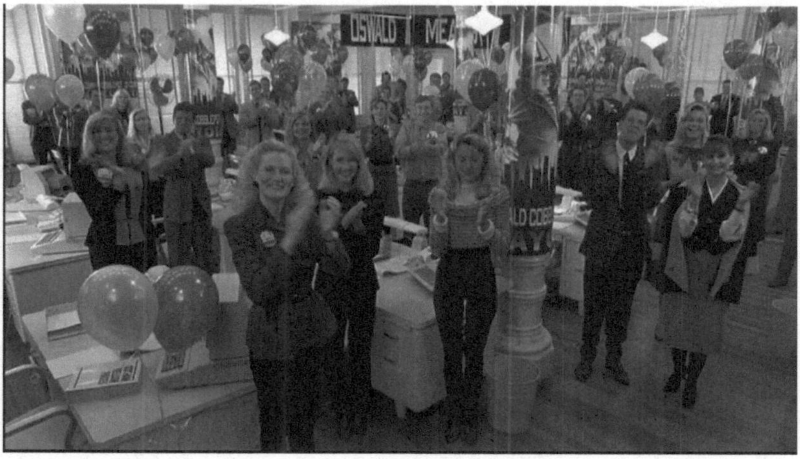

Abb. 12b
Quelle: Tim Burton, Batman Returns, © Warner Bros. Entertainment Inc., 1992.

2. Archaische Urbanität

Dass Bürgermeister, Polizei, Staatsanwaltschaft, Aufsichtsbehörden, Gerichte in Gotham ihre Aufgaben nur unzureichend erfüllen, obwohl an den Institutionen selbst und dem politischen System der Stadt nicht viel auszusetzen ist, liegt nicht nur an der statistischen Häufung psychopathologischer Problemfälle. Die Leistungsbilanz ist auch deshalb so miserabel, weil von vornherein niemand den Amtsträgern etwas zutraut, ein Umstand, der natürlich nicht ohne Einfluss bleibt auf die Motivation und Opferbereitschaft derselben und Korruption jeder Art begünstigt. Der Zuschauer, ohne dass er konkrete Verfehlungen und Unzulänglichkeiten benennen könnte, verspürt ein Unbehagen, wenn Gothams Gesetzeshüter ihren Auftritt haben, und würde sich und seine Familie nur sehr ungern von ihnen beschützen lassen, ja der Widerwille ist so stark, dass er sogar einen selbstherrlichen Vigilanten wie Batman, um dessen problematischen rechtsstaatlichen Status er weiß, akzeptiert. Eine gleichsam instinktive Abneigung ohne Anlass und Grund, wider besseres Wissen – wie lässt sich das erklären?

Die antike Rhetorik unterschied zwischen dem Niveau der Argumente und des Ausdrucks einerseits und der Qualität des Vortrags, des eigentlichen rednerischen Handelns (*actio*) andererseits. Ein überzeugendes Auftreten galt als unverzichtbar und wichtiger als die ins Feld geführten Gründe und Überlegungen. Mochten die Anliegen in der Sache noch so berechtigt sein und die Worte noch so gut gewählt, war alles verloren, wenn der Vortrag schwere Mängel hatte. »Der Vortrag allein«, heißt es bei Cicero (de orat. 3, 213), »nimmt die beherrschende Stellung in der Redekunst ein. Ohne ihn kann auch der größte Redner überhaupt keine Bedeutung erlangen, und ein mittelmäßiger, der darin unterwiesen ist, kann über die größten siegen.«[221] Er und später Quintilian (inst. 11, 3, 6)[222] beriefen sich auf Demosthenes, vielleicht Athens größten Redner, der die *actio* und nur die *actio* als Garanten für den Erfolg anerkannte.

Damit verschiebt sich das Problem hin zur Frage, was einen guten Vortrag von einem schlechten unterscheidet. Hier waren die Doyens der antiken Redekunst in den Details nicht immer der gleichen Ansicht, stimmten aber darin überein, dass die Angemessenheit zwischen Form und Inhalt, namentlich zwischen nonverbaler und verbaler Kommunikation für das Gelingen essentiell sei. *Decorum* (*aptum*) war bekanntlich ein Schlüsselbegriff der antiken Zivilisation, »das grundlegende regulative Prinzip der Rhetorik und der von ihr beeinflussten Künste und Theorien, sein Geltungsbereich geht weit über den einer Stilqualität hinaus, als welche es in den rhetorischen Systematiken meist erscheint.«[223] Ob Rede oder Verhalten: auf Stimmigkeit, Konsistenz, Widerspruchsfreiheit kam es an. Eine Gerichtsrede, dekretiert Cicero (de orat. 3, 210), verlange einen anderen Tonfall als eine Lobrede, und wieder eine ganz andere Sprechweise sei bei einem Beratungsgespräch angezeigt.

> »Wenn umgekehrt«, schreibt Quintilian (inst. 11, 3, 67), »Gebärde und Miene mit der Rede im Widerspruch steht, wir also Trauriges mit heiterer Miene sagen oder etwas mit Kopfschütteln bekräftigen, so dürfte gewiss den Worten nicht nur aller Nachdruck, sondern sogar die schlichte Glaubwürdigkeit (*fides*) fehlen.«[224]

War demnach das *decorum* das anzustrebende Ideal, bedeutete dessen Fehlen einen kardinalen Mangel, der die Rede, jede Rede ruinierte und ihr die Wirkung nahm. Die Folge: Skepsis, Misstrauen, Unverständnis, Zurückhaltung, Desinteresse, Spott, Verachtung – also genau jene Symptome, die Gothams Bürger im Alltag zeigen, wenn sie wieder einmal klagen über die Unfähigkeit der städtischen Autoritäten und sich nach Batmans starker Hand sehnen.

Nun haben der in Gotham vorherrschende Fatalismus und die Glaubwürdigkeitsdefizite der staatlichen Stellen gewiss nichts mit rhetorischen Fehlleistungen im engeren Sinn zu tun, allzu viel reden sie ja nicht, die Polizisten, Staatsanwälte und Kommunalbeamten (und wenn, dann hört ihnen ohnehin keiner zu). Der Gedanke, lässt sich jedoch auch auf andere Sachverhalte übertragen. Quintilian selbst hat es getan oder jedenfalls die Grundlagen dafür gelegt, wenn er Betonung, Mimik und Gestik, den körperlichen wie den stimmlichen Vortrag, bedenkenlos mit den bildenden Künsten gleichsetzte und die besondere Wirkung und Ausdruckskraft der Malerei hervorhob – in jener eben zitierten Passage, die vom *decorum* handelt (inst. 11, 3, 67). »Ein Gemälde, ein Werk, das schweigt und immer die gleiche Haltung zeigt«, heißt es, könne so tief in unsere innersten Gefühle eindringen, »dass es ist, als überträfe es selbst die Macht des gesprochenen Wortes.«[225] Gleiches muss für andere Künste gelten, allen voran für die ebenfalls statische, »schweigende« Architektur, die in Gotham eine so große Rolle spielt. Wenn schon ein falsches Nicken und ein unpassender Augenaufschlag Worte und Ideen desavouieren können, dann vermögen erst recht Gebäude und Ornamente in ihrer unentrinnbaren Allgegenwart Sinn und Selbstverständnis zu unterlaufen.

Wer die Batman-Filme des späten 20. Jahrhunderts Revue passieren lässt, erinnert sich in der Regel sofort an die gigantischen kommunalen Bauten, die in ihrer Monumentalität so gar nicht passen wollen zu den biederen Ritualen eines bürgerlich-demokratischen Politikbetriebes und dem Leitbild des mündigen, eigenverantwortlichen Individuums. Riesige Statuen rahmen die Gotham Plaza, dahinter eine Kohorte schwarz-grauer Wolkenkratzer, und auf dem Platz selbst, unterhalb der Freitreppe, haben sich dichtgedrängt die Bewohner Gothams vor einem Rednerpult versammelt, um der Rede ihres Bürgermeister beizuwohnen (Abb. 13).[226] Liliputanisch winzig, klein und unbedeutend nehmen sie sich aus, sie, die Bürger – der Souverän – und ihre Repräsentanten, zumal aus der Perspektive Batmans, der in anderen Sphären zu Hause ist und das Geschehen von den Dächern der Hochhäuser aus verfolgt (Abb. 14).

Schon im ersten Batman-Film von 1989 wirkten die Auftritte der Gemeindevertreter angesichts der totalitäre Aura des Versammlungsorts verstörend. Auch hier eine Freitreppe, übergroße Skulpturen, Bauplastiken, eine aschgraue fensterlose Fassade, die bis an den Himmel zu reichen scheint, und davor andächtig versammelt Funktionäre und Bürger, das ameisengleiche Staatsvolk (Abb. 15).[227] Nicht viel einnehmender ist die

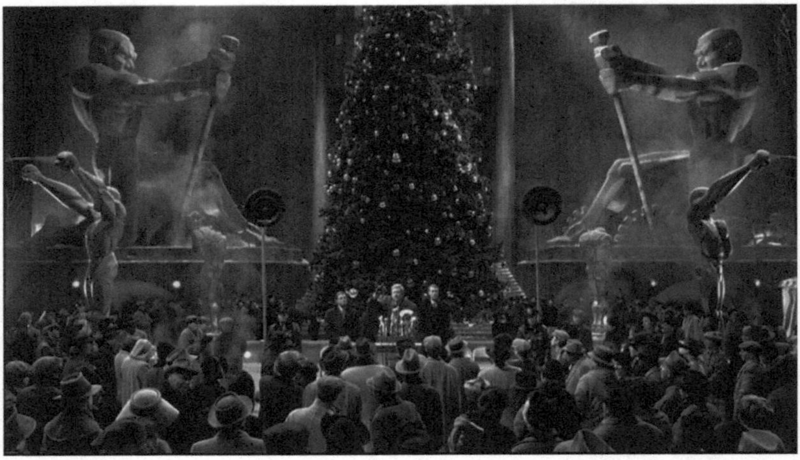

Abb. 13
Quelle: Tim Burton, Batman Returns, © Warner Bros. Entertainment Inc., 1992.

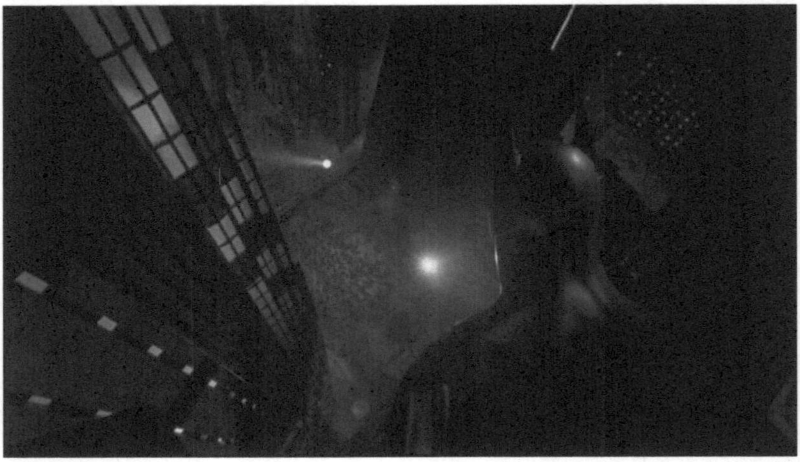

Abb. 14
Quelle: Tim Burton, Batman Returns, © Warner Bros. Entertainment Inc., 1992.

brutalistische, ebenfalls fensterlose Front des Gotham'schen Kunsttempels, des Flu(e)gelheim Museums.[228]

Das gleiche Bild in den Filmen der 1990er Jahre: Wir sehen Bruce Wayne, wie er das Foyer des »Gotham Police Department« betritt, dessen Ausstattung – zwei kolossale Adler in der Größe eines Kleinwagens links und

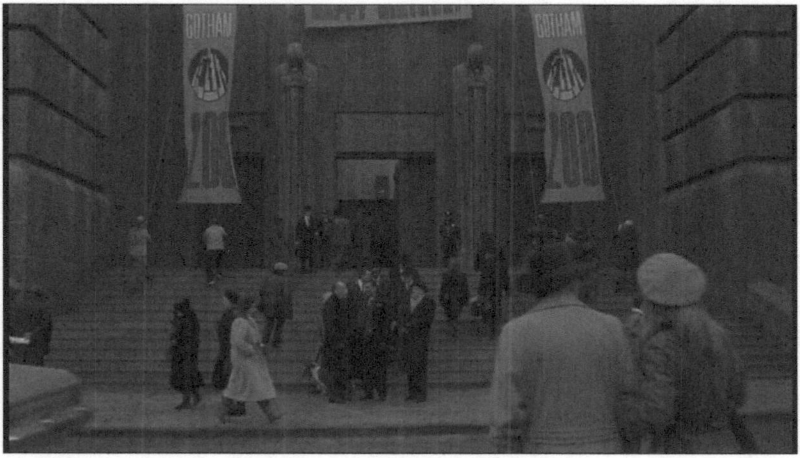

Abb. 15
Quelle: Tim Burton, Batman, © Warner Bros. Entertainment Inc.,1989.

rechts des Concierge – Adolf Hitlers Reichskanzlei in den Schatten stellen dürfte,[229] und wir sehen ihn beim Besuch der Sternwarte, die selbst Skulptur ist, ein Gebäude in Gestalt eines antiken Heroen (Abb. 16).[230] Solche Monumentalstatuen im Hochhausformat sind, wie wir anderen Szenen und Einstellungen entnehmen können, keine Seltenheit.[231] Sogar den indigenen Völker Amerikas – Gotham ist Teil der Neuen Welt – erweist man durch Prachtbauten die Reverenz (Abb. 17: Blick auf die Zentrale von Wayne Enterprises mit einer gigantischen Atlas-Statue im Hintergrund).[232]

Die demokratische Seele, gefangen in dem Körper eines steinernen Autokraten: Ein schwerwiegenderer Verstoß gegen das *decorum*, gegen die angemessene, stimmige Relation zwischen Form und Inhalt lässt sich kaum denken. Man mag nun einwenden, dass dergleichen ausschließlich unter den Laborbedingungen eines Hollywood-Films vorkomme, dass hingegen im wirklichen Leben niemand ein Interesse an grotesken Widersprüchen habe und kein allmächtiger Regisseur vorhanden sei, der das Gegeneinander von materieller Kultur und Politik derart leichthändig und pointiert inszenieren könnte. Allein, es bedarf keines absichtsvollen Handelns, um Ungleichzeitiges und Widersprüchliches hervorzubringen. Gerade weil Ästhetik und materielle Kultur einer eigenen Chronologie und Logik folgen und sich nur schwer in politischer Absicht steuern, beherrschen, angleichen lassen, gerade deshalb kann es ohne weiteres zu asynchronen Verwerfungen kommen.[233]

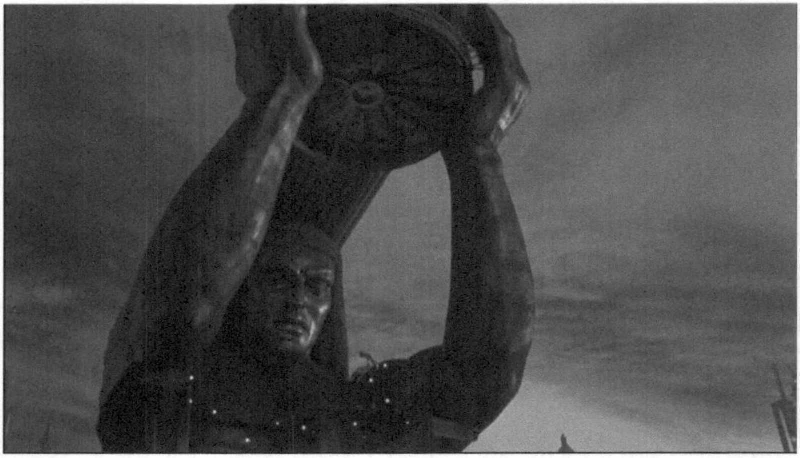

Abb. 16
Quelle: Joel Schumacher, Batman & Robin, © Warner Bros. Entertainment Inc., 1997.

Das Vordringen der archaischen Ästhetik seit etwa 1900 ist dafür das beste Beispiel. Fasziniert von der altorientalischen und altägyptischen Kultur war schon der eine oder andere im griechischem Altertum. Im Werk Herodots finden sich zahlreiche Hinweise auf die Bräuche des Alten Babylons, und Platons günstige Beurteilung der ägyptischen Künste, soweit sie sich durch Gemessenheit und Beständigkeit auszeichneten, kam bereits zur Sprache (II.1.). Jener soll sogar, glaubt man (freilich in ihrer Zuverlässigkeit sehr umstrittenen) Berichten antiker Historiker wie Diogenes Laertius und Clemens Alexandrinus, eine Reise nach Ägypten unternommen und dort den Austausch mit den Priestern des Landes gesucht haben.[234]

In der Neuzeit und Moderne gab es immer wieder, in unregelmäßigen Abständen Wellen einer »Ägyptomania« oder »Babylomania«. Konkreter Anlass für ein gesteigertes Interesse der europäischen Öffentlichkeit an der uralten Hochkultur am Nil war im frühen 19. Jahrhundert Napoleons ägyptische Expedition (1798–1801), begleitet von einem ansehnlichen Tross aus Wissenschaftlern und Künstlern. Die damals entstandene »Description de l'Égypte« war aufgrund ihrer Präzision ein Meilenstein in der Geschichte der Ägyptologie und wurde in Europa begeistert aufgenommen und studiert.[235] Man denke ferner an Werke wie Lord Byrons Tragödie »Sardanapalus« (1821) oder Gustave Flauberts Roman »Salammbô« (1862), an Giuseppe Verdis Oper »Nabucco« (1842), die die biblische Erzäh-

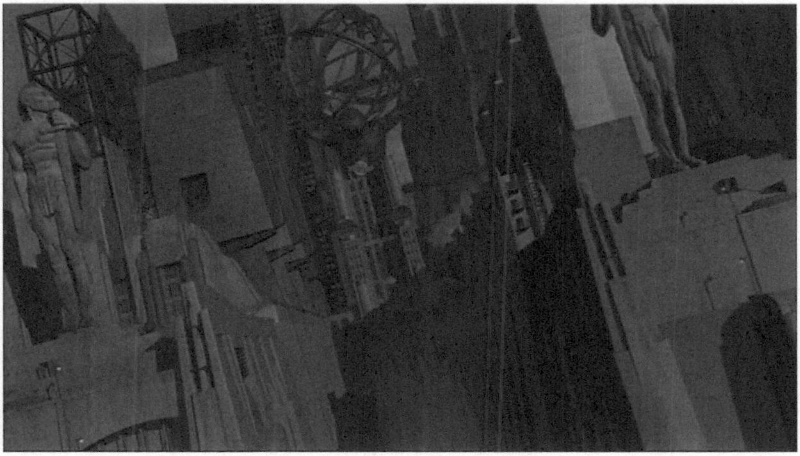

Abb. 17
Quelle: Joel Schumacher, Batman Forever, © Warner Bros. Entertainment Inc., 1995.

lung um den babylonischen König Nebukadnezar in den Mittelpunkt stellt, und »Die Königin von Saba«, komponiert von Karl Goldmark (1875).[236] Historiengemälde wie John Martins »The Fall of Babylon« (1819/31) dokumentieren die gängige, der Bibel entnommene Vorstellung von Babel als großstädtische Bühne des apokalyptischen Welttheaters (Abb.18 – gut zu erkennen der von schweren Unwettern umtoste Zikkurat).

Doch wohl nie kam dem Alten Orients und dem Alten Ägyptens als Inspirationsquelle für Kunst, Szenographie, Architektur und Design eine größere Bedeutung zu als in den ersten drei Jahrzehnten des 20. Jahrhunderts. Ursache hierfür war ein »archäologischer Doppelschlag«: Robert Koldeweys Aufsehen erregende Ausgrabungen in Babylon von 1899 bis 1917 – eine Unternehmung, die 1930 zu einem gewissen Abschluss kam, als das Vorderasiatische Museum in Berlin einer staunenden Öffentlichkeit das rekonstruierte Ischtar-Tor zugänglich machte – und Howard Carters Entdeckung des Tutanchamun-Grabes im Tal der Könige 1922, *das* mediale Großereignis der 1920er Jahre.[237]

In Deutschland geriet zunächst das Theater, dann der Film unter orientalisch-ägyptischen Einfluss. Für Max Reinhards Inszenierung von Oscar Wildes »Salomé«, die im September 1903 Premiere feierte, schuf der Bildhauer Max Kruse das Bühnenbild, der Ägypten bereist hatte und nun – geschult an den strengen Formen der alten Hochkultur – für die Bühne massige, ornamentlose Steinquader entwarf, um mit einer »Kunst monumentaler Wirkungen« das Publikum in den Bann zu ziehen. Das gelang auch; die Salomé-Aufführung war außerordentlich erfolgreich und machte Schule.[238] Markenzeichen des stilbildenden Max-Reinhard-Theaters waren imposante Treppen, glattes Mauerwerk, Kuben, archaische Riesensäulen, Podeste. »Kruse entwarf Bauten, deren zyklopisch getürmtes Mauerwerk die Höfe und Wälle des wenige Jahrzehnte zuvor von Heinrich Schliemann ausgegrabenen Troja und Mykene zu zeitlosen Metaphern von Macht und Schicksalsgebundenheit wandelte.«[239]

Die revolutionären Bühnenbilder und Theaterbauten prägten maßgeblich den deutschen Film der 1920er Jahre, schon weil das Personal teilweise identisch war und erfahrene Reinhard-Schüler wie dessen Chefbühnenbildner Ernst Stern ihr Können in den Dienst des neuen Mediums stellten.[240] Stern gestaltete beispielsweise das Szenenbild für den Monumentalfilm »Das Weib des Pharao« (1922), eine der teuersten Produktionen der Weimarer Zeit. Regie führte Ernst Lubitsch, ebenfalls aus dem Lager Reinhards, der sich mit dem Pharaonen-Spektakel für Hollywood empfahl und dort bald Karriere machen sollte. Im Zusammenwirken mit Archäologen und Kuratoren entstanden kantige ägyptische Paläste und Tempel, die Maßstäbe setzten, wohl nicht nur für gleichartige Filme, sondern auch für die nationalsozialistische Repräsentationsarchitektur. Die Ähnlichkeit der neoägyptischen Lubitsch-Stern-Kulissen mit realisierten oder geplanten Bauten des Dritten Reiches wie das »Denkmal des Großdeutschen Reiches« auf dem Kahlenberg bei Wien oder Albert Speers Nürnberger Luitpoldhalle ist jedenfalls verblüffend.[241] Offenkundig haben die Nationalsozialisten die Vorlieben und die Sensibilität des Kinopublikums für ihre Zwecke genutzt.[242] Darüber hinaus ist es wahrscheinlich – stellt man die Filmbegeisterung, ja -besessenheit Hitlers und anderer Führungskader in Rechnung – dass die nationalsozialistische »Weltanschauung« ihrerseits in Teilen aus politisch gedeuteten Versatzstücken szenographischer Konzepte bestand.[243]

Aber eben nicht allein in der obrigkeitshörigen, totalitär vorgeprägten Alten Welt hatte die noch viel ältere Welt des Ostens Konjunktur. Im republikanisch-demokratischen, »freien« Amerika erfreuten sich die baulichen Monstrositäten der Gottkönige und Pharaonen keines geringeren Zuspruchs. Zahllose Stummfilme widmeten sich alttestamentarischen Themen und versuchten, die Pracht der biblischen Großreiche auf die Leinwand zu bannen.[244] Nie war das Genre populärer als zu Beginn des Kinozeitalters.[245] Den unbestrittenen Höhepunkt markierte der Film »In-

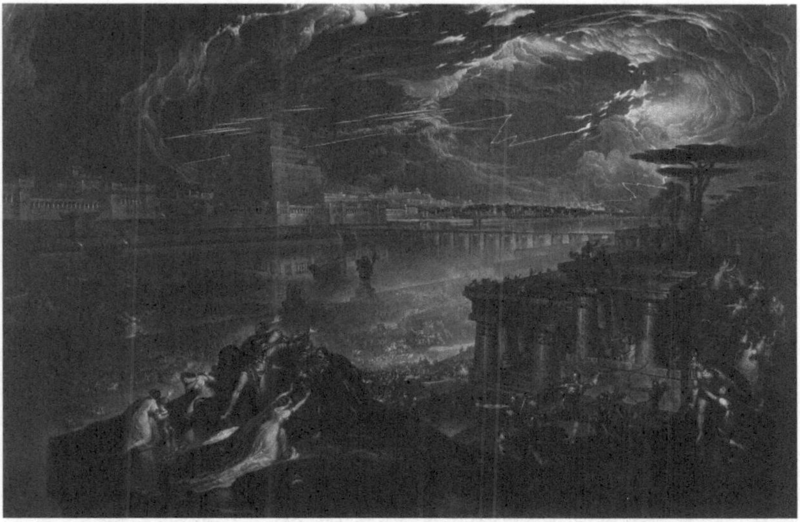

Abb. 18
Quelle: John Martin, The Fall of Babylon, 1819/31 (The British Museum, London).

tolerance« von D. W. Griffith aus dem Jahr 1916, einer der kostspieligsten Filme aller Zeit, dessen gigantomanische Babylon-Kulisse alles Dagewesene in den Schatten stellte und es ohne weiteres mit der »Babylon-Vision« in Fitz Langs »Metropolis« (Abb. 19) aufnehmen kann.[246] Inspiriert unter anderem von archäologischen Fundstücken,[247] berauschte man sich geradezu an großflächigen Reliefs, Kolossalstatuen, Säulen von der Dimension eines Hochhauses (Abb. 20). »Everything about *Intolerance* is larger than life.«[248] Eine vorchristliche Metropole, ein »Sündenbabel« gewiss, doch eines, das den Zuschauer Anteil nehmen lässt und seine Begeisterung weckt. Der Regent, der berüchtigte Belshazzar (Belsazar) des Alten Testaments, ist in diesem Film ausnahmsweise sogar eher Opfer als Bösewicht, Opfer der Intrigen einer missgünstigen Priesterschaft.[249]

Auch die angewandte Kunst, die Gebrauchs- und Luxusgüterindustrie sprangen auf den fahrenden Zug auf und veredelte ihre Produkte mit ägyptischen, babylonischen, altmexikanischen Motiven: Vasen, Kleider, Kommoden, Standuhren, Taschen, Schatullen.[250] Wesentliche Kennzeichen des Art-Deco-Stils der 1920er und 1930er Jahren waren solche »Archaismen«, teils recht nahe an den historischen Vorlagen, teils nur insoweit an sie angelehnt, als man das Einfache, Starre, Flächige, Typisierte, Piktogrammatische, Monumentale als vorbildlich akzeptierte.[251]

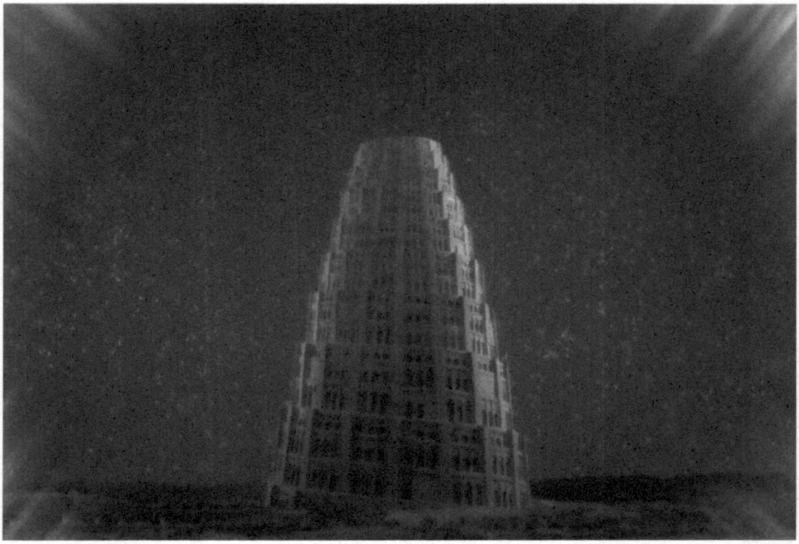

Abb. 19
Quelle: Fritz Lang, Metropolis, 1927.

Bis heute Spuren hinterlassen hat die Renaissance des vorzeitlichen, vorklassischen Stils vor allem in der Kapitale des Art Deco, in der Stadt New York, die ja – ungeachtet aller Anspielungen auf die Ästhetik des Dritten Reiches und italienischen Faschismus – der perspektivische Zentralpunkt der Batman-Filme ist. Das Rockefeller Center, jenes weitläufige zwischen 1930 und 1939 errichtete Hochhausareal in Midtown Manhattan, schmücken zahllose weltbekannte Art-Deco-Skulpturen und -Reliefs wie die fast 5 Meter hohe und 15 Meter breite Bronzestatue des knienden Atlas mit dem Himmelsgewölbe auf den Schultern oder Paul Manships acht Tonnen schwerer »Prometheus« aus vergoldeter Bronze. Unverkennbar ist die weihnachtliche Gotham Plaza in »Batman Returns« eine Hommage an das Rockefeller Center und schlechthin das Manhattan des Art Deco – eine Hommage und zugleich eine Persiflage, treten doch die bedenklichen Implikationen einer neo-archaischen Überwältigungsarchitektur überdeutlich hervor. Schon Zeitgenossen war die Ähnlichkeit zwischen den Wolkenkratzern der Neuen Welt und den altorientalischen und altamerikanischen Repräsentationsbauten aufgefallen, und einige von ihnen wie Francisco Mujica (»History of the Skyscraper« – 1929/30)

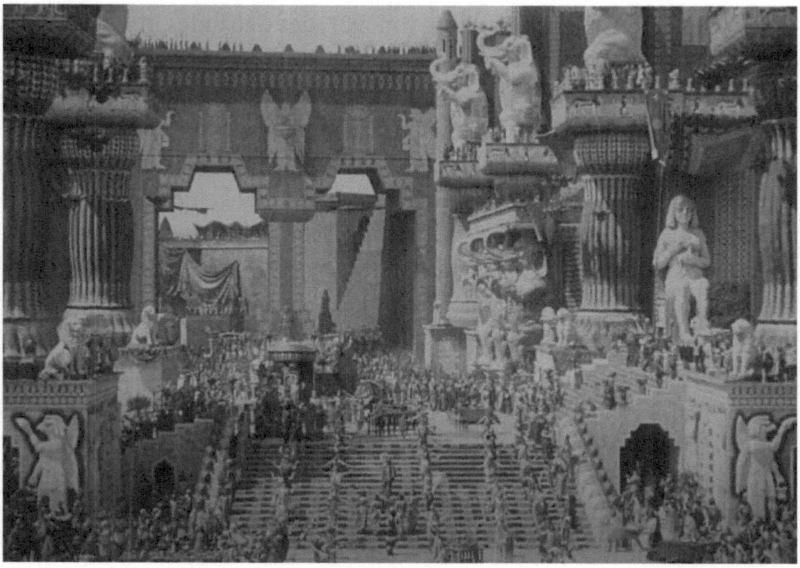

Abb. 20
Quelle: D. W. Griffith, Intolerance, 1916.

und Vyacheslav Oltar-Jevsky (»Contemporary Babylon« – 1933) verleitete sie zu mythologischen Spekulationen in Wort und Bild.[252]

Neben der allgemeinen, durch spektakuläre archäologische Funde befeuerten Begeisterung für die alten Kulturen des Ostens begünstigten in Manhattan zwei weitere Umstände die architektonische Wende zum Archaischen: Zum einen sah die *zoning regulation* von 1916 die Pflicht vor, das Volumens des Baukörpers ab einer bestimmte Gebäudehöhe zu reduzieren und eine »Rückstaffelung« – *setback* – vorzunehmen. So entstand die für New York charakteristische Form des sich nach oben hin verjüngenden Hochhauses, die nicht nur Althistoriker an die Silhouette eines gestuften mesopotamischen Tempelturms (Zikkurat) erinnerte.[253] Dieses Markenzeichen Manhattans war auch in den Batman-Comics von Anfang an, seit 1939, präsent.[254] Zum anderen eignen sich grobe, wuchtige Ornamente, Reliefs und Skulpturen nach altbabylonischem Vorbild ungleich besser für die großflächigen Fassaden von Wolkenkratzern als Säulen und Rundbögen oder die filigranen Figuren, die die vergleichsweise schmalen Friese griechischer Tempel zieren, wie H. Douglas Ives hellsichtig erkannte, Architekt des Fred F. French Building von 1927, des Gebäudes in Manhattan, das als das »mesopotamischste« der ganzen Stadt galt.[255]

Ein Stil, ein einheitliches ästhetisches Gepräges hat fast immer eine politische und weltanschauliche Dimension, die jedoch – das ist die Besonderheit – meistens nicht zu Bewusstsein gelangt, was die Wirksamkeit der ästhetisch verschlüsselten Botschaften aber keineswegs mindern muss. So liegen die Dinge hier. Der ideologische Referenzpunkt des kolossalen Archaismus ist die »orientalische Despotie« (*oriental despotism*), wie sich beispielsweise aus dem gleichnamigen viel gelesenen und sehr einflussreichen Werk Karl Wittfogels aus dem Jahr 1957 ergibt.

Der Autor, ein von den Nationalsozialisten verfolgter ehemaliger Kommunist, später scharfer Kritiker des sowjetischen und des rotchinesischen Regimes, stellte Architektur und Herrschaftsordnung in einen engen Zusammenhang. Die Errichtung »hydraulischer Werke« (Kanäle, Aquädukte, Schleusen, Dämme usw.) habe im vorderasiatischen und asiatischen Raum zum Aufstieg zentralstaatlicher, totalitärer Bürokratien geführt, die noch heute (nunmehr unter kommunistischen Vorzeichen) in diesen Weltgegenden das Sagen hätten und mit den allseits bekannten Mitteln der Despotie regierten: totale Macht ohne Gewaltenteilung, Terror, absolute Unterwerfung und Isolation des Individuums. Die adäquate ästhetische Repräsentation dieses Machtanspruch sei der »monumentale Stil« (»die Tendenz, groß zu sein«), dessen sich alle orientalischen Despotien – von der Vorzeit bis zur Gegenwart – ausnahmslos bedienten und der seine Wirkung erziele »mit einem Minimum an Ideen und einem Maximum von Materialaufwand.«[256] Der junge Wittvogel stand, wie er selbst bekannte,[257] in den 1920er Jahren unter dem Eindruck von Max Weber und ließ sich von der Weber'schen Dichotomie »bureaukratisches Stadtkönigtum des Ostens – demokratische Bürgerpolis des Westens« anregen.[258]

Das Narrativ von der orientalischen Despotie, das Wittvogel und viele andere bis in unsere Tage tradieren, gehört zu den ältesten und stabilsten der europäischen Geistesgeschichte, stammt also nicht erst aus dem späten 19. oder frühen 20. Jahrhundert.[259] Nach der spätestens seit Aristoteles nachweisbaren Lesart basiert die totalitäre Herrschaftsorganisation des Ostens einerseits auf dem Gewaltmonopol des Despoten und seiner Entourage, andererseits auf der Bereitschaft des Volkes, sich einschüchtern und beherrschen zu lassen. Eine solche Subordinationsmentalität sei in Asien verbreiteter als unter den freiheitsliebenden Griechen, glaubte Aristoteles (Pol. 1327b 27–29): »Die asiatischen Völker haben einen hellen und kunstbegabten, dabei aber furchtsamen Geist, und deshalb befinden sie sich in beständiger Dienstbarkeit und Sklaverei.«[260]

Im Rahmen seiner Kultur- und Klimatheorie[261] bemühte sich Montesquieu zwar, im Geist der Aufklärung die maßgeblichen Thesen anhand empirischer Daten in Gestalt von Reiseberichten zu entwickeln und nicht einfach der Tradition zu folgen,[262] kam aber in der Sache zum gleichen Ergebnis wie der alte Grieche:

> »Die Staatsgewalt muss in Asien allzeit despotisch sein. Wäre die Knechtschaft dort nämlich nicht außerordentlich hart, so würde es alsbald zu einer Spaltung kommen, welche die Natur des Landes nicht zulässt.« Hier herrsche »ein Geist der Knechtschaft und ist nie gewichen. In den gesamten Geschichtswerken des Kontinents ist es nicht möglich, ein einziges Anzeichen für einen freien Sinn zu finden: dort wird nie etwas anderes zu sehen sein als der Heroismus der Knechtschaft.«[263]

Ähnliches ist von Hegel (»Der Orient wusste und weiß nur, dass *einer* frei ist, die griechische und römische Welt, dass *einige* frei seien, die germanische Welt weiß, dass *alle* frei sind«) und Marx zu vernehmen, der dem Orient eine passive Art zu leben unterstellte.[264]

Indem die Batman-Filme der 80er und 90er Jahre die schon für sich genommen bemerkenswerten Anomalien des Art deco zu übertreffen suchen und einem übersteigerten Neo-Babylonismus huldigen, transportieren sie *en passant* Botschaften aus dem uralten Sagenschatz der politischen Theorie in einer nicht mehr verträglichen Dosis. Das Ergebnis ist eine spannungsreiche, beunruhigende Collage aus inkommensurablen politischen Leitbildern, Werten und anthropologischen Annahmen. Das Unbehagen, das das unvermittelte Nebeneinander sich widersprechender Aussagen und Appelle bereitet, sensibilisiert den Zuschauer für die – stabilisierende oder destabilisierende – Macht des alles umschließenden ästhetischen Milieus, das eben nicht bloße Kulisse ist, weder im Film noch in dem, was man Wirklichkeit nennt. Ob die Drehbuchautoren und Regisseure das ganze Ausmaß ihres Experiments überblickten, mag dahinstehen. Die Irritationen als solche waren wohl einkalkuliert und erwünscht.

Wie sehr Architektur und materielle Kultur unser Urteil über den Charakter, das »Wesen« einer Gesellschaft beeinflussen, zeigt sich auch, wenn wir das Western- und das Superhelden-Genre miteinander vergleichen. Die Zutaten, aus denen die Handlung der Filme besteht, sind fast identisch: hier wie dort eine erschöpfte, entkräftete Staatsgewalt, überlegene Schurken, die eine Stadt tyrannisieren, und ein außerstaatllicher Heros, ein Vigilant, der Recht und Ordnung in der geplagten Stadt wiederherstellt. Trotzdem liegen atmosphärisch Lichtjahre zwischen den beiden Filmgattungen, ein Abstand, der auf die inhaltliche Aussage der Filme, ihre Botschaft durchschlägt.

In Gotham erscheint alles im Staat, alles in der Gesellschaft festgefügt, statisch und starr – so festgefügt, statisch und starr wie die unverrückbaren kyklopischen Betonwürfel, die das Stadtgebiet bedecken und die Bürger in ein enges räumliches Korsett einschnüren. In den steinernen Gehäusen und Straßenschluchten gestalten die Bewohner Gothams nicht aktiv ihr Leben, das Leben »ereignet sich«, ganz ohne ihr Zutun. Der einzige, der hier noch handeln, in das Geschehen eingreifen, etwas ändern kann, ist der Milliardär Bruce Wayne; die, denen solche immensen Ressourcen nicht zu Gebote stehen, also so gut wie alle anderen Sterblichen, können die Dinge nur so hinnehmen, wie sie sind, bestenfalls reagieren, nie aber agieren. Gefangen im Rhythmus der ewigen Wiederkehr, gibt es wenig Spielraum für soziale und politische Innovationen, keine Perspektive, keine Aussicht auf tiefgreifende strukturelle Änderung. Eine Gesellschaft in Agonie, ein steinaltes, ja versteinertes Gemeinwesen am Ende der Geschichte. Ein monolithisch-monomanisches »Besser wird's nicht!«

Gotham entspricht auch insoweit ganz und gar dem Typus und Klischee östlicher, »asiatischer« Reiche. Seit mehr als zweieinhalbtausend Jahren zählt die statische Natur, die Beständigkeit der orientalischen Herrschafts- und Gesellschaftsordnung zu den gängigsten Topoi, die in Europa über den Osten im Umlauf sind. Nicht jeder und nicht jede Epoche sah darin einen Makel. Für Platon war, wie erwähnt (II.1.), das ägyptische Traditionsbewusstsein, das gelebte Bekenntnis zu einer zehntausendjährigen Überlieferung sogar ein unbedingt erstrebenswertes Ideal. Und Aristoteles gestand den asiatischen Königtümern zu, dass sie – obwohl der griechischen Tyrannis ähnlich – allein dank ihres uralten Herkommens den Untertanen immerhin als recht- und gesetzmäßig galten (Pol. 1285a 18–24). Ungeachtet dessen klingt es für moderne Ohren nicht sehr verheißungsvoll, wenn Montesquieu das Fehlen eines agonalen Lebens- und Leistungsprinzips diagnostiziert und feststellt, der orientalische Geist sei »keiner Handlung, keiner Anstrengung, keines Wetteifers fähig«, was zur Folge habe, »dass im Orient Gesetze, Sitten, Lebensstil, wenn sie auch noch so nebensächlich erscheinen, wie etwa die Art der Kleidung, heute noch so sind wie vor tausend Jahren.«[265]

Wie anders, wie grundverschieden anders die Lage im Wilden Westen. Ja, auch hier ist der Staat schwach und bedarf starker Persönlichkeiten, die ihm unter die Arme greifen. Aber seine Schwäche ist keine senile Impotenz, sie resultiert im Gegenteil aus einem Zuviel, einem Überschuss an Energie. So ungestüm stürmt die Menge gen Westen, dass der Staat nicht mehr hinterherkommt. Die Architektur der Westernstädte – in jeder Hinsicht bauliche Antithese zur Granitwüste Gotham City – bringt das atemlos Vorläufige, das eilig Unvollständige, das Provisorische hinreichend deutlich zum Ausdruck. Aus mehr als aus hastig zusammengenagelten Holzbretter bestehen diese großen Straßen- und Durchgangsdörfer nicht. Sie sind schnell errichtet und ebenso schnell wieder verlassen, aufgegeben, entwidmet, wenn man etwas Besseres findet. Flüchtige, transitorische Erscheinungen aus vergänglichem Material vor einem weiten, hohen Horizont, der unbegrenzte Möglichkeiten und eine offene Zukunft signalisiert, während in Gotham die Menschen, wo immer sie stehen und gehen, ein undurchdringliches Grau vor Augen haben und den unverbauten Sternenhimmel nur noch aus Träumen und Erzählungen kennen.

Folglich nimmt der Zuschauer den Wild-West-Vigilantisums ganz anders wahr als sein Großstadt-Pendant. Im Western haben die Neue Welt und ihre Bewohner die Zukunft noch vor sich. An Wesen aus Fleisch und Blut, die handeln können und wollen und voller Energie sind, gibt es keinen Mangel, allein es fehlt – da alles so schnell und überstürzt vonstatten geht – noch an der richtigen Ordnung und Koordination. Der auf sich gestellte überforderte Sheriff sieht sich einem Heer aus Glücksrittern und Raubeinen gegenüber und muss andererseits die jugendlichen, unerfahrenen Hitzköpfe ausbremsen, die im Überschwang ihres Gerechtigkeitsempfindens den Ganoven am liebsten sofort eine Kugel durch den Kopf jagen würden. Der Vigilant, der nun auftritt, um die Dinge zu richten und das Durcheinander aus Leidenschaft, Gier und gutem Willen zu entwirren, ist ein echtes Übergangsphänomen, ein Held des Noch-nicht, der weiß oder ahnt, dass seine Zeit abgelaufen ist, sobald die Bürgerschaft, an deren Zukunftsglauben und Gestaltungswillen niemand ernsthaft zweifelt, sich selbst helfen kann. So bleibt er denn nach getaner Arbeit meistens nicht an Ort und Stelle, wird keine halb-offizielle städtische Institution wie Batman, sondern zieht weiter.

In ähnlicher Weise hat Robert Pippin die »horizontale« Visualisierungsstrategie des Hollywood Western (»painted against broad vistas and a distant horizon, in the natural world, open, … for the most part in daylight, well lit«) der »vertikalen« Inszenierung (*framing conventions*) des Film Noir gegenübergestellt (»stairs, bars, and shadows of bars or blinds, shots from up or down, elevators, small, closed-in rooms, tight shots«) und so das komplementäre Verhältnis der beiden Genres aufgedeckt, die den vorrechtlichen Zustand eines Gemeinwesen *in statu nascendi* und die poststaatliche Paralyse abbilden:

»Western … adopt a mythic style of narration appropriate to founding narratives, presenting us with questions about the possibility of law, often the question of the psychological possibility of allegiance to law, in prelaw situations. Noirs again concern something like ›the other side‹ of the mythological coin, human life und conditions of corrupt or decaying or incompetent law, the postlaw world of disillusionment, one might say.«[266]

Auch in Gotham sind Staat und Recht Sackgasse, Endstation und keine Verheißung mehr. Sie gleichen einer Arznei, die man in Ermangelung überzeugender Alternativen weiterhin einnimmt, wohl wissend, dass sie medizinisch ohne Nutzen ist – ein Placebo und keine Hoffnung.

Um Gotham auf Vordermann zu bringen und die Institutionen durch zivilgesellschaftliches Engagement zu unterstützen, müssten die Bürger wieder mehr miteinander reden, ins Gespräch kommen, ihre Vorstellungen und Vorschläge für eine bessere Zukunft erörtern, sachlich, kontrovers, friedlich. Derartige Begegnungen und Diskussionen setzten das Vorhandensein eines »öffentlichen Raumes« voraus, der diese Bezeichnung verdient. Erforderlich ist ein markierter, ausschließlich dem »agonalen Handeln« (und nicht irgendwelchen partikularen oder kommerziellen Interessen) gewidmeter Bezirk, jedenfalls wenn wir Hannah Arendt glauben schenken, aus deren Feder die vielleicht noch immer einflussreichste Theorie des »öffentlichen Raumes« stammt[267] (wenn man einmal von Jürgen Habermas absieht, der an Arendt anknüpft[268]).

Die materielle, dingweltliche, ja baulich-architektonische Dimension des »Handelns« als höchste Stufe der Vita activa hebt Arendt immer wieder hervor. Nicht im luftleeren, substanz- und grenzenlosen Raum interagierten und kommunizierten die Menschen als Angehörige einer Gemeinschaft:

»Nur die Existenz eines öffentlichen Raumes in der Welt und die in ihm erfolgende Verwandlung von Objekten in eine Dingwelt, die Menschen versammelt und miteinander verbindet, ist auf Dauerhaftigkeit angewiesen. Eine Welt, die Platz für Öffentlichkeit haben soll, kann nicht nur für eine Generation errichtet oder für die Lebenden geplant sein; sie muss die Lebensspanne sterblicher Menschen übersteigen.«[269]

Irritieren mag, dass Arendt mit Blick auf die Etymologie des altgriechischen Gesetzesbegriffs das Gesetz zu den vorpolitischen, »räumlichen« Bedingungen von Politik rechnete:

»Das griechische Gesetz war wirklich eine ›Gesetzesmauer‹ und schuf als solche den Raum einer Polis; ohne diese Mauer konnte es zwar eine Stadt im Sinne einer Ansammlung von Häusern für das Zusammenleben von Menschen geben, aber ... keinen Stadtstaat als eine politische Gemeinschaft. Die Mauer des Gesetzes war heilig, aber nicht sie selbst, sondern nur das, was sie einhegte, war eigentlich politisch. Das Aufstellen des Gesetzes war eine vorpolitische Aufgabe; aber erst wenn sie erfüllt war, was das eigentlich Politische, nämlich die Polis selbst konstituiert.«[270]

Ganz fremd ist uns der Gedanke allerdings nicht, da auch wir die modernen Verfassungen als eine stabilisierende Institution begreifen, die einen ernsthaften, verantwortungsvollen Meinungsaustausch ermöglicht, gerade weil sie dem politische Tagesgeschäft entzogen ist.[271]

Richtig verstehen wir Arendt nur, wenn die von ihr unterstellte – und begrüßte – strikte Trennung zwischen dem Öffentlichen und dem Privaten im griechischen Altertum in Rechnung stellen. Sie differenziert zwischen Oikos und Agora, zwischen dem privaten, familiären und dem auf die Gemeinschaft der Bürger ausgerichteten Sein.[272] Die beiden Existenzformen seien grundverschieden.

»Die Sphäre des Haushalts war dadurch gekennzeichnet, dass das Zusammenleben in ihr vornehmlich von den menschen Bedürfnissen und Lebensnotwendigkeiten diktiert war ... Das natürliche Zusammenleben hatte ... seinen Ursprung in der Notwendigkeit und Notwendigkeit durchherrschte alle Tätigkeiten, die in diesen Bereich fielen.«[273]

Dem stehe die Polis im eigentlich Sinn gegenüber, das »Reich der Freiheit«, in dem die Bürger gerade nicht über das ökonomisch Gebotene verhandelten, »und sofern es überhaupt einen Bezug zwischen diesen beiden Bereichen gab, so galt für ihn natürlicherweise, dass die Beherrschung der Lebensnotwendigkeiten innerhalb eine Haushaltes die Bedingungen für die Freiheit in der Polis bereitstelle.«[274]

Das wahrhaft »öffentliche« Zusammensein erschaffe – und das ist Arendt besonders wichtig – nicht nur einen Hort der Freiheit, sondern darüber hinaus einen multiperspektivischen Zumutungsraum.[275] Die Wirklichkeit des öffentlichen Raumes erwachse »aus der gleichzeitigen

Anwesenheit zahlloser Aspekte und Perspektiven, in denen ein Gemeinsames sich präsentiert, und für die es keinen gemeinsamen Maßstab und keinen Generalnenner je geben kann … Das von Anderen Gesehen- und Gehörtwerden erhält seine Bedeutsamkeit von der Tatsache, dass ein jeder von einer anderen Position aus sieht und hört.«[276] Dergleichen könne der Oikos, die Familie, der Haushalt nicht bieten:

»Die Subjektivität des Privaten kann durch die Familie außerordentlich intensiviert und multipliziert werden, sie kann so stark werden, dass ihr Gewicht sich auch im Öffentlichen fühlbar macht; aber diese Familien-›Welt‹ kann darum doch nie die Wirklichkeit ersetzen, die aus einer Gesamtsumme von Aspekten entsteht, die ein Gegenstand in seiner Identität einer Vielheit von Zuschauern darbietet. Nur wo Dinge, ohne ihre Identität zu verlieren, von Vielen in einer Vielfalt von Perspektiven erblickt werden, so dass die um sie Versammelten wissen, dass ein Selbst sich ihnen in äußerster Verschiedenheit darbietet, kann weltliche Wirklichkeit eigentlich und zuverlässig in Erscheinung treten.«[277]

In der Neuzeit, insbesondere unter den Bedingungen der modernen Massengesellschaft, trat nach Arendts Auffassung die Dichotomie »öffentlich-privat« in den Hintergrund ebenso wie das Handeln zu Gunsten der Arbeit – eine elementare, aber an sich untergeordnete Komponente der idealen Vita activa – an Bedeutung verlor. Es entstand »die Gesellschaft« als eine eigene Größe, die das Öffentliche und das Private entleert, gleichsam auffrisst. Das ökonomische Tätigwerden und Tätigwerdenmüssen erfasst alle Lebensbereiche und wird zur kollektiven Angelegenheit.[278] »So ist zu erklären, dass das Arbeiten, das in der Neuzeit in der Öffentlichkeit vollbracht wird, auf eine so außerordentliche Weise vervollkommnet worden ist, während unsere Fähigkeiten zu handeln und zu sprechen … so offensichtlich an Qualität eingebüßt haben.«[279] Im Unterschied dazu zeichnete sich die griechische Lebensform dadurch aus, »dass sie vom Reden bestimmt war und dass das zentrale Anliegen der Bürger das Miteinander-Sprechen war.«[280] Am Ende der Entwicklung stehe die »Zerstörung des Vielfältigen«, wenn in der Massengesellschaft »alle sich plötzlich benehmen, als seien sie die Glieder einer ungeheuren, in sich einstimmigen Familie, und wo die Hysterie dadurch entsteht, dass ein einziger Aspekt ins Gigantische übersteigert wird.« Eine gemeinsame Welt verschwinde, »wenn sie nur noch unter einem Aspekt gesehen wird; sie existiert überhaupt nur in der Vielfalt ihrer Perspektiven.«[281]

Arendt sah und sieht sich dem Vorwurf ausgesetzt, dass sie die politisch-gesellschaftlichen Zustände in der griechischen Antike idealisiere, dass sie gar den Charakter der attischen Demokratie verkenne.[282] Vorbehalte sind gewiss hier und dort angebracht, die überhistorische Relevanz der Arendt'schen Systematik und Anthropologie bleibt davon jedoch unberührt. Im Übrigen widersprechen die baulichen Gegebenheiten der frühen Agora und ihre Nutzung, soweit sie sich archäologisch ermitteln lassen, nicht schlechthin den Annahmen Arendts.

Die homerische Agora bestand nämlich aus nicht viel mehr als aus einem Platz aus gestampfter Erde, einigen steinerne Sitzen und Altären sowie offenen Kampfstätten. Ein weites Gelände fast ohne Gebäude, ein Schnittpunkt von Straßen: Das war zunächst alles – und dabei blieb es auch lange Zeit, denn in Athen setzte die architektonische Ausstattung wahrscheinlich nicht vor der Mitte des 6. Jahrhunderts v.Chr. ein und noch in der ersten Hälfte des 5. Jahrhunderts v.Chr. war sie höchst bescheiden.[283] Diese Leere, diese programmatische Leere gehörte »zur Substanz ihrer politischen Funktionen« und bedeutetet »nicht zuletzt Freiheit von konkurrierenden Einschränkungen: vor allem von starken religiösen Ansprüchen mit ihren rituellen Zwängen.«[284]

Zu den ältesten und auch später charakteristischen Gebäudetypen zählte die Säulenhalle, die Stoa, ein zugängliches, offenes, »kommunikatives« Bauwerk, das vielfältige Nutzungen erlaubte.[285] Zumindest für die frühe Zeit liegt Arendt nicht ganz falsch, wenn sie den zentralen öffentlichen Raum der Polis als ein nicht von ökonomischen Interessen beherrschte Begegnungsstätte beschreibt, da die Agora zunächst ein Friedhof, ein Platz für Bestattungen und kultische Handlungen war, dann ein Tagungsort für Volks- und Gerichtsversammlungen, für sportliche Wettkämpfe und für andere »öffentliche«, aber eben nicht durch Handel und Erwerb determinierte Betätigungen. Erst vom 6. und 5. Jahrhundert v.Chr. an gesellte sich zu den schon vorhandenen Funktionen eine wirtschaftliche, kommerzielle.[286]

Gemessen an den Anforderungen Hannah Arendts ist so gut wie kein Raum in Gotham City »öffentlich«. Bei Tim Burtons zentralem *square* von 1989, an den das Flu(e)gelheim Kunstmuseum und das Rathaus angrenzen, handelt es sich um eine große Straßenkreuzung mit Parkmöglichkeiten und einigen ungepflegten Verkehrsinseln. Die Menschen strömen eilig links und rechts der Autos vorbei, ohne voneinander Notiz zu nehmen, geschweige denn miteinander zu reden.[287] Für wen oder was sollten sie sich an diesem ungastlichen Ort auch Zeit nehmen und verweilen? Nichts an den fensterlosen grau-schwarzen Betonfassaden erinnert an eine luftige Stoa, an eine Säulenhalle, die zum Betreten und Flanieren einlädt. Keine

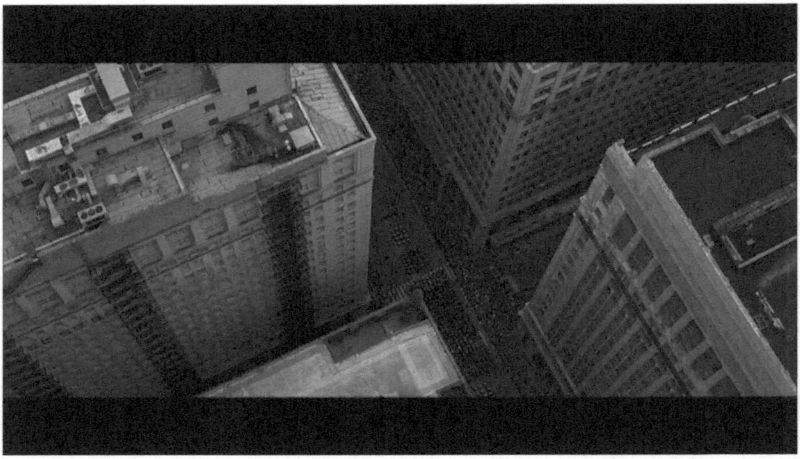

Abb. 21
Quelle: Christopher Nolan, The Dark Knight, © Warner Bros. Entertainment Inc., 2008.

Bar, keine Bäckerei, kein kleiner Zeitungs- oder Lebensmittelladen säumt den Bürgersteig und sorgt für das, was Jane Jacobs 1961 in ihrer berühmten Philippika gegen die Tristesse moderner Stadtplanung »den Beistand der Straße« nannte, eine durch »beiläufige öffentliche Kontakte auf lokaler Basis« erzeugte Verbundenheit, die »nicht im geringsten trivial« sei.[288] Sofern die Gebäude überhaupt über Öffnungen und Zugänge verfügen, sind diese mit eisernen Portalen verschlossen.

Christopher Nolans Gotham scheint überhaupt nur aus Verkehrswegen und Verkehrsflächen zu bestehen, aus großstädtischen Highways und düsteren Unterführungen, die nur einem Zweck dienen: möglichst schnell von A nach B zu gelangen und sich dabei bloß nicht aufhalten und ablenken zu lassen. Bedingt durch das Fehlen einladender integrierender Plätze findet die Trauerveranstaltung für Commissioner Loeb, von der ein Fanal der Geschlossenheit und des gesellschaftlichen Zusammenhalts ausgehen soll, in einer jener beeindruckenden, aber kalten und lebensfeindlichen Straßenschluchten statt, die das Stadtbild dominieren (Abb. 21).

Die einzigen Orte, an dem man in politischer Absicht zusammenkommt und die Gemeinschaft betreffenden Angelegenheiten bespricht, sind offenbar der Festsaal von Wayne Manor[289], der dazu gehörige Garten[290] oder das ebenfalls weitläufige Stadtapartment von Bruce Wayne.[291] Von einem Zumutungsraum, den Hannah Arendt beschwört, einem Ort, der Vielheit, die »gleichzeitigen Anwesenheit zahlloser Aspekte und Perspektiven« zulässt, kann allerdings keine Rede sein. Hier versammelt sich ausschließlich die städtische Elite, Gothams vermögende *upper class*, seit Jahrzehnten oder gar Jahrhunderten durch familiäre Banden verbunden oder durch die Zugehörigkeit zu Ihresgleichen exklusiv vorbehaltenen Privatschulen und Clubs.

Im Dinnerjacket und im seidenen Abendkleid, bei Champagner und Lachshäppchen, die Lakaien im weißen Livree auf schweren Silbertabletts servieren, plaudern die Damen und Herren entspannt und ganz und gar zumutungsfrei über die *res publica*, über das, was alle angeht oder angehen sollte (etwa die Kandidatur des Bezirksstaatsanwalts[292] oder die Berechtigung des Dent-Gesetzes[293]). Bezeichnenderweise stellen immer erst die Superschurken und Terroristen eine Art von Öffentlichkeit her, indem sie sich mit Gewalt Eintritt verschaffen und der Hautevolee ihren Anblick, den Anblick des von einem sadistischen Säufer-Vater zerschnittene Antlitz des Jokers, zumuten – wie als wollten sie die geschlossene Gesellschaft daran erinnert, dass noch ein Draußen, ein ganz anderes, weniger privilegiertes Gotham existiert.[294]

Als Agora kommt allenfalls die Gotham Plaza im zweiten Burton-Film in Betracht. Vor der Tribüne unterhalb der Kolossalfiguren versammelt sich »das Volk« und ausnahmsweise mal nicht die Jeunesse dorée (Abb. 13). Doch abgesehen davon, dass der Platz für eine Millionenmetropole sehr klein, ungesellig, unkommunikativ klein und beengt ist, kein weites unbebautes Feld wie die Agora von Athen, spricht gegen den »öffentlichen« Charakter diese Ortes im Arendt'schen Sinne seine kommerzielle Überformung. Die Plaza bildet nämlich nur den Vorhof zu Shreck's Kaufhaushölle, aus der die Massen hinein- und herausströmen, im vorweihnachtlichen Rausch beladen mit Waren aller Couleur, mit Plastikspielzeug, Haartrocknern, Fernsehern, Staubsaugern und Schnellkochtöpfen. Ein Triumphzug, ein Defilee der neuzeitlichen »Gesellschaft«, die – weder privat noch öffentlich – in der Arbeit und im Konsum sich verwirklicht, nicht im Handeln, nicht im Diskurs.

Das Fehlen einer »diskursiven« urbanen Struktur, die Zumutungen zulässt und Kommunikation begünstigt, passt insoweit zu Gothams Neo-Babylonismus, als zu den Kernelementen der mesopotamischen Siedlungsanlagen Tempel, Palastgebäude und sehr dicht bebaute Wohnviertel gehörten, nicht aber ein Straßennetz und großzügige Plätze,[295] so dass Herrscher aus dem nahen und mittleren Osten wie der Perserkönig Kyros die Agora geradezu als das Kennzeichen der politischen Kultur Griechenlands ansahen, wie Herodot (I, 153) berichtet, der dem Perser die herablassenden Worte zuschreibt: »Ich habe mich noch nie vor solchen Männern gefürchtet, für die mitten in der Stadt ein Platz bestimmt ist, auf dem sie sich versammeln, um sich nach einer Eidesleistung gegenseitig zu betrügen.« Bei den Persern, bestätigt der griechische Historiker, finde sich eine vergleichbare städtebauliche Einrichtung nicht.[296]

Und die wilden, gesetzlosen Kyklopen, die schrecklichen Riesen, die auf den Gipfeln hoher Gebirge und in tiefen Höhlen hausten, waren aus Sicht des durch die Welt irrenden Odysseus vornehmlich deshalb wild und gesetzlos, weil sie öffentliche Versammlungsplätze (ἀγοραί) nicht kannten, wie Homer nahelegt (Hom. Od. 9, 112). Wäre der listige Sohn des Laertes an Gothams Gestade gestrandet, so hätte er sich beim Anblick der an gebirgsähnlichen Türmen reichen ungeselligen Stadt ohne Agora wohl in einer kyklopische Kolonie gewähnt.

3. Mimesis des Verfalls

Gotham City ist bekannt und berüchtigt für durchtriebene Superschurken und ihre spektakulären Coups, Anschläge und Attentate. Doch daneben gilt Gotham seit jeher auch als Welthauptstadt der Alltagskriminalität, in der gewalttätige Jugendbanden, Drogendealer, Autodiebe, Falschspieler, Trickbetrüger, Schutzgelderpresser und Bankräuber ihr Unwesen treiben, fast nach Belieben schalten und walten und die braven Bürger das Fürchten lehren. Kreischende ältere Damen laufen ihren Handtaschen hinterher, weißes Pulver in kleinen Plastiktütchen wechselt auf offener Straße den Besitzer, Lebensmittelhändler werden vor den Augen der Kundschaft zusammengeschlagen, halbwüchsige Rowdies setzen wahllos Polizeiautos in Brand: Auch das ist Gotham.

Genau genommen war die Mutter aller Verbrechen, die Tat, der wir Batmans Existenz verdanken – der Raubmord an Thomas und Martha Wayne[297] – nicht mehr als ein schnödes, wenngleich besonders brutales Alltagsverbrechen und eben keine extravagante Bosheit terroristischer Superhirne. Letzteren kommt Gothams desaströse Kriminalitätsstatistik freilich entgegen, denn es ist nun einmal einfacher, eine Gesellschaft am Rande des Nervenzusammenbruchs in den Wahnsinn zu treiben als ein intaktes Gemeinwesen.

Wenn die gewöhnliche Devianz so etwas wie das Hintergrundrauschen des Superschurken-Terrorismus bildet, dann existiert noch ein Hintergrundrauschen hinter dem Hintergrundrauschen. Gotham ist nämlich nicht nur unsagbar kriminell, sondern auch unsagbar dreckig und unansehnlich, nicht immer und nicht überall, aber jedenfalls in den vielen dunklen Ecken und Winkeln der Stadt, von denen es mehr gibt als an jedem anderen Ort der Welt. Die Eingangsszene im Batman-Film von 1989 gab die Richtung vor: Eine Familie bemüht sich im nächtlichen Gotham vergeblich um ein Taxi und macht sich schließlich zu Fuß auf den Weg nach Hause. In einer Seitenstraße lauern ihr zwei Ganoven auf, die den Familienvater niederschlagen, dessen Geldbörse an sich nehmen und Mutter und Sohn bedrohen, bevor sie die Flucht ergreifen. Der Tatort ist nicht nur schlecht beleuchtet, er weist auch einige für Gotham charakteristische Merkmale urbaner Verwahrlosung auf, namentlich überquellende Mülltonnen, schwarze Plastiksäcke auf und neben der Straße, zerschlissene Pappkartons, die Obdachlosen als Behausung dienen, sowie alle Arten von Müll und Unrat.[298] Ein ähnliches Bild bietet sich dem Betrachter, als Bruce Wayne – von der Fotografin Vicki Vale beobachtet – zwei rote Rosen dort niederlegt, wo seine Eltern einst ermordet wurden, ein heruntergekommener, stark verschmutzter Platz vor einem offenkundig leer stehenden Hotel mit verrammelten Türen.[299] Der Dreck am Wegesrand hat übrigens durchaus seine Vorzüge, denn wer immer vom Dach fällt (und in Gotham fällt immer irgendjemand vom Dach) oder von einem Auto erfasst wird, kann sich auf eine weiche Landung freuen.[300]

Noch auffälliger ist die Allgegenwart großstädtischer Verfallserscheinungen in den Batman-Filmen von 1995 und 1997. Vor allem die mit Graffiti beschmierte Hauswand, die 1989 nur vereinzelt als Kulisse diente, hat in der Joel-Schumacher-Inszenierung ihren großen Auftritt. In den Vierteln Gothams, die fest in der Hand von Jugendbanden sind, erfreut sich die Sprühfarbe besonderer Beliebtheit. Kein Mauerwerk, kein Brückenpfeiler, kein Briefkasten bleibt von dem ästhetischen Gestaltungswillen der jugendlichen Vandalen (mit einer eigentümlichen Vorliebe für pink-gelbe Totenköpfe und Haifischzähne) unbehelligt. Als Neon-Graffiti leuchten die Schmierereien sogar im Dunkeln.[301] Hinzu gesellen sich – eingerahmt von einer brutalistischen Betonfassade – ausrangierte Autoreifen in rauen Mengen, des Weiteren jede Menge Bauschutt und die üblichen Müllberge (Abb. 22).[302] Zumindest in den »Narrows«, Gothams Elendsbezirk,

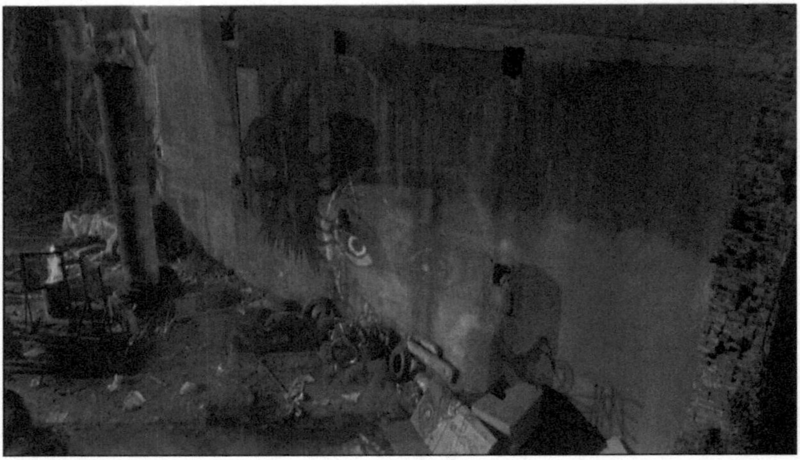

Abb. 22
Quelle: Joel Schumacher, Batman Forever, © Warner Bros. Entertainment Inc., 1995.

herrschen noch zehn Jahre später (unter der Regie von Christopher Nolan) ähnliche Zustände.[303] Und die Wagons der U-Bahn, die Ra's al Ghul als tödliche Waffe gebraucht, sind durch Graffiti völlig entstellt.[304]

Batmans Feinde fühlen sich in diesem Umfeld sehr wohl und richten sich mit Vorliebe in verlassenen Gebäuden und Industrieruinen häuslich ein, um von hier aus die Stadt zu terrorisieren. Oswald Cobblepot alias Pinguin residiert in einem verlassenen Zoo und zeitweise in einem verkommenen Apartment in der Innenstadt.[305] Dr. Freeze hat – seinen Neigungen und Bedürfnissen entsprechend – eine außer Dienst gestellte Eisfabrik (»Snowy Cones Ice Cream«) zum Hauptquartier erkoren.[306] Und Poison Ivy nimmt kurzerhand ein ehemaliges Türkisches Bad für sich und Bane in Beschlag.[307] Die genannten Gebäude sind erkennbar schon seit einiger Zeit dem Verfall preis gegeben. Der Eingang des Türkischen Bades ist mit Holzlatten vernagelt, den Zugang zur Kommandozentrale von Dr. Freeze – ein riesiger grinsender Schneemann – versperren Bauzäune mit besudelten Warntafeln, und hinter dem verrosteten Tor des Cobbelpot-Zoos zeugen baufällige Kassenhäuschen davon, dass die Anlage schon bessere Zeiten gesehen hat.

Die Präsenz einer solchen Bandbreite an Verfallserscheinungen, die als Hintergrundrauschen zweiter Ordnung die Handlung von der ersten bis zur letzten Szene grundieren, ist kein Zufall oder bloße Folklore. Die Regie stand offenkundig unter dem Eindruck der Broken-Windows-Doktrin, einer der einflussreichsten kriminologischen und gesellschaftswissenschaftlichen Theorien der letzten vierzig Jahre. Als ihr Gründungsmanifest gilt der in der Märzausgabe von »The Atlantic Monthly« 1982 erschienene Artikel »Broken Windows. The police and neighborhood safety«. Die Autoren, James Q. Wilson und George L. Kelling, beriefen sich auf die damals schon mehr als zehn Jahre alten Erkenntnisse des Stanforder Psychologen Philip Zimbardo,[308] der 1969 eine Reihe von erstaunlichen Experimente mit ausgemusterten Gebrauchtwagen durchgeführt hatte.[309]

Zimbardo parkte ein Auto älteren Baujahres ohne Nummernschilder in der Bronx (in der Nähe des NYU-Campus) und beobachtete es 64 Stunden lang. Keine zehn Minute waren vergangen, als eine dreiköpfige Familie erschien und den Wagen mit Interesse inspizierte. Während die Mutter Schmiere stand, bauten Vater und Sohn Batterie und Kühler aus. Nach sieben Minuten war der erste Akt des »Auto-Shaping« vollzogen, und es folgten im Beobachtungszeitraum 23 weitere. Anwohner und Durchreisende aller Altersgruppen hielten sich schadlos und schleppten fort, was nicht niet- und nagelfest war. Auch jugendlicher Vandalismus, ziellose Zerstörung, hinterließ deutliche Spuren, und ebenso das Gebaren spielender Kind. Übrig blieb das Wrack von einem Auto, ein wert- und nutzloses Metallgestell, das die Landschaft verschandelte.[310]

Als Zimbardo den gleichen Versuch im sonnigen Kalifornien, unweit des Stanford-Campus in Palo Alto, wiederholte, geschah zunächst nichts. Auch nach einer Woche war der Wagen noch unversehrt. Zimbardo vermutete, dass dezente Signale der Verwahrlosung im »zivilisierten« Palo Alto nicht ausreichten, um vergleichbare Reaktionen wie in der Bronx auszulösen. Also ergriffen er und einige seiner Studenten selbst die Initiative und malträtierten das Auto mit einem Vorschlaghammer. Von diesem Augenblick an brachen alle Dämme. Passanten setzten mit Hingabe das Zerstörungswerk fort, bis auch dieser PKW vollständig zu Grunde gerichtet war.[311]

Wilson und Kelling entwickelten nun ausgehend von diesen interessanten, aber wissenschaftlich (noch) nicht allzu belastbaren Erkenntnissen Zimbardos eine Theorie der Eskalation, die erklären soll, wie sich eine ehedem stabile Nachbarschaft »innerhalb einiger Jahre oder auch Monate in einen unwirtlichen und angsteinflößenden Dschungel verwandeln« kann:

»Ein Grundstück ist verlassen, das Unkraut wächst und eine Scheibe wird eingeschlagen. Erwachsene schelten lärmende Kinder nicht mehr; die Kinder, dadurch ermutigt, werden rebellischer. Familien ziehen aus, ungebundene (»unattached«) Erwachsene ziehen ein. Jugendliche treffen sich vor dem Laden an der Ecke. Der Ladenbesitzer fordert sie auf wegzugehen, sie weigern sich. Es kommt zu Auseinandersetzungen. Abfall häuft sich. Die Leute beginnen vor dem Laden zu trinken: und dann stürzt ein Betrunkener auf dem Bürgersteig, darf liegenbleiben und seinen Rausch ausschlafen. Fußgänger werden von Bettlern angesprochen. Noch ist es vermeidbar, dass ernstzunehmende Kriminalität entsteht oder gewalttätige Überfälle auf Fremde passieren. Aber viele Einwohner werden glauben, dass die Kriminalität, insbesondere Gewaltverbrechen, ansteigt. Sie werden ihr Verhalten daraufhin entsprechend ändern. So werden sie weniger oft auf die Straße gehen und sich auf der Straße mit Distanz zu ihren Mitbürgern bewegen ... Ein derartiges Gebiet ist sehr anfällig für die Entstehung von Kriminalität. Obwohl es nicht unvermeidlich ist, ist es doch wahrscheinlich, dass in einem solchem Gebiet Drogen gehandelt werden, Prostituierte ihrem Gewerbe nachgehen und Autos geplündert werden, anders als in Gebieten, in denen die Menschen meinen, mit informellen Kontrollen das öffentliche Verhalten regulieren zu können.«[312]

Aus Sicht Wilsons und Kellings geht von verlassenen Häusern und eingeschlagenen Fensterscheiben die Botschaft aus, dass es um den Zusammenhalt in der Nachbarschaft nicht zum Besten steht und die Verwaltungs- und Sicherheitsbehörden sich nicht um die Angelegenheiten der Bürger kümmern, solange keine gravierenden Konflikte auftreten. Eine ähnliche Signalwirkung komme dem an sich harmlosen Graffiti zu, insbesondere in U-Bahnen. Die Autoren berufen sich auf eine Bemerkung von Nathan Glazer, wonach Graffiti den Pendler mit der unausweichlichen Einsicht konfrontiere, »dass die Umgebung, der er für eine Stunde oder mehr am Tag ausgesetzt ist, unkontrolliert oder unkontrollierbar ist und dass jeder, der will, hier eindringen kann, um jede erdenkliche Art von Schaden und Unfug anzurichten.«[313]

Wilson und Kelling befassen sich im Folgenden mit einem Wandel in der Polizeistrategie, der ihrer Meinung nach wesentlich zur gegenwärtigen Malaise beigetragen habe. Einst habe sich ein Polizist auch und vor allem als »Nachtwächter« (»night watchman«) verstanden und sich in seinem Amtsbezirk für die Aufrechterhaltung der Ordnung (»order-maintenance function«) verantwortlich gefühlt.

»Aber als die in den frühen 60er Jahren beginnende Kriminalitätswelle unaufhörlich das ganze Jahrzehnt bis in die 70er Jahre anhielt, verstärkte sich die Rolle der Polizei als Verbrechensbekämpfer. Studien, die das Verhalten der Polizei in ihrer Funktion als Ordnungshüter untersuchten oder sie in dieser Funktion stärkten, schwanden mehr und mehr. An ihre Stelle traten Anstrengungen, Vorschläge und Maßnahmen zu entwerfen und zu erproben, wie die Polizei mehr Verbrechen aufklären, mehr Festnahmen durchführen und bessere Beweise zusammentragen konnte.«

Wenn ein Polizist vornehmlich als *crime-fighter* und nicht mehr als Ordnungshüter im traditionellen Sinne agiere, verliere er leicht den Zusammenhang zwischen Ordnung und Verbrechensprävention (»the link between order-maintenance and crime-prevention«) aus den Augen – und genau das sei in den 1960er und 1970er Jahren geschehen.[314]

An diesem Punkt vollziehen Wilson und Kelling einen unscheinbaren, kaum merklichen Schwenk in ihrer Argumentation: weg von der Sachbeschädigung und den baupolizeilichen Vergehen (Graffiti, eingeschlagene Fenster, demolierte Mülltonnen) hin zu den »Unannehmlichkeiten« aus Fleisch und Blut (Bettler, »übel riechende Betrunkene«, »rüpelhafte Jugendliche«). Die schiere Existenz solcher wandelnder Ordnungsverstöße könne die gleiche Dynamik entfalten wie das Vorhandensein verunstalteter Gebäude und Sachen. Der unbehelligte Bettler, heißt es in einer zentralen Passage, sei das erste zerbrochene Fenster (»The unchecked panhandler is, in effect, the first broken window«).[315] Denn wenn die Gemeinschaft nicht einmal aufdringlichen Hausierern Einhalt gebieten könne, werde ein Dieb und Straßenräuber darauf spekulieren, dass man gegen ihn erst recht nicht vorgehe.[316] Wer eine weitere Zuspitzung der Lage verhindern wolle, müsse bereit sein, einen Betrunkene oder einen Landstreicher zu verhaften, auch wenn er niemandem Leid angetan habe. »Der Wunsch nach ›Entkriminalisierung‹ anstößigen Verhaltens, welches niemanden schadet, – und damit der Wegfall des letzten Sanktionsmittels der Polizei, um die öffentliche Ordnung zu gewährleisten – ist, so denken wir, ein Fehler.«[317]

Den Verfassern ist zugute zu halten, dass sie sich des problematischen Gehalts ihrer Überlegungen und Gedankenspiele – der Gleichsetzung von Menschen und Dingen, von »Säuberungen« im wörtlichen und im übertragenen Sinne – immerhin bewusst waren. »Wie aber können wir sicherstellen,« fragen sie, »dass nicht auch Alter, Hautfarbe, Nationalität oder harmlose Eigenheiten zu Kriterien der Unterscheidung zwischen unerwünscht und erwünscht werden? Wie können wir gewährleisten, dass die Polizei nicht zum Handlanger einer Nachbarschaftsbigotterie wird?« Nur eine sorgfältige Rekrutierung und Ausbildung der Polizeibeamten könne

Missbräuche und den Fortbestand ethnisch homogener Stadtviertel verhindern.[318]

Obwohl weit eher ein Essay als eine wissenschaftlicher Abhandlung und trotz der Selbstzweifel und einiger Unstimmigkeiten, schlug der Wilson-Kelling-Aufsatz ein wie eine Bombe. Mit Anbruch der Reagan-Ära schien die Zeit reif für einen Paradigmenwechsel – auch und vor allem in der Verbrechensbekämpfung, galt doch die ausufernde Kriminalität in New York und anderen Großstädten als das wohl drängendsten Problem jener Jahre. Nur wenigen Theorien ist das Glück (oder Unglück) beschieden, eine derart weitreichende Wirkung zu entfalten. Heerscharen meist konservativer Politiker und Funktionäre bekannten sich offen zur Broken-Windows-Doktrin und priesen sie als neue Heilslehre, wobei – wie häufig – so mancher Apologet und Epigone nur die Aussagen rezipierte, die ihm in den Kram passten und seinem politischen Vorverständnis entsprachen.

Zu den entschiedensten Anhängern des neuen Ansatzes gehörten Rudolph Giuliani, der von 1994 bis 2001 das Amt des Bürgermeisters von New York City bekleidete, und sein Polizeichef William Bratton. Kaum standen die beiden an der Spitze der Stadtverwaltung, veröffentlichten sie unter dem Titel »Die Wiedererlangung des öffentlichen Raumes von New York« ein Manifest, das die aus ihrer Sicht konsequent zu bekämpfenden Missstände klar benannte: aggressives Betteln, Straßenprostitution, Alkoholkonsum in der Öffentlichkeit, rücksichtslose Radfahrer, Graffiti und andere Ärgernisse unterhalb der Strafbarkeitsschwelle. Bürgermeister Rudolph W. Giuliani habe, so ist zu lesen, derartiges Verhalten bezeichnet als »sichtbares Zeichen einer Stadt außer Kontrolle, einer Stadt, die nicht ihren Raum oder ihre Kinder schützen kann.«[319] Der nächste Absatz reicht die wissenschaftliche Begründung und Rechtfertigung nach für das, was Bürgermeister Giuliani zu tun gedenke – die Unordnung als Nährboden der Kriminalität aus der Stadt zu verbannen – und verweist auf den »bahnbrechenden Artikel« (»ground breaking article«) von Wilson und Kelling aus dem Jahr 1982.[320]

Auch andere US-amerikanische Großstädte wie Chicago und Los Angeles sprangen auf den fahrenden Zug auf. In der kalifornischen Metropole stand seit Oktober 2002 »Giulianis Mann« William Bratton an der Spitze der Polizei.[321] »Mr. Bratton«, schrieben damals die Gazetten, »erklärte, das erste, was er tun werde, sobald man ihn vereidigt habe, sei, den Lächeln-und-Winken-Ansatz der Verbrechensbekämpfung zu beenden (*... ending the smile-and-wave approach to crime fighting*). Er sagte, er wolle eine auf der

Broken-windows-Theorie basierten Polizeiarbeit.« Ferner bekräftigte er, dass der Kampf gegen das Graffiti-Unwesen der Schlüssel zum Erfolg sei – auch mit Blick auf schwere Verbrechen.[322]

Der Erfolg schien Giuliani, Bratton und anderen Verfechtern der Nulltoleranzstrategie Recht zu geben. Innerhalb nur eines Jahrzehnts – von 1990 bis 1999 – ging die statistisch erfasste Kriminalität dramatisch zurück. Die Zahl der Gewaltverbrechen nahm in New York City um 56 % ab, die der Eigentumsdelikte sogar um 65 %. Auf nationaler Ebene war ebenfalls ein Rückgang zu verzeichnen, der jedoch nicht ganz so deutlich ausfiel (28 % bei Gewaltverbrechen, 26 % bei Eigentumsdelikten).[323]

Von Anfang an gab es jedoch auch kritische Stimmen, und je mehr Jahre ins Land gingen, desto größer wurden die Zweifel. Die Nulltoleranzstrategie des »New Yorker Modells« lief auf eine (Re-) Kriminalisierung nur bedingt gemeinschädlicher Verhaltensweisen hinaus und damit unfreiwillig auf eine Stigmatisierung bestimmter ohnehin benachteiligter Gruppen wie Schwarze und Mittellose. Die Grenzen zwischen konsequenter Normdurchsetzung und rechtswidriger Polizeigewalt erwiesen sich in der Praxis allzu häufig als fließend. Immer wieder kam es zu rassistisch motivierten Übergriffen durch Polizisten. Darüber hinaus machten die Kritiker auf anderen Faktoren aufmerksam, die genauso gut als Ursachen für den deutlichen Rückgang der Kriminalität in Betracht kamen. Beispielsweise war als Folge des wirtschaftlichen Aufschwungs in den 1990er Jahren die Arbeitslosenquote in den USA deutlich gesunken, in New York von 1992 bis 1999 sogar überdurchschnittlich um 39 %.[324] Überdies bekam man die in den 1980er Jahren grassierende Crack-Epidemie unter Kontrolle. Außerdem nahm der Anteil junger Männer an der Gesamtpopulation ab, traditionell eine Bevölkerungsgruppe, die besonders anfällig ist für normwidriges Verhalten.[325]

Seither befehden sich in der Wissenschaft die Anhänger beider Lager mit immer ausgefeilteren Modellierungen, die mal der einen, mal der anderen Seite Argumente an die Hand geben.[326] Aus dem Rennen ist die Broken-Window-Theorie keineswegs, wie gelegentlich etwas voreilig behauptet oder suggeriert wird. Den Sieg davon getragen hat sie aber ebenso wenig. Angesichts des Spektrums an plausiblen Gründen für das New Yorker »Kriminalitätsmirakel« in der Giuliani-Ära besteht auch wenig Hoffnung, dass man allein mittels statistischer Auswertung historischer Daten zum Ziel gelangt. Insoweit dürfte es auf absehbare Zeit bei einem Non liquet bleiben.[327]

Als vielversprechende Alternative gelten wissenschaftlich begleitete und kontrollierte *experimentelle* Studien, da sie eine Isolierung und vergleichsweise genaue Analyse der konkurrierenden Faktoren erlauben. Eine solche hat man etwa in der Stadt Lowell im Bundesstaat Massachusetts durchgeführt und dafür vierunddreißig soziale Brennpunkte ausgewählt, von denen die Hälfte eine an den Empfehlungen und Maximen der Broken-Windows-Theorie orientierte Sonderbehandlung erfuhren.[328] Und tatsächlich wiesen eben diese Bezirke einen Rückgang der Polizeinotrufe um zwanzig Prozent auf. Bei Notrufen wegen Raubes und nicht-häuslicher Übergriffe betrug der Rückgang sogar mehr als vierzig Prozent.[329]

Eine Besonderheit der Studie bestand darin, dass sie darüber hinaus zwischen den einzelnen Maßnahmen des Broken-Windows-Ansatzes unterschied. Wie gesehen, enthielt bereits der Wilson-Kelling-Essay von 1982 Anleitungen zu mindestens zwei grundverschiedenen Vorgehensweisen, die das Autorenpaar notdürftig, aber rezeptionsgeschichtlich wirkungsvoll zu einem einheitlichen Konzept zusammenfügte: konsequente Sanktionierung auch geringster Vergehen (»Nulltoleranzstrategie«) einerseits, Beseitigung von Verfallssignalen im Stadtbild (Graffiti, eingeschlagene Fenster usw.) andererseits. Die Lowell-Studie kam zu dem Ergebnis, dass ausgerechnet die in der polizeilichen Praxis oft vernachlässigte »ästhetische« Konsolidierung eines urbanen Lebensraums – wie das Säubern und Sichern unbebauter Grundstücke und das Abreißen leerstehender Häuser[330] – den größten Effekt erzielte.[331] Im Unterschied dazu war einem rigorosen Vorgehen gegen Kleinkriminelle ebenso wie einer Verbesserung und Ausweitung der Sozialarbeit (»social service strategy«) kein oder nur ein geringer Erfolg beschieden.[332] Eine systematische Analyse von dreißig Fallstudien kam einige Jahre später zu einem ähnlichen Ergebnis: dass nämlich das Bemühen um die Wiederherstellung einer baulich und sozial intakten Umgebung wirkungsvoller sei als das aggressive Verfolgen von Normenverstößen. Letzteres könne sogar kontraproduktiv sein.[333]

Die Resultate einer in der niederländischen Stadt Groningen durchgeführten Versuchsreihe, die den Zusammenhang zwischen Ursache und Wirkung noch stärker einzugrenzen versuchte, wiesen in die gleiche Richtung.[334] Das erste Experiment zielte darauf, das Verhalten von Radfahrern zu vergleichen, die ihr Gefährt in einer Einkaufsgegend entlang einer mit dem Verbotsschild »Kein Graffiti« gekennzeichneten Wand abgestellt hatten. Die beiden Durchgänge des Experiments unterschieden sich darin, dass in einem Fall Schmierereien die Wand bedeckten, im anderen Fall nicht. Davon abgesehen war die Versuchsanordnung die gleiche: Wer zu seinem Fahrrad zurückkehrte, entdeckte am Lenkrad einen kleinen mit einem elastischen Band befestigten Papierflyer, der für ein fiktives Sportartikelgeschäft warb. Vor die Wahl gestellt, den Flyer zu entfernen und auf den Boden fallen zu lassen (ein Abfallkorb befand sich nicht in der Nähe) oder ihn mitzunehmen und ordnungsgemäß zu entsorgen, entschieden sich für die erste Option 69 % der Teilnehmer, wenn die Wand Graffiti aufwies, und 33 %, wenn dies nicht der Fall war.[335]

Deutliche Verhaltensabweichungen in Abhängigkeit vom Zustand des unmittelbaren Umfeldes zeigten sich auch bei einem weiteren Versuch. Diesmal stellte man die Ehrlichkeit von Passanten auf die Probe, die an einem präparierten Briefkasten vorbeigingen. Aus diesem ragte zur Hälfte ein größerer Umschlag heraus mit einer Fünf-Euro-Note im Sichtfenster. War der Briefkasten beschmiert und der Bürgersteig davor verschmutzt, nahmen 27 % der Spaziergänger den Brief an sich, andernfalls – ohne Graffiti und ohne Abfall – waren es nur 13 %.[336] Die Wiederholung dieser und ähnlicher Experimenten in München bestätigte weitgehend die Ergebnisse der Groningen-Studie.[337] So betrug die Quote derer, die das Fünf-Euro-Kuvert mitgehen ließen, 21,1 %, sofern neben dem Briefkasten verstreut die Reste stark beschädigter Fahrräder lagen, und nur 10 %, wenn man die Fahrräder entfernte. Auch bei einem Brief mit einem Zehn-Euro-Schein im Sichtfenster waren die Unterschiede im Verhalten zu beobachten, nicht hingegen bei einem Umschlag mit einer Hundert-Euro-Note. In dem Fall spielte der Zustand der Umgebung nahe des Briefkastens keine Rolle.[338]

Die Experimente lassen Raum für verschiedene Interpretationen. Während die Groningen-Studien die Übereinstimmung mit der Broken-Windows-Theorie hervorhebt, neigt die München-Studien dazu, das Gegenteil für richtig zu halten, obwohl die erhobenen Daten und Resultate sich weitgehend decken. Ihre Skepsis begründen die Verfasser der München-Studien vor allem mit den nicht nachweisbaren Effekten urbaner Verwahrlosung im Bereich der schweren Kriminalität, wie der Versuch mit der Hundert-Euro-Note vor Augen führe.[339] Der Einwand überzeugt allerdings nur bedingt, denn selbst die fanatischsten Anhänger der Broken-Windows-Theorie behaupten nicht, dass allein der Anblick einer nicht fachgerecht entsorgten Cola-Dose ausreiche, um biedere Familienväter in Raubmörder und Vergewaltiger zu verwandeln. Ernsthaft diskutieren lässt sich nur die These, die Wahrnehmung von Verfallssignalen im städtischen Raum setze einen eigendynamischen Prozess in Gang, der zu einem Absenken von Hemmschwellen und langfristig – nach Monaten oder Jahren – zu einem Anstieg der Kriminalität führe. Das sprichwörtliche »eingeschlagene Fenster« (oder ein verunstalteter Briefkasten) ist immer nur das erste Glied in einer langen Kette der Eskalation.

Dass der Rückgang der Kriminalität in New York tatsächlich auf das Konto der Broken-Windows-Theorie geht, lässt sich mit derartigen Feldstudien selbstverständlich nicht beweisen, zumal – wie dargelegt – besagte Theorie in der Vergangenheit oft mit der Nulltoleranzstrategie gleichgesetzt wurde, deren Wirksamkeit *a limine* zweifelhaft ist. Immerhin aber liefern die Experimente Anhaltspunkte für ein Modell, das Genese und Ausbreitung normwidrigen Verhaltens durch das Wahrnehmen materialisierter, dinglich manifester Normenverstöße beschreibt. Es empfiehlt sich, etwas genauer hinzusehen und drei Aspekte zu unterscheiden:

Zunächst stellt sich die Frage, wie überhaupt eine unzulässige Handlung eine andere unzulässige Handlung hervorbringen kann, ohne dass sich an der Unzulässigkeit als solcher etwas ändert. Die konventionelle Begründung, mit der auch Wilson und Kelling operierten,[340] lautet: Nicht beseitigte Spuren vergangener Normenverstöße signalisieren eine geringe Wahrscheinlichkeit, in der konkreten Situation für diese oder ähnliche Verstöße zur Rechenschaft gezogen zu werden. Sinkt das Vollstreckungsrisiko, sinkt auch die Bereitschaft zu normgemäßen Verhalten. Ein rationaler Erklärungsansatz dieses Zuschnitts erscheint plausibel, allerdings nur unter der Bedingung, dass Menschen stets rational agieren und alle denkbaren Vor- und Nachteile umfassend abwägen. Ob die Annahme zutrifft, ist allerdings – um es vorsichtig auszudrücken – nicht ganz sicher. In der Rechtssoziologie und Kriminologie gibt es erhebliche Zweifel nicht nur an der abschreckenden Wirkung von Strafe, sondern schlechthin an dem Erklärungswert einer rationalen Kosten-Nutzen-Analyse, schon weil sich Rechtsadressaten häufig gar nicht bewusst für oder gegen den Normbruch entscheiden.[341]

Spätestens seit den Kahneman-Tversky-Studien zur Bedeutung von Urteilsheuristiken ist bekannt,[342] in welchem Umfang wir bei Alltagsentscheidungen auf programmierte handlungsleitende Denkfiguren vertrauen. Als eine solche Faustregel, die unbewusst unser Verhalten steuert, kommt auch der »Cialdini-Effekt«[343] in Betracht – die Maxime »Wenn viele Menschen so handeln, ist es vermutlich klug, so zu handeln.«[344] Nicht immer sind die Normen selbst oder die antizipierten Ansichten anderer, was richtig oder falsch sei, maßgeblich. Vielmehr lassen wir uns auch davon beeinflussen, wie sich unser Umfeld in der konkreten Situation tatsächlich verhält (»deskriptive soziale Normen«[345]), selbst wenn wir den Widerspruch zu dem an sich gebotenen Verhalten erkennen. Dafür, dass in den Groningen-Experimenten deskriptive soziale Normen handlungsleitend waren und nicht Überlegungen zur Wahrscheinlichkeit einer Sanktion spricht, dass in der niederländischen Stadt (jedenfalls zum damaligen Zeitpunkt) die Ordnungsbehörden, wie jedermann vor Ort bewusst, das Wegwerfen von Papier tolerierten. Wenn Sanktionen ohnehin nicht zu erwarten sind, scheiden Erwägungen zur Sanktionswahrscheinlichkeit als Beweggrund aus.[346]

Ein zweites bemerkenswertes Resultat der Broken-Windows-Experimente ist die Erkenntnis, dass *normenübreifende* »Infektionen« – Zuwächse von Normenverstößen – möglich, ja vielleicht sogar die Regel sind. So hat das Nicht-Befolgen des Graffiti-Verbots andere normenwidrige Handlungen wie Diebstähle nach sich gezogen (und nicht lediglich weitere Übertretungen des Graffiti-Verbots). Das Wahrnehmen von Verstößen gegen eine bestimmte Norm kann die Autorität und den Geltungsanspruch auch der übrigen Normen schwächen und damit den gesamten Ordnungsrahmen neu konfigurieren und nivellieren, so dass Freiräume für rein interessengeleitetes Handeln entstehen.[347] Für den Übertragungseffekt (»spillover«) ist also letztlich die deskriptive soziale Norm des Inhalts verantwortlich, dass Personen, die sich an dem betreffenden Ort aufhalten, ihr Handeln nicht an den etablierten normativen Vorgaben ausrichten (»Gesetz des Dschungels«, »Gesetz der Straße«).

Der Übertragungseffekt ist allerdings in seiner Reichweite begrenzt. Der sozialethische Unwertgehalt der Normenverstöße muss ungefähr vergleichbar sein, damit eine Wirkung eintritt. Wie dargelegt, kann schon ein höherer Wert des potentiellen Diebesguts ausreichen, um von einem Diebstahl Abstand zu nehmen. Das ist nicht völlig überraschend, denn Heuristiken haben stets nur einen limitierten Anwendungsbereich. Dass trotz dieser Grenzen der Übertragungseffekt langfristig einen Beitrag zur Eskalation und zur Ausdehnung krimineller Milieus leisten kann, kam bereits zur Sprache.

Drittens schließlich verdient die Art des Mediums Beachtung, das in den beschriebenen Fällen Normenwissen vermittelte. Es sind Graffiti, zerbrochene Scheiben, beschädigte Fahrräder, vernagelte Türen, Autoreifen, alte Zeitungen, Plastiktüten und sonstiger Unrat, also überwiegend materielle Objekte und ihre Position im öffentlichen Raum, die über die lokalen Gepflogenheiten und deskriptiven Normen informieren. Wir »lesen« demnach in den gegenständlichen Relikten des urbanen Lebens, ihnen entnehmen wir, was akzeptiertes, gängiges Verhalten ist und was nicht, und den Erkenntnissen dieser merkwürdigen Lektüre vertrauen wir im entscheidenden Moment sogar mehr als unseren Erinnerungen an widersprechenden Berichten und Aussagen. Punktuelle Geschehnisse wie ein in aller Öffentlichkeit durchgeführter Überfall auf eine Apotheke oder ein Lebensmittelgeschäft geben natürlich grundsätzlich ebenfalls Auskunft über den Status quo, aber es sind nun einmal – im Unterschied zu den in die Dinge, in die materielle Substanz eingeschriebenen Botschaften – ihrem Wesen nach flüchtige, vergängliche, nicht dauerhaft präsente Informationen, die sie offenbaren.

Fehlt in der großen Rechnung eine letzte Variable, die man nur allzu leicht und allzu gerne übersieht: der Umstand nämlich, dass es sich bei der Broken-Windows-Theorie selbst um ein popkulturelles Phänomen handelt, wie die überdeutlichen Referenzen in den Batman- und den vielen anderen Filmen der 1980er und 90er Jahre belegen. Die vielleicht dichteste Beschreibung findet sich in einem sehr späten Zeugnis, in dem Gotham-Drama »Joker« aus dem Jahr 2019. Regisseur Todd Philips erzählt die Leidensgeschichte des Außenseiters Arthur Fleck und seine Metamorphose zum Psychopathen und späteren Batman-Gegenspieler. An der Entwicklung haben auch – daran lässt der Film keinen Zweifel – die miserablen Lebensbedingungen in Gotham ihren Anteil. Die Müllabfuhr streikt wieder einmal,[348] die Stadt versinkt im Dreck, es stinkt zum Himmel und ein Großteil der Infrastruktur und öffentlichen Bauten sind in einem jämmerlichen Zustand. Der Zuschauer begreift, dass der von zahlreichen Schicksalsschlägen gebeutelte Protagonist in einer solchen Umgebung dem psychischen Druck nicht mehr lange wird standhalten können.

Das Fass zum Überlaufen bringt eine nächtliche U-Bahn-Fahrt, in deren Verlauf Arthur Fleck zum Joker wird und drei Yuppies, allesamt Angestellte von Wayne Enterprises, erschießt.[349] Diese Schlüsselszene ist nichts anderes als eine Zeitrafferaufnahme des idealtypischen Verlaufs einer Broken-Windows-Eskalation. Es beginnt mit einem Blick in den halbverlassenen, in tristes Neon-Licht getauchten Wagon. Fenster, Wände und Sitzbänken sind über und über mit Graffiti bedeckt, Abfall und alte Zeitungen

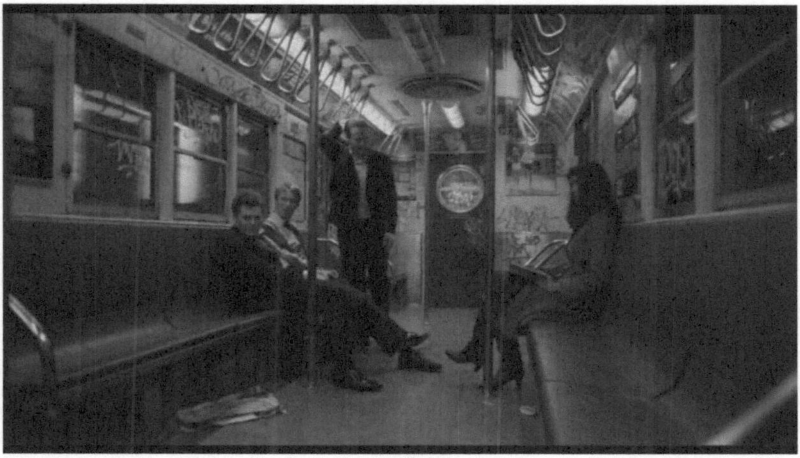

Abb. 23
Quelle: Todd Philips, Joker, © Warner Bros. Entertainment Inc., 2019.

liegen auf dem Boden (Abb. 23). Die drei Anzugträger beginnen damit, eine alleinsitzende junge Frau anzusprechen und ihr Fast-food anzubieten. Als sie abweisend reagiert, vollzieht einer der Störenfriede die erste Grenzüberschreitung und bewirft sie mit einer Pommes frites. Fleck beobachtet den Vorgang, schreitet aber nicht ein. Die Frau steht auf und verlässt den Wagen.

Irritiert durch Flecks unkontrolliertes Lachen nähern sich die drei dem als Clown verkleideten Mann. Schritt für Schritt testen sie aus, wie weit sie gehen können. Erst entwenden sie ihm die Perücke, dann seine Tasche, werden handgreiflich, schlagen ihn in die Magengrube und malträtieren den auf dem Boden Liegenden mit Tritten – bis Arthur »Joker« Fleck seinen Revolver zieht.

Die Szene ist nicht nur eine retroperspektivische Hommage an die 80er Jahre, sondern auch an die *Filme* der 80er Jahre mit ihrer Obsession für Verbrechen und Gewaltexzessen vor dem Hintergrund einer völlig heruntergekommenen Stadtlandschaft. Der durch Graffiti verunstaltete U-Bahn-Wagon ist das visuelle Signet fast aller damaligen Großstadt-Kriminalfilme.

Wenn nun also, was selten genug geschieht, eine wirtschafts- oder gesellschaftswissenschaftliche Theorie beginnt, ein öffentliches Eigenleben zu führen, werden die Dinge (noch) komplizierter. Ein solcher Fall wirft immer die Frage auf, inwieweit die Theorie erst die Wirklichkeit erschafft, die abzubilden und zu erklären sie vorgibt. Je nach wissenschaftlicher Disziplin ist von selbsterfüllenden oder selbstzerstörenden Prophezeiungen, von Rückwirkungsschleifen oder von endogenen Prozessen die Rede. Den Anteil der Rückwirkung genau zu bestimmen und aus den erhobenen Daten gleichsam herauszurechnen, bereitet erhebliche Schwierigkeiten. Die Broken-Windows-Theorie zum alleinigen Urheber der von ihr vorausgesagten Effekte zu erklären, ginge sicherlich zu weit. Dass sie jedoch – zumindest in ihrem »goldenen Zeitalter«, den beiden letzten Jahrzehnten des 20. Jahrhunderts – vorhandene, apriorische Reaktionsmuster stabilisiert und zu ihrer Akzeptanz und Verbreitung beigetragen hat, liegt im Bereich des Möglichen und ist nicht auszuschließen.

Wenn in populären Filmen und anderen Medien beschädigte urbane Räume wiederholt und über einen längeren Zeitraum die obligatorische Kulisse für rechtswidriges Handeln jeder Art – von einfacher Sachbeschädigung über Diebstahl bis hin zu bestialischen Gewaltverbrechen – bilden, kommt es zu einer Konditionierung (im behavioristischen Sinne), die das Wahrnehmen und Bewerten ähnlicher Räume in der realen Welt beeinflusst. Sie werden jetzt fast unweigerlich mit massiven Normendurchsetzungsdefiziten, ja mit einem gänzlich anderen Normen- und Wertesystem in Zusammenhang gebracht. Infolgedessen passt ein Teil der Bevölkerung sich den imaginierten (vermeintlichen) Standards an. Andere verlassen die stigmatisierte Gegend aus Sorge um ihr Leben und die Zukunftschancen ihrer Kinder, was die Ghettoisierung und Segregation beschleunigt. So wird aus Fiktion Wirklichkeit und Gotham City selbst zum zerbrochen Fenster.

IV. Topographie des Terrors

Rechtsverbindlich zu definieren, was den Ausnahmezustand zum Ausnahmezustand macht, ist nicht nur deshalb so schwierig, weil es insoweit an einem wissenschaftlich objektivierbaren Maßstab vergleichbar etwa mit der Richterskala zur Angabe der Stärke von Erdbeben fehlt, sondern auch, weil in politischen Extremsituation die Entscheidungsträger auf die Akzeptanz ihrer Entscheidungen noch größere Rücksicht nehmen müssen als sonst. Ohne Vertrauen in das Urteilsvermögen und die Redlichkeit der politisch Handelnden steht jedes Gemeinwesen in der Krise sehr schnell am Rande des Abgrunds. Somit kommt es maßgeblich darauf an, welche Merkmale aus Sicht der Öffentlichkeit in einem konkreten geschichtlichen Moment eine Notlage konstituieren und welche nicht. Diese »Anzeichen« sind volatil und lassen sich unmöglich ohne Kenntnis der zeitgenössischen symbolischen Ordnung bestimmen, mit der jedes politische und rechtliche System verwoben ist.

In der Vormoderne signalisierte nicht selten die Zerstörung, Beschädigung oder Entweihung kultischer Stätten eine maximale Bedrohung für den Bestand von Staat und Gesellschaft, die nahezu jede Maßnahme rechtfertigte, selbst wenn aus objektiver militärischer oder polizeilicher Perspektive der Tat nicht die Bedeutung zukam, die man ihr allein aufgrund der symbolischen Valenz des gefährdeten Objekts beimaß. Es konnten sogar mehr oder weniger zufällige Vorgänge, die mit der Bedrohung in keinem Zusammenhang außer einem zeitlichen standen, die Bewertung der Gefahr beeinflussen. Beispielsweise verstärkten in Rom offenbar Schreckenszeichen wie Blitzschläge und Himmelsleuchten (Liv. 22, 1, 8–12) während des Zweiten Punischen Krieges die Furcht vor den anrückenden Truppen Karthagos unter dem Kommando Hannibals. Folge der kollektiven Panik war die Ernennung von Quintus Fabius Maximus

Verrucosus zum Diktator im Jahre 217 v.Chr. (Liv. 22, 8, 6 f. – eine der wenige Diktaturen durch Volkswahl[350]).

Die Welt des 21. Jahrhunderts liegt so gut wie die des Altertums in einem symbolischen Kraftfeld, nur sind die Koordinaten andere. Um sie zu rekonstruieren, müssen wir uns die fiktiven und damit gleichsam prototypischen Räume, Orte, Architekturen genauer ansehen, die der Inszenierung (in unserem Fall: negativer, destruktiver) politischer Zustände und Handlungsmuster dienen, einschließlich der Veränderungen, die diese Räume erfahren. So erhalten wir einen Überblick über begrifflich nur schwer zu fassende Topoi kollektiver Phobien – eine Art protojuristische Topographie des Terrors. Die drei Kategorien – Kontrollverlust (1.), Inversion (2.), Zerstörung (3.) – weisen Überschneidungen auf, dürften aber wesentliche Aspekte des *akuten* Gotham'schen Notstands abdecken.

Bleibt anzumerken, dass der gebaute Raum (und dessen Umgestaltung) selbstverständlich nicht der einzige Indikator ist. Auch die Choreografie einer großen Zahl von Menschen kann als architekturähnliche Konfiguration und »Ornament der Masse«[351] im Film ein sehr wirkungsvolles Mittel zur Veranschaulichung von Gesellschafts- und Staatskrisen sein.

1. Kontrollverlust

Genaue Auskunft über Lage und Beschaffenheit der Megalopolis Gotham gibt die im Prolog erwähnte, für die Comic-Storyline »No Man's Land« 1999 entworfene und seither wiederholt kopierte Karte.[352]

Sofort ins Augen fallen zwei »klassische« Orte der Batman-Saga, auch weil man ihnen eigene Inseln zugewiesen und dadurch ihre Bedeutung unterstrichen hat: Blackgate Prison/Isle, die berüchtigte Strafanstalt Gothams, und Arkham Asylum, die noch berüchtigtere städtische Psychiatrie, die in den Comics seit 1974 als (immer nur vorübergehende) Verwahranstalt für Schurken wie den Joker und Two-Face ihren Dienst tut.[353] In den Filmen von Joel Schumacher gleicht Arkham Asylum einer gotischen Kathedralen oder – besser gesagt – dem Zerrbild einer Kathedrale, überladen mit ausgreifenden Drolerien und brückenartigen Strebebögen.[354] Der düstere Turm fällt etwas aus dem Rahmen und passt eher zu der neo-expressionistischen, von Fritz Lang geprägten Architektur der Burton-Filme.

Mit dem kühlen Realismus der Dark-Knight-Trilogie hätte sich ein solches steinerne Phantasma erst recht nicht vertragen. Nolan entschied sich daher für ein großes abweisendes Backsteinensemble mit grünem Kupferdach aus den 1930er Jahren, das ehemalige »National Institute for Medical Research« in London.[355] Arkham Asylum steht zunächst unter der Leitung des kriminellen Psychiaters Dr. Jonathan Crane, der dort ein Halluzinogen entwickelt und verabreicht, das ihm schließlich selbst zum Verhängnis wird. Vergleichsweise unscheinbar und doch bedrohlich ist auch Nolans »Blackgate Prison«, das der Zuschauer erst in seinem dritten Film zu Gesicht bekommt (in Wirklichkeit eine mit einem massiven schwarzen Tor verschlossene Durchfahrt unter dem »Software Engineering Institute« in Pittsburgh).[356]

Verstörend wirken diese Gebäude, weil in ihnen sich die latente, von Gerüchten und Mutmaßungen befeuerte Angst vor den devianten Insassen materialisiert und ebenso das schlechte Gewissen einer Bürgerschaft, die sich der Integrität ihrer Justiz nicht gewiss ist. Es sind toxische Orte im Herzen einer labilen Republik. Versagen die Schutzvorrichtungen, auf die sich Gesellschaft und Staat verlassen, kommt es zur ultimativen Katastrophe.

Die stärkste Darstellung eines *breakout* findet sich in »The Dark Knight Rises«, als Bane, der selbst erklärte »Befreier« Gothams, in einer auf allen Kanälen gesendeten Ansprache an die Bevölkerung enthüllt, dass der »Dent Act«, der Angehörige krimineller Organisationen stigmatisiert und weitgehend entrechtet, insoweit auf einer Lüge basiert, als der ehemalige Staatsanwalt und Posterboy der Gotham'schen Null-Toleranz-Strategie Harvey Dent zuletzt, kurz vor seinem Tod selbst Verbrechen begangen hatte. Auf Banes Anordnung hin öffnen sich die schwarzen Tore von Black Gate Prison, und herausströmt ein bis an die Zähne bewaffneter Mob in orangefarbener Häftlingskleidung.[357] So wird der kollektive Albtraum zum realen Trauma.

Der psychologische Effekt, der mit einem plötzlichen Kontrollverlust einher geht, hat schon mehrfach Weltgeschichte geschrieben. Wenn noch heute der Sturm auf die Bastille am 14. Juli 1789 als Wendepunkt in der politischen Geschichte der Neuzeit gilt, dann lässt sich das nicht mit der tatsächlichen Bedeutung dieser baufälligen Festung erklären. Bekanntlich residierten in ihr zum Zeitpunkt der »Befreiung« nur noch einige Urkundenfälscher und verhaltensauffällige Aristokraten. Allenfalls als Lagerstätte für Schießpulver hatte der Bau für die Revolutionäre eine gewisse strategische Bedeutung. Seine außerordentliche Wirkung verdankte das Ereignis vornehmlich dem symbolischen Rang der Bastille, des verhassten Staatsgefängnisses und Bollwerks der Despotie.

Spiegelbildlich stellte sich der Vorgang aus Sicht der alten Machteliten an den Höfen Europas als ein politischer Höllensturz dar, in etwa vergleichbar mit dem, was den braven Bürgern Gothams mit ihrem Black Gate Prison widerfährt. Auch die Erstürmung des berüchtigten Kresty-Gefängnisses in St. Petersburg und der ebenfalls als Haftanstalt dienenden Peter-und-Paul-Festung während der Februarrevolution 1917 kommen als historische Vorlage in Betracht. Ein weiteres Implantat aus dem kulturellen Gedächtnis des Westens ist die Farce eines Revolutionstribunals, die einer der von Bane befreiten Soziopathen, der sadistische Dr. Crane, aufführt, thronend auf einem absurd hohen Podest, eilig errichtet aus den erbeuteten Büromöbeln und Computern.[358]

Wenn technische Anlagen mit großem Zerstörungspotential außer Kontrolle zu geraten drohen, kann das ebenfalls starke Emotionen hervorrufen. In diese zweite Fallgruppe gehört allen voran der unterirdische Fusionsreaktor, der als das zentrale Schreckensmotiv des dritten Nolan-Films das Denken und Handeln der Protagonisten beherrscht. Bruce Wayne hatte den Reaktor in der löblichen Absicht entwickeln lassen, der Menschheit eine alternative, umweltfreundliche Energiequelle zu erschließen, das Vorhaben jedoch aus Furcht vor einer missbräuchlichen Verwendung der Kerntechnik auf Eis gelegt. Trotz zahlreicher Sicherheitsvorkehrungen – die Anlage befand sich unter dem Fluss, so dass sie jederzeit hätte geflutet werden können – gelingt es Bane, den Reaktor in seine Gewalt zu bringen, ebenso wie die nicht minder streng abgeschirmten Waffensysteme der Applied Sciences Division von Wayne Enterprises. Im Auftrag Banes verwandelt ein entführter russischer Wissenschaftler das »grüne« Energiewunder in eine vier Megatonnen-Atombombe.[359] Dadurch gerät Gotham in die größte existentielle Krise, die denkbar ist: Ihr droht die vollständige physische Vernichtung. Die Stadt ist von nun an den Terroristen auf Gedeih und Verderb ausgeliefert. Nicht einmal die anrückende Armee kann noch etwas ausrichten, da das atomare Erpressungspotential jedes menschliche Maß sprengt.

Carl Schmitt hat in der »Theorie des Partisanen« (1963) auf die verheerende *psychologische* Wirkung hingewiesen, die das bloße Vorhandensein von Kernwaffe in der Welt erzeugt:

»Die Menschen, die jene Mittel gegen andere Menschen anwenden, sehen sich gezwungen, diese anderen Menschen, d. h. ihre Opfer und Objekte, auch moralisch zu vernichten. Sie müssen die Gegenseite als Ganzes für verbrecherisch und unmenschlich erklären, für einen totalen Unwert. Sonst sind sie eben selber Verbrecher und Unmenschen. Die Logik von Wert und Unwert entfaltet ihre ganze vernichtende Konsequenz und erzwingt immer neue, immer tiefere Diskriminierungen, Kriminalisierungen und Abwertungen bis zur Vernichtung allen lebensunwerten Lebens.«[360]

Tatsächlich steht spätestens seit dem Kontrollverlust über den Atomreaktor für alle in Gotham fest, dass der Konflikt sich nicht mehr diskursiv, nicht mehr durch Mediation und Gespräche beilegen lässt. In der Logik des technisch induzierten absoluten Bösen, wenn »die eine Hälfte der Menschen ... zu Geiseln für den mit atomaren Vernichtungsmitteln ausgerüsteten Machthaber der andern Hälfte [wird],«[361] gibt es kein Raum für Zugeständnisse und Kompromisse, gibt es nichts, was noch auszuhandeln wäre.

Aber auch jenseits der nuklearen Apokalypse sieht sich Gotham in regelmäßigen Abständen mit extremen Bedrohungen konfrontiert, die daraus resultieren, dass technisch-industrielle Apparaturen und Anlagen in die falschen Händen fallen. So geschehen, als in Tim Burtons »Batman« (1989) der Joker sich der Chemiefabrik »Axis Chemicals« bemächtigt und dort Giftgas herstellt. Dem Dunklen Ritter bleibt schließlich nichts anderes übrig, als die Fabrik zu zerstören.[362] Produktionsstätten der Chemieindustrie haben in Filmen, die von Superschurken mit gemeingefährlichen Absichten handeln, eine lange Tradition. Das Motiv taucht bereits in Fritz Langs »Das Testament des Dr. Mabuse« (1933) auf.[363] Wie der Joker ein Verbrecher um des Verbrechens, ein Terrorist um des Terrors willen, plant Professor Baums nach den Anweisungen Dr. Mabuses als krönenden Abschluss seines Schaffens die Vergiftung einer ganzen Stadt. Erst in letzter Minute gelingt die Evakuierung der für den finalen Anschlag auserkorenen chemischen Fabrik. Konzipiert und entstanden in den letzten turbulenten Jahren der Weimarer Republik bringt der Film den Staatsnotstand in allen seinen Facetten zur Aufführung.

Ein Sonderfall der Gattung »bedrohte (und bedrohliche) technische Räume« stellt Gothams Börse dar, die Bane ebenfalls kurzzeitig in seine

Gewalt bringt und sie zu illegalen Finanztransaktionen missbraucht, die Bruce Wayne in den Bankrott treiben.[364] Zumindest diejenigen, die ihr gesamtes Vermögen und ihre gesamte Altersversorgung in Wertpapieren angelegt haben, werden die Szene als bedrohlich empfinden – nicht zu Unrecht, denn Anschläge auf moderne digitale Infrastrukturen können schwerwiegende sozio-ökonomische Folgen zeitigen, die mit dem Zünden von Bomben und Sprengstoffen vergleichbar sind.

Als dritte Fallgruppe ist der Verlust der Kontrolle über Elendsviertel – »Slums« – zu nennen, also bevölkerungsreiche Stadtteile mit geringem Lebensstandard und hoher Kriminalitätsrate. Schon in der Antike galten solche Bezirke – wie in Rom die Subura – aus Sicht der Ober- und Mittelschicht als latent bedrohliche Räume, als Hort politischer Instabilität. Nahm die Unzufriedenheit mit den sozialen und wirtschaftlichen Verhältnissen Überhand, drohten hier – hier zuerst – Aufstände, Revolten, ja Revolutionen. In Gotham City sind es die »Narrows« – eine Insel mit einem formlosen, chaotischen Slum mitten im Gotham River (Abb. 24) – in denen die von der »Gesellschaft der Schatten« ausgelöste Massenpanik ihren Ausgang nimmt (»Batman Begins«).[365] In Szene gesetzt als architektonischer Albtraum einer um ihre Privilegien bangenden Elite stehen die »Narrows« in der Tradition der riesigen Elendsquartiere in den rasant wachsenden Metropolen des 19. Jahrhunderts. In Zeiten von Industrialisierung, Landflucht und Massenelend entstanden das legendäre New Yorker »Five Points«, das immer wieder von gewalttätigen Unruhen (wie die »Draft Riots« von 1863) erschüttert wurde, und die Gegend um St Gilles in London (»The rookery«), die sozialkritische Autoren wie Charles Dickens inspirierte. Lage und klaustrophobische Enge des Insel-Slums lassen indes vermuten, dass direktes Vorbild für die »Narrows« die 1993/94 abgerissene Kowloon Walled City auf der Halbinsel Kowloon bei Hong Kong war, Brennpunkt der organisierten Kriminalität und zeitweise der am dichtesten bevölkerte Ort der Welt, dessen Bebauung so unreguliert war wie die Staatsgewalt abwesend.

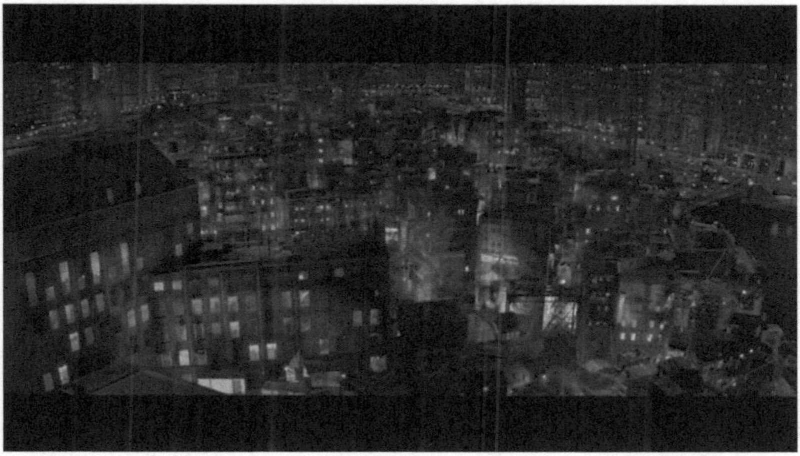

Abb. 24
Quelle: Christopher Nolan, Batman Begins, © Warner Bros. Entertainment Inc., 2005.

2. Inversion

Geradezu das Markenzeichen Batmans und seiner Feinde ist die Zurückweisung und Umkehrung der gängigen, »natürlichen« Symbolik von Gut und Böse: Batman, der wohltätige, gute Ritter, der auf Seiten der Gerechtigkeit kämpft, verkleidet sich als Fledermaus, als ein Geschöpf der Nacht, vertrautes Sinnbild für Gefahr und Niedertracht. Umgekehrt zeigen seine Gegenspieler eine Vorliebe für bunte, heitere Kostüme. Der Joker verübt seine Untaten als weiß-rot geschminkter Clown, und der Riddler nähert sich seinen Opfern in einem drolligen hellgrünen Anzug. Als gesellschaftliche Stimulantien existierten rituelle Umkehrungen schon in den Kulturen des Altertums, meist bezogen sie sich aber auf den sozialen Status (wie in Rom die Saturnalien).

Noch auffälliger und prägender als die Kostümierung ist in den Batman-Filmen die systematische symbolische Inversion von Architektur und urbanen Erlebniswelten. Die Superschurken wählen für ihre Anschläge gezielt solche öffentlichen Räume aus, die den von Gewalt und sozialer Misere geplagten Bürgern Gothams als innerstädtische Oasen und Rückzugsräume dienen, die es ihnen erlauben, einige unbeschwerte Minuten oder Stunden Auszeit von den Zumutungen des Alltags zu nehmen.

Sei es der »Gotham Charity Circus« im Hippodrome (dem Art-Deco-Bahnhof »Union Terminal« in Cincinnati nachempfunden), wo die »Flying Graysons« mit ihren Kunststücken die Menge begeistern,[366] oder der festlich geschmückte Weihnachtsmarkt vor Shreck's Department Store[367] oder die »Arctic World« im Alten Zoo, Heimat der putzigen Pinguine,[368] sei es Gothams Sternwarte, die Besucher an der Schönheit des Nachthimmels teilhaben lässt,[369] oder das angesehenste Kunstmuseum der Stadt, das »Flu(e)gelheim Museum«, das zum Bestaunen der Alten Meister einlädt,[370] sei es die Eisfabrik »Snowy Cones Ice Cream« in Gestalt eines postmodernen Riesenschneemanns[371] oder das lokale Baseballstadion, in dem Alt und Jung bei Hot Dogs und Popcorn sportlichen Höchstleistungen beiwohnen,[372] seien es schließlich die zahllosen Feste, Maskenbälle und Wohltätigkeitsveranstaltungen wie der karnevalesk poppige Umzug zu Gothams 200. Geburtstag[373] oder die ausgelassene Save-the-rainforest-Party[374]im botanischen Garten: Gemeinsam ist allen diesen Stätten der Zerstreuung, dass sie den unantastbaren, tabuisierten Kernbereich – den Heiligen Hain – zivilisierter, humaner Geselligkeit konstituieren, nicht zuletzt weil es vor allem Familien mit Kindern und Jugendliche sind, die sie bevölkern, die unschuldigsten und schwächsten Glieder der Gesellschaft, die das Leben noch vor sich und bislang keine Schuld auf sich geladen haben.

Das Widerwärtige, das Perfide, das unverzeihlich Boshafte liegt nun darin, dass Gothams Superschurken mit Vorliebe gerade die Räume der Unschuld entwidmen und negieren, oft weil sie – wie der Joker – in ihrer traumatischen, gewalttätigen Kindheit solche Räumen entbehren mussten und sie nun auch niemand anderem gönnen. Ewige Feindschaft, blanker Hass ist ihnen, die so handeln, sicher. Bis hierher und nicht weiter, will man ihnen zurufen. Wenn ihr Kasernen, Bars, Tankstellen, Bahnhofstoiletten oder Fabrikhallen zur Bühne eurer Verbrechen machen wollt, ist das schlimm genug, aber lasst ab von den Enklaven des reinen Guten, den Herzkammern der Humanität! Es gibt Grenzen, die auch ihr beachten müsst, respektiert wenigstens ein Mindestmaß an Anstand, respektiert den stillschweigenden Minimalkonsens der zivilisierten Völker!

So möchte man ihnen ins Gewissen reden, doch ein Gewissen haben sie nicht, nur einen hochentwickelten Sinn für die Logik der Eskalation. Also stürmen sie die geweihten Tempel und reißen mit Wonne den letzten noch verbliebenen Schutzwall ein, der das Außen vom Innen trennt, also treiben sie die Graysons, die tapferen Zirkusartisten, in den Tod, ver-

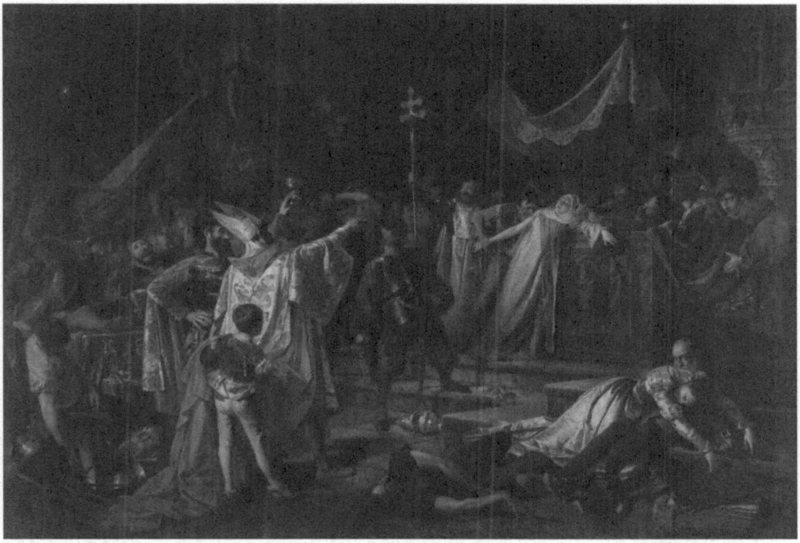

Abb. 25

Quelle: Francisco Javier Amérigo y Aparici, El Saco de Roma, 1887 (Biblioteca Museu Victor Balaguer, Vilanova i la Geltrú).

unstalten *just for fun* Kunstwerke von unschätzbarem Werten als wären es verrostete Mülltonnen und werfen zur Weihnachtszeit Handgranaten in Spielwarengeschäfte. Ihre Taten künden nur von einer Botschaft: Vergesst die lächerliche Kriminalität auf euren Straßen, das hier, *erst das hier*, ist der Ausnahmezustand!

Der Strategie, das Böse ausgerechnet im innersten Sperrbezirk der Unschuld zu platzieren, verfolgten hier und da selbstverständlich auch Unholde, die nicht in Gotham beheimatet waren. Wer mag, kann die Spur zurückverfolgen bis zum frühen Stummfilm. So nimmt im unerreicht bedrückenden »Cabinet des Dr. Caligari« (1920) das Unheil auf einem bei der Kleinstadtjugend beliebten Jahrmarkt seinen Lauf. Und schon in der Vormoderne gab es Inversionsräume und -ereignisse von außerordentlicher Beständigkeit im kulturellen Gedächtnis. In der Regel waren es entweihende Handlungen in sakralen Gebäuden, die aus der Perspektive früherer Zeiten maximale Empörung garantierten, etwa die Schändung von Nonnen durch protestantische Landsknechte auf den Altären römischer Kirchen während des Sacco di Roma (1527) – noch im 19. Jahrhundert ein beliebtes Motiv in der Kunst (Abb. 25).

3. Zerstörung

Eines der konventionellsten Mittel, um Ängste zu stimulieren, ist die Zerstörung von Gebäuden. Freilich löst nicht jeder Anschlag eine so heftige Reaktion aus, dass eine Gesellschaft in Panik, in einen psychischen Ausnahmezustand, gerät. Es kommt maßgeblich auf die funktionale Bedeutung und symbolische Qualität des betroffenen Bauwerks an. Mindestens zwei Hauptkategorien lassen sich unterscheiden: Wahrzeichen und Infrastruktur. Die *landmark buildings* zeichnen sich durch eine Ausnahmestellung in der öffentlichen Wahrnehmung und Wertschätzung aus. Sie stiften kollektive Identität und emotionale Verbundenheit, völlig unabhängig davon, welchen (ökonomischen, militärischen usw.) Zwecken sie dienen und ob ihnen überhaupt eine strategische Relevanz zukommt. Hingegen führt das Eliminieren und Deaktivieren von Infrastrukturen stets zu einer massiven Beeinträchtigung der Lebensqualität.

Ein Beispiel für die zuletzt genannte Fallgruppe ist die Zerstörung der Verkehrsinfrastruktur Gothams durch die Bane-Terroristen in »The Dark Knight Rises«. Der Zuschauer wird Zeuge, wie zur gleichen Zeit über das gesamte Stadtgebiet verteilt hunderte von Sprengsätzen detonieren und die Brücken, die Gotham mit dem Festland verbinden, zum Einsturz bringen. Damit ist die Stadt – ohne Vorwarnung – von jetzt auf gleich von der Außenwelt abgeschnitten.[375] Und in »Batman Begins« können Batman und James Gordon erst in letzter Minute verhindern, dass Ra's al Ghul den Wayne Tower – Zentrum der Wasserversorgung Gothams – in die Luft jagt.[376] Wenn hingegen Wayne Manor, Sitz der berühmtesten Familie Gothams, in Flammen aufgeht[377] oder – wie in »Batman vs. Superman« – das Kapitol in Washington einem Bombenanschlag zum Opfer fällt,[378] ist es vor allem der symbolische Wert dieser Bauwerke, der sie für Anschläge mit maximal destabilisierender Wirkung prädestiniert.

Der Effekt lässt sich nicht allein mit dem realen Leid von Menschen und der Vernichtung materieller Werte und Kulturgüter erklären, die mit jeder Zerstörung einhergehen. Die Verwüstung Sodom und Gomorras, der Untergang Babylons und Trojas, die Vernichtung Karthagos und Jerusalems, schließlich der Fall Roms in der Spätantike: Der Mythen- und Legendenschatz der westlichen Zivilisation ist überaus reich an Berichten über das gewaltsame Ende großer urbaner Zentren.[379] Wer sich die Fälle vergegenwärtigt, wird feststellen, dass die, die das Unglück erleiden, fast immer im Ruf stehen, weit eher Täter als Opfer zu sein. An *ihnen* statuieren Gott oder die Götter, das Schicksal, die Geschichte, der Weltgeist ein Exempel, nehmen blutige Rache für Ungehorsam, Verkommenheit, Frevel. Ein Fanal soll von der Katastrophe ausgehen, späteren Generationen zur Warnung.

Der Topos der *décadence* ist ein so unvermeidlicher Bestandteil jeder Untergangserzählung, dass für eine Metropole, die sich mit Angriffen auf ihre physische Substanz, ihre wichtigsten Bauten, konfrontiert sieht, unendlich mehr auf dem Spiel steht als das nackte Dasein. Eine Stadt, die gegen ihre Zerstörung kämpft, kämpft auch immer für ihren Platz in der Geschichte, für ihre Legitimation, ihre Existenzberechtigung ehedem und heute, für das Recht, als Ort gelungenen Lebens in Erinnerung zu bleiben. Eine Stadt, die sich zerstören lässt, setzt sich und rückwirkend alle, die sie je bewohnten, ins Unrecht. Das steigert den Einsatz ins Unermessliche. Ra's al Ghul hat als Anführer der »Gesellschaft der Schatten« aus seiner geschichtsphilosophischen Mission nie einen Hehl gemacht und die von ihm vorzunehmende Vernichtung Gothams mit der Pflicht begründet, eine sittlich unrettbar verlorene Gesellschaft aus dem Verkehr zu ziehen, das erbärmliche Dahinsiechen des längst Überlebten und vielleicht nie Lebenswerten endlich zu beenden, um vitaleren Gemeinwesen eine Chance zu geben.[380]

Hinzu tritt die religiöse Dimension des drohenden Untergangs. Selbst in der profanierten Gegenwart Westeuropas und erst recht in den Vereinigten Staaten ist apokalyptisches Denken – verstanden als »kollektiver Denkstil und abendländische Sinnformation«[381] – noch immer tief verwurzelt. »Und es geschahen Blitze und Stimmen und Donner,« heißt es in der Offenbarung des Johannes (16, 18–19), »und es geschah ein großes Erdbeben, wie es noch nicht gewesen ist, seit Menschen auf Erden sind – ein solches Erdbeben, so groß. Und aus der großen Stadt wurden drei Teile, und die Städte der Völker stürzten ein. Und Babylon, der Großen, wurde gedacht vor Gott, dass ihr gegeben werde der Kelch mit dem Wein seines grimmigen Zorns.« Der »Einsturz der Städte« war und ist in diesem Sinne nichts weniger als ein Indiz für den Zorn Gottes.

Aus Sicht derer, die ihr Geld mit der Inszenierung größtmöglicher Spektakel verdienen, sind solche stabilen Denkfiguren und -reflexe willkommene Rechengrößen. So lässt sich der Erfolg ihrer Produktionen leichter kalkulieren. Allen voran die fiktive Verwüstung New Yorks hat sich in einem Zeitraum von über hundert Jahren zu einem eigenständigen Genre der Popkultur (*disaster porn*[382]) entwickelt. »No place looks better destroyed than New York.«[383] Die Zahl der Romane, Comics, Filme, Fernsehserien und Computerspiele, die sich des Zerstörungswerks annehmen, ist kaum noch zu übersehen (»Armageddon«, »Independence Day«, »Deep Impact«, »Godzilla«, »King Kong« usw.).[384] Gleich ob Außerirdische, Naturgewalten, griechische Götter, Terroristen oder Riesengorillas, jeder von ihnen möchte zu gerne mal die Stadt am Hudson dem Erdboden gleich machen oder zumindest den einen oder anderen Wolkenkrater zertrümmern – und bislang hat sich noch immer ein Schriftsteller, Zeichner oder Regisseur gefunden, der ihnen den Wunsch erfüllte.

Als dann tatsächlich die Wolkenkratzer einstürzten, am 11. September 2001, lief – im Rückblick wenig überraschend – das assoziative Gedächtnis des Westens Amok und generierte einen veritablen Ausnahmezustand, einige Kriege und extraterritoriale (und -legale) Gefangenenlager. Der Anschlag auf das World Trade Center wurde dann seinerseits zum wichtigen Referenzpunkt für alle popkulturellen Apokalypsen des neuen Jahrtausends,[385] auch die des Marvel-Universums, unverkennbar etwa in »Batman vs. Superman«, als Bruce Wayne hilflos dabei zusehen muss, wie die Metropolis-Dependance von Wayne Enterprises in sich zusammenfällt (Abb. 26). Die Szene ist bis in die Einzelheiten der Kameraeinstellung jener inzwischen ikonischen Videosequenzen nachempfunden, die aus der Perspektive der zurückweichenden Passanten den Moment des Einsturzes am 11. September um 9:59 (10:28) Uhr festhalten.[386] So webt man fortlaufend an dem Leichentuch eines sinnstiftenden Kontinuums, das auch bei der Bewertung künftiger urbaner Katastrophen eine wichtige Rolle spielen wird.

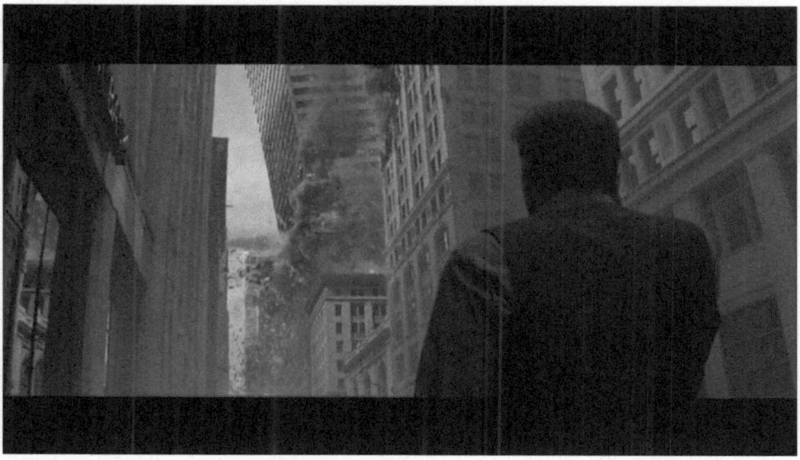

Abb. 26
Quelle: Zack Snyder, Batman v Superman. Dawn of Justice, © Warner Bros. Entertainment Inc., 2016.

V. Republikanischer Heroismus – Kapital und Virtù

Glücklicherweise hat Gotham nicht nur Räume des Schreckens vorzuweisen, sondern auch solche, die Rettung, das Ende des Schreckens, Recht und Ordnung verheißen. Es sind dies die über das Stadtgebiet verteilten Residenzen des Dunklen Ritters, Gothams *magistratus extraordinarius*: Wayne Manor (1.), Batcave (2.) und Wayne Tower (3.).

1. Das Landhaus

Gothams reguläre Institutionen geben ein jämmerliches Bild ab. Die Polizei wird noch nicht einmal mit der »normalen« Kriminalität fertig (oder in guten Jahren bestenfalls mit dieser[387]), erst recht nicht mit intellektuell und materiell überlegenen Superschurken. Sie besteht aus schlaksigen, unbedarften Jungs und korpulente Männer in schlecht sitzenden Uniformen, viele von ihnen korrupt. Politik und Verwaltung, soweit durch innere Konflikte nicht ohnehin gelähmt, müssen sich in komplizierten Verfahren mühsam abstimmen und reagieren folglich auf Bedrohungen meistens viel zu spät. Kurz: Die Lage stellt sich in etwa so dar, wie sie Machiavelli mit Blick auf die Republiken des Altertums und der Renaissance beschreibt, eine Lage, die ihm Recht zu geben scheint, wenn er für die Einrichtung der altrepublikanischen Diktatur plädiert (dazu II.).

Und siehe an, Gotham tut genau das, was der Florentiner Sekretär als Gegenmaßnahme, als »römische« Lösung empfiehlt: Der Magistrat bestimmt einen vertrauenswürdigen, fähigen Bürger der Stadt zum *Custos civitatis*, der in Zeiten der Not die zur Überwindung der Not erforderlichen Maßnahmen ergreift. Das geschieht, indem ein Repräsentant der *civitas* auf das Dach des Polizeipräsidiums steigt, dort das »Bat-Signal« betätigt und der durch das Lichtspiel herbeigerufenen Fledermaus Hilferuf und Auftrag Gothams übermittelt. Nach getaner Arbeit zieht sich der Retter blitzschnell wieder zurück, entledigt sich der Rüstung und aller Bürden und lebt als Privatier Bruce Wayne auf seinem weiträumigen Anwesen am Stadtrand.

Diese Deutung findet ihre Stütze in einer Schlüsselszene der Dark-Knight-Trilogie, dem in Anwesenheit Bruce Waynes geführten Streitgespräch zwischen dem Bezirksstaatsanwalt Harvey Dent (vor der Verwandlung in »Two-Face«) auf der einen und dessen Freundin Rachel sowie der russischen Ballerina Natasha auf der anderen Seite. Während sich die beiden Frauen sehr kritisch zu Batman äußern, dessen demokratische Legitimität anzweifeln und niemand sonst als die ordentlichen Amtsträger mit der Strafverfolgung betraut sehen wollen, ergreift Harvey Dent entschieden für Batman Partei und stellt ihn explizit in die Tradition der altrömischen Diktatur: »When their enemies were at the gates, the Romans would suspend democracy and appoint one man to protect the city. It wasn't considered an honor. It was considered a public service.« Rachel überzeugt er mit dem Einwand nicht. »Harvey«, erwidert sie, »the last man that they appointed to protect the Republic was named Caesar and he never gave up his power.«[388]

Die Kontroverse zwischen Harvey und Rachel ist somit auch eine Kontroverse über den Stellenwert der Diktatur in der römischen Geschichte. Der Bezirksstaatsanwalt hat ein Konzept der außerordentlichen Magistratur vor Augen, das der politischen Praxis der frühen und mittleren Republik entsprochen haben dürfte, seine Freundin hingegen die Verhältnisse in der späten Republik, den fortwährenden Missbrauch von Macht, die Bürgerkriege, die cäsarische Anmaßung. Tatsächlich sind die Diktaturen Cäsars mit denen der *veteres* kaum vergleichbar und bilden fast schon so etwas wie eine eigene Kategorie des römischen Staatsrechts.[389] Bereits seine erste Diktatur (49 v.Chr.) war eine rechtliche Anomalie, weil die Ernennung durch einen Prätor (M. Aemilius Lepidus) und nicht durch einen Konsul erfolgte,[390] und umso mehr jene, die der Senat ihm nach dem Sieg bei Thapsus im Jahre 46 v.Chr. für nicht weniger als 10 Jahre übertrug.[391] Das Amt eines *dictator perpetuus* schließlich, die Diktatur auf Lebenszeit, die man ihm zu Beginn des verhängnisvollen Jahres 44 v.Chr. antrug, widersprach so sehr dem Geist des traditionsreichen Rechtsinstituts, dass Cäsar vollends in den Verdacht geriet, in Wahrheit die Alleinherrschaft, ja eine Königsherrschaft nach hellenistischem oder altrömischen Vorbild anzustreben.[392] Nach der Ermordung des Juliers war das Amt diskreditiert und wurde noch im selben Jahr durch ein Zenturiatgesetz des Konsul M. Antonius abgeschafft.[393]

Auf Rachels Vorbehalte reagiert Harvey mit der Bemerkung, er sei sich sicher, dass Batman keinerlei Interesse an einer lebenslangen Tätigkeit habe und sich gerne so schnell wie möglich ganz zurückzöge. An dieser Stelle hätte der Bezirksstaatsanwalt den Namen eines Mannes nennen können, der gemeinhin – vor allem in den Vereinigten Staaten – als Inkarnation des Anti-Cäsars und lupenreinen Republikaners gilt: Cincinnatus, jene von Legenden umwölkte Lichtgestalt der altrömischen Aristokratie aus dem 5. Jahrhundert v.Chr.[394]

Geschichte und Vorgeschichte der (ersten) Diktatur des Lucius Quinctius Cincinnatus sind uns namentlich durch Livius überliefert.[395] Der historische Gehalt ist unsicher und umstritten, eine Überhöhung und Verformung im Geist der Exempla-Literatur wahrscheinlich.[396] Die Erzählung gehört in den Kontext des eskalierenden Konflikts zwischen Patrizier und Plebejer. Kaeso Quinctius, Sohn des Cincinnatus, der für die Sache Patrizier eintrat, wurde des Mordes verdächtigt und ging ins Exil nach Etrurien. Infolge der Flucht hatte der Vater für den Sohn einen hohen Betrag zu entrichten. Dadurch ruiniert zog Cincinnatus in ein kleines Landhaus auf der anderen Seite des Tibers und lebte von den Erträgen seiner Äcker und Felder.[397] Als im Jahre 458 v.Chr. Feinde Rom bedrohten und in der Stadt Panik ausbrach, bestimmte man einmütig Cincinnatus zum Diktator. Die Nachricht erreichte ihn bei der Feldarbeit. Er reinigte sich von Schweiß und Staub, ließ sich seine Toga bringen und nahm die Huldigung der Gesandtschaft entgegen.[398] Seine Aufgabe erledigte er in der Rekordzeit von sechzehn Tagen. Obwohl für sechs Monate ernannt, legte er augenblicklich das mit weitreichenden Vollmachten ausgestattete Amt nieder und kehrte zurück auf seine Scholle,[399] ein selbstloses Verhalten, für das ihn Zeitgenossen und Nachwelt bewunderten.

Zu den fanatischsten Verehrern des Cincinnatus zählten, lange nach Roms Untergang, die Bürger der englischen Kolonien in Nordamerika, die sich anschickten, das Joch der Despotie abzuwerfen. Schon zuvor, in der Mitte des 17. Jahrhunderts, hatten in England die Vertreter des »klassischen Republikanismus« Cincinnatus für sich und ihr Anliegen reklamiert,[400] doch erst im amerikanischen Unabhängigkeitskrieg fiel die Saat auf fruchtbaren Boden. Vor allem die Gleichsetzung George Washingtons mit dem altrömischen Patrizier hat die Erinnerungskultur und damit auch politische Kultur der jungen Republik nachhaltig beeinflusst.[401]

Es war Washingtons große Geste von 1783, die nach Meinung vieler seine welthistorische Bedeutung unterstrich, als er sofort nach Ende des Krieges den Oberbefehl über die Kontinentalarmee abgab, zurücklegte »into the hands from which he had received it«, wie es 1800 in einer Lobrede auf den soeben Verstorbenen heißt, um sich auf sein Landgut in Mount Vernon zurückzuziehen, »to the humble walks of private life«.[402] Statt seine Popularität auszunutzen, so die Botschaft, habe er sich wie einst Cincinnatus zu keinem Zeitpunkt von der Versuchung der Macht überwältigen lassen und das Gemeinwohl über persönliche Ambitionen gestellt.

Es entstanden zahllose Kunstwerke und Denkmäler, die dem amerikanischen General als Senator in römischer Toga und sogar als Landmann am Pflug huldigten,[403] dabei unverkennbar Maß nehmend an den Skulpturen, Stichen und Gemälden, die Cincinnatus in ähnlicher Pose zeigen (Abb. 27). Die Cincinnatus-Washington-Folklore ist bis heute in den Vereinigten Staaten präsent und es daher alles andere als unwahrscheinlich, dass Harvey Dents Hinweis auf die Batmans Wirken legitimierende römische Praxis – die Investitur eines tugendhaften Mannes mit außerordentlichen (diktatorischen) Befugnissen – ein Echo dieser Gedenktradition darstellt.

Sogar das Amt des Präsidenten, das Washington als erster bekleidete, soll dem Vorbild der altrömischen Diktatur verpflichtet sein. So jedenfalls sah es Alexander Hamilton, der in dem »Gründungskommentar« der amerikanischen Verfassung, den »Federalist Papers« (Nr. 70), zu Protokoll gab:[404]

> »Energy in the Executive is a leading character in the definition of good government ... Every man the least conversant in Roman story, knows how often that republic was obliged to take refuge in the absolute power of a single man, under the formidable title of Dictator, as well against the intrigues of ambitious individuals who aspired to the tyranny, and the seditions of whole classes of the community whose conduct threatened the existence of all government, as against the invasions of external enemies who menaced the conquest and destruction of Rome.«

Architektonisch-ikonischer Referenzpunkt des geerdeten amerikanischen Republikanismus ist dank Cincinnatus-Washington nicht die Athenische Agora, nicht das Römische Forum, ja noch nicht einmal der Senat, sondern das Landhaus. Es repräsentiert den Zyklus eines erfüll-

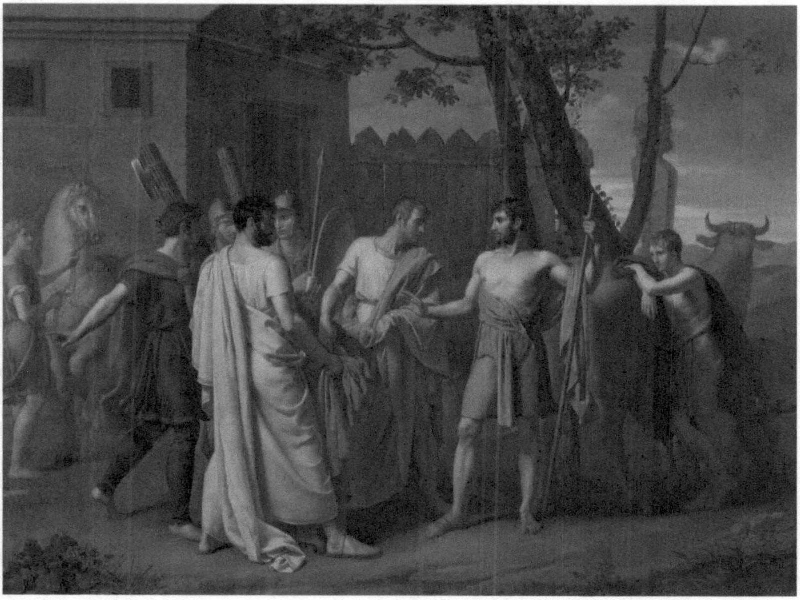

Abb. 27
Quelle: Juan Antonio de Ribera, Cincinato abandona el arado para dictar leyes a Roma, 1806 (Museo del Prado, Madrid).

ten republikanischen Lebens: Beschauliche private Existenz in Distanz zur korrumpierenden Macht, Appell der in Not geratenen Res publica, unbedingte Pflichterfüllung und selbstloser, aufopfernder Dienst an der Gemeinschaft, schließlich wieder Zurücktreten in das Dunkel der Privatheit. Der so verstandene Republikanismus stellt eher die Pflichten als die Rechte der einzelnen Bürger in den Mittelpunkt, propagiert als Leitbild den engagierten Bürger, der sich in die Angelegenheiten des Staates einmischt, wenn es darauf ankommt, sieht in Korruption, Gier und Machtmissbrauch die größten Laster und in Verantwortungsbewusstsein, Unbestechlichkeit und Selbstbeschränkung die größten Tugenden. Überhaupt sind es Tugend und persönliche Tüchtigkeit, die griechische Arete (ἀρετή), die römische *virtus*, die florentinische *virtù*, um die sich alles dreht. Der Republikanismus steht damit zwar nicht in einem direkten Gegensatz zum Liberalismus, setzt aber andere Akzente.

Seit der republikanischen Renaissance (»Republican Revival«), die in den 1960er und 70er Jahren in der Geschichtswissenschaft ihren Ausgang nahm, inspiriert von den bahnbrechenden Arbeitens Bailyns (»The Ideological Origins of the American Revolution« – 1968) und Pococks (»The Machiavellian Moment. Florentine Political Thought and the Atlantic Republican Tradition« – 1975), die den vermeintlich überragenden Einfluss John Lockes oder anderer (proto-) liberaler Denker auf die amerikanische Verfassung kritisch hinterfragen, ist dieser Denkstil in den Vereinigten Staaten (und teilweise darüber hinaus) eine feste Größe in der diskursiven Selbstvergewisserung des politischen und intellektuellen Establishments. Auch in der amerikanischen Rechtswissenschaft hat – seit den 1980er Jahren – das »Republican Revival« Spuren hinterlassen und zu einer Neuorientierung geführt.[405]

Schon im 18. Jahrhundert waren freilich die einen oder anderen Anpassungen der römischen Vorlage an die Gegebenheiten der Neuen Welt erforderlich. Da des Cincinnatus Armut, die im 17. und frühen 18. Jahrhundert noch große Anteilnahme erregte, nicht so recht zu dem ausgedehnten Landbesitz des vermögenden Plantagenbesitzers Washington passen wollte, fiel dieser Aspekt der republikanischen Heiligen-Vita bald unter den Tisch.[406] Unangetastet blieb hingegen die Erzählung von dem am Stadtrand residierenden Retter des Vaterlandes, in sicherer Entfernung von der Metropole und den ihr eigenen moralischen und ästhetischen Verfallserscheinungen.

Ähnliches lässt sich von Bruce Wayne und dem Familiensitz Wayne Manor vor den Toren Gothams sagen. In fast allen Filmen residiert der reiche Erbe in einer palastähnlichen Villa umgeben von einem Park, der auch einem königlichen Schloss zur Ehre gereichte, mit der interessanten Pointe, dass – da Drehort vieler Batman-Filme Großbritannien war – in einigen Fällen Landhäuser aus der Tudor-Zeit (wie das 1580–88 erbauten Wollaton Hall) für historistische Gilded-Age-Paläste herhalten mussten, mit denen Dollarmillionäre wie die Waynes Reichtum und europäische Kultiviertheit zur Schau stellten, indem sie den elisabethanischen Stil imitierten (noch komplizierter ist es im Fall der frühviktorianischen »Mentmore Towers« - – Wayne Manor in »Batman Begins« (Abb. 28) – die dem nahe gelegenen Wollaton Hall nachgebildet sind).

Die Wayne-Residenz, ausgestattet mit Gobelins, riesigen Kaminen und üppigen Blumenbouquets in chinesischen Vasen, steht in einem scharfen Kontrast zu dem schmutzig-düsteren Art-Deco-Brutalismus (Tim Burton), der poppigen Trash-Kultur (Joel Schumacher) oder kalten Hypermoderne (Christopher Nolan) Downtown Gothams und ist auf die Weise Ausdruck einer eigenartigen aristokratisch-republikani-

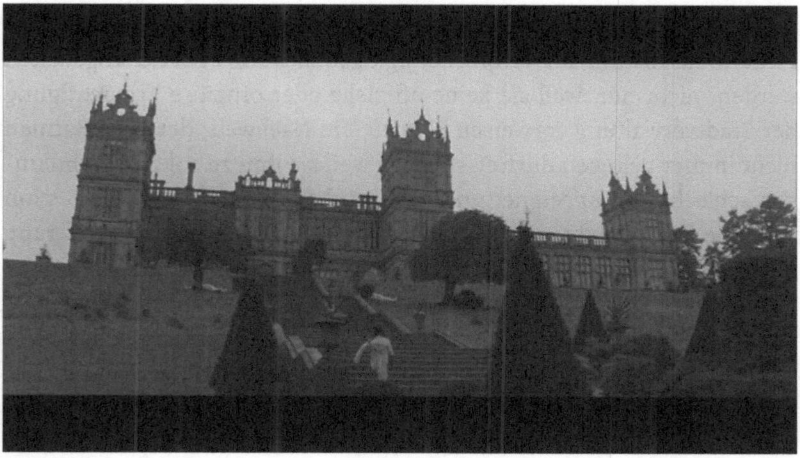

Abb. 28
Quelle: Christopher Nolan, Batman Begins, © Warner Bros. Entertainment Inc., 2005.

schen Geisteshaltung, die engagierten, mitfühlenden Patriotismus mit großbürgerlicher Sentimentalität und dem Pathos der »guten alten Zeit« verbindet. Eine scheinbare Ausnahme ist in »Batman vs. Superman« das nahe der ausgebrannten Ruine des alten Landhauses gelegene »neue« Wayne Manor. Hierbei handelt es sich um eine baugleiche Kopie des legendären, von Ludwig Mies van der Rohe Ende der 1940er Jahre konzipierten Farnsworth House.[407] Der Unterschied zwischen dieser Ikone des Minimalismus und einem überladenen Renaissance-Schloss könnte nicht augenfälliger sein, und doch ist auch das Farnsworth House, dadurch, dass es fast nur aus Glas besteht und die idyllische Landschaft in den Wohnraum integriert, nicht mehr als eine modernisierte Oase der Bourgeoisie, die Abstand hält zur babylonischen Steinwüste Gotham.

In dieser Architektur tritt ein aristokratisches Selbstverständnis der Wayne-Familie zu Tage – »Aristokratie« verstanden als ἀριστοκρατία, Herrschaft der Besten im besten Sinne, oder wie es in Ciceros »De re publica« heißt: »Cum autem est penes delectos, tum illa civitas optimatium arbitrio regi dicitur.«[408] Damit ist aber auch gesagt, dass diejenigen, denen es an der erforderlichen *virtù* und »Energie« (Hamilton) mangelt, die nicht zu den wenigen Auserwählten, zu den »Besten«, gehören, von bestimmten herausragenden Ämtern und Positionen ausgeschlossen sind. Das ist die Kehrseite des Republikanismus, jedenfalls in seiner elitären Spielart.

Wenn Batman auf Mitbürger trifft, die es ihm gleichtun wollen und im Fledermauskostüm auf Verbrecherjagd gehen, kann er recht ungehalten werden, nicht nur, weil sie keine offizielle oder offiziöse Ermächtigung der Stadtverwaltung vorweisen können (ein Nachweis, der auch Batman nicht immer gelingen dürfte), sondern weil sie ihm zu solchen Handlungen schlechthin ungeeignet und daher unbefugt erscheinen. Zu Beginn von »The Dark Knight« muss er sich sogar gegen einen ganzen Stoßtrupp hilfsbereiter Möchtegern-Batmans zur Wehr setzen. Auf die nicht ganz fernliegende Frage einer seiner enttäuschten Doppelgänger »What's the difference between you and me?« erwidert der dunkle Ritter herablassend: »I'm not wearing hockey pads!«[409] Und später fügt Bruce gegenüber seinem Diener Alfred scherzhaft hinzu: »That wasn›t exactly what I had in mind when I said I wanted to inspire people.«[410] Ihr seid nicht Meinesgleichen, nicht vom gleichen Stamm, lautet die Botschaft, euch fehlen meine Tugenden, weder psychisch noch physisch seid ihr mir gewachsen!

Das bekannte Batman'sche Paradoxon, dass der Vigilant selbst der größte Feind des Vigilantismus ist,[411] löst sich auf, wenn wir Bruce Waynes Engagement für Gotham als republikanischen Heroismus begreifen, der in einem Spannungsverhältnis steht zum demokratischen Liberalismus mit seinen Allgemeinheits- und Gleichheitspostulaten. Er ist nicht »jedermann«, für ihn gelten andere Spielregeln, wie auch in Rom Charisma und persönliche Tüchtigkeit wichtige Voraussetzungen waren, um als Diktator und Terroristenjäger zu reüssieren, wichtiger unter Umständen als Form und Verfahren.

Zwanzig Jahre nach seiner ersten Diktatur rief man Cincinnatus, inzwischen über achtzig Jahre alt, noch einmal zur Hilfe, diesmal sollte er die Stadt vor einem inneren und nicht vor einem äußeren Feind beschützen. Ein gewisser Spurius Maelius, ein Mann aus dem Ritterstand mit beachtlichem Vermögen, strebte nämlich, so ging das Gerücht, nach der Königsherrschaft, plante einen Staatsstreich. Cincinnatus bestimmte Gaius Servilius Ahala zu seinem »Reiterführer« – eine unselbständige, stets dem Amt des Diktators zugeordnete Magistratur[412]– und beauftragte ihn mit der Vorladung des vermeintlichen Verschwörers. Als Sp. Maelius den Anordnungen des *magister equitum* nicht Folge leistete, brachte jener ihn kurzerhand um. Diktator Cincinnatus hieß die Tat im Nachhinein gut und rechtfertigte Ahalas rabiates Vorgehen.

Soweit die kanonische, durch Livius überlieferte Version des Geschehens.[413] Einiges spricht indes dafür, dass Ahala in Wahrheit als Privatmann gehandelt hatte und das Amt des *magister equitum* ihm nachträglich angedichtet wurde, vielleicht erst im frühen Prinzipat, als unautorisierte Attentate auf Alleinherrscher oder die, die es werden wollten, nicht mehr so ganz den Zeitgeist trafen.[414] Jedenfalls erwähnen ältere Autoren wie Cicero (in seiner ersten Rede gegen Catilina und in seiner Rede für Milo) eine vorangegangene förmliche Bestellung Ahalas zum Reiterführer mit keinem Wort.[415]

Wer will, mag in dem zupackenden Republikaner Gaius Servilius Ahala den Ur-Batman erblicken, wenn man einmal davon absieht, dass der Retter Gothams zwar ebenfalls mit großer Hingabe Putschisten und Terroristen (wie Bane) zur Strecke bringt, er ihnen jedoch nicht – so will es sein Kodex – nach dem Leben trachtet. Auch Ahala galt vielen als Held, als republikanischer Heros, und war Vorbild für spätere Generationen. M. Brutus, der Cäsarmörder, zählte ihn stolz zu seinen Vorfahren.[416] Und vielleicht hatte sogar Alexander Hamilton die Ruhmestat des Cincinnatus und Ahala im Sinn, als er in den »Federalist Papers« (Nr. 70) die Diktatur pries als Bollwerk »against the intrigues of ambitious individuals who aspired to the tyranny«.[417]

2. Die Höhle

Zu den architektonischen Ensembles, denen die Kunstfigur »Bruce Wayne-Batman« ihr scharfes Profil verdankt, gehört ferner ein unterirdisches Quartier, das seit dem 29. Oktober 1943 unter der Bezeichnung »Bat Cave« bekannt ist. Der an jenem Tag, mitten im Zweiten Weltkrieg, veröffentlichte *newspaper strip* zeigt (im Querschnitt) einen mehrstöckigen Kommandobunker mit Flugzeughangar, Garage, *repair and work shop*, *secret larboratory* und *underground study*, verbunden mit dem Haupthaus über einen geheimen Fahrstuhl.[418] Ausstattung und Anordnung der Räume variieren in den verschiedenen Comics und Filmen, die Grundstrukturen bleibt aber in den meisten Fällen die gleiche: eine verzweigte natürliche Höhle (*natural grotto*[419]), die ein ganzes Arsenal technologischer Innovationen beherbergt.

Höhlen waren schon in vorgeschichtlicher Zeit Wohn- und Kultstätten von Menschen. Höhlenmalereien bezeugen die Faszination, die für den Homo sapiens des Jungpaläolithikums von den in der Erde verborgenen Hohlräumen ausging, eine Faszination, die auch noch die (Hoch-)

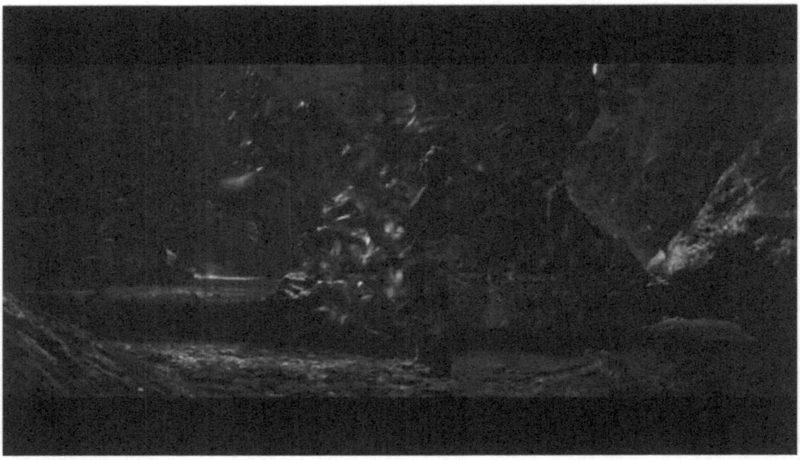

Abb. 29
Quelle: Christopher Nolan, Batman Begins, © Warner Bros. Entertainment Inc., 2005.

Kulturen des Altertums teilten, abzulesen an zahllosen heiligen Grotten und mythischen Erzählungen über die Unterwelt und ihre Wesen.[420] Offenkundig ohne menschliches Zutun errichtet und doch oft größer als Paläste und Tempel, galten sie vielen als übernatürliche Schöpfungen, als Geburts- oder Versammlungsorte von Göttern, Halbgöttern, Nymphen, Geistern. Zu bestimmen, welche religiösen Vorstellungen oder philosophischen Konzepte sich einst mit den Räumen und Labyrinthen der Tiefe verbanden, ist nicht einfach. Je nach Kontext kann es plausibel sein, in Höhlen Orte der Fruchtbarkeit und Lebenserneuerung zu sehen (»Mutterschoß«)[421] oder auch das Gegenteil, den Zugang zum Totenreich, die Pforte zum Hades.[422]

Nach einer dritten Theorie, die nicht zwingend im Widerspruch steht zu den beiden anderen, war die Höhle des Mythos Begegnungs- und Vereinigungsort zwischen Tier und Mensch, zwischen Natur und Zivilisation. Diese Funktion erfüllt die Batcave, insoweit sie sowohl Batman als auch dessen Totem- und Wappentier, der Fledermaus, als Heimstätte dient. Bruce Waynes Begegnung mit einem Fledermausschwarm, der ihn tosend wie ein Wirbelsturm umkreist, inszeniert Christopher Nolan als Initiationsritus (Abb. 29).[423] So nimmt die Verwandlung des orientierungslosen Millionärssohnes in einen zielstrebigen Weltenretter ihren Anfang

Wiederum gibt es dazu eine Parallele in der (frühen) römischen Geschichte. Eine Grotte am Fuß des Palatins, das Lupercal, war die Keimzelle Roms, das erste »Bauwerk« der späteren Weltstadt und eine der wichtigsten Kultstätten des Imperium Romanum. Der Legende nach soll hier eine Wölfin die Zwillinge Romulus und Remus gesäugt haben, die dann 753 v.Chr. Rom gründeten. Aufgrund seines kaum zu überbietenden symbolischen Gehalts war das Lupercal immer auch ein eminent politischer Ort, der sich zu propagandistischen Zwecken nutzen ließ. Im Rahmen der Lupercalien – eines der Hauptfeste Roms, das zum Teil in oder unmittelbar vor der heiligen Grotte zelebriert wurde – bot im Jahre 44 v.Chr Marcus Antonius Cäsar das Königsdiadem an. Was der Diktator und seine Verbündeten damit bezweckten, ist bis heute umstritten.[424] Ein Politikum war es allemal. Shakespeare stellt aus gutem Grund das Geschehen rund um die Lupercalien an den Anfang seines berühmten Dramas (Julius Cäsar, 1. Akt). Dass Cäsars Adoptivsohn Augustus den gesamten westlichen Palatin für sich, für die *domus Augusti*, beanspruchte, wo sich neben dem Lupercal auch die *casa Romuli* und die »Stadt des Romulus« befand, hatte ebenfalls »eindeutig ideologische Gründe.«[425]

Stellt sich die Frage, welche ideologische Botschaft von dem archaischen Wolfsmythos – dem engen Miteinander von Tier und Mensch – ausging und warum sie ausgerechnet in der Zeit der Krise und des Übergangs, in der späten Republik und im frühen Prinzipat, offenbar so wichtig war und auf große Resonanz stieß. Vermutlich wurde die Wölfin in Mittelitalien ursprünglich als Totemtier verehrt.[426] Von italienischen Bergstämmen ist noch aus geschichtlicher Zeit der Brauch überliefert, geleitet von einem solchen Totemtier sich neue Siedlungsräume zu erschließen, wenn Überbevölkerung und Hungersnot drohten.[427] Allerdings gehen in der Ethnologie spätestens seit der von Lévi-Strauss angefachten Kontroverse (»Le Totémisme aujourd'hui«, 1962) die Meinungen über Natur und Charakter des Totems in der Frühgeschichte und in (vermeintlich) primitiven Gesellschaften weit auseinander.[428]

Darauf kommt es aber vielleicht gar nicht so sehr an. Interessanter sind vorliegend die Zuschreibungen und Deutungen späterer Generationen, zumal in Rom die Sage von der Wölfin und den Zwillingen erst seit 296 v.Chr. als Gemeingut etabliert war.[429] Zahlreich sind die Belege, die eine symbolische Verknüpfung zwischen Wolf und Mars, dem Kriegsgott, herstellen. So war der Gott in seinem Heiligtum vor der Porta Capena (außerhalb der Stadtgrenzen) in Begleitung von Wölfen abgebildet, offenbar mit dem Ziel, die Kriegstüchtigkeit und Wehrhaftigkeit Roms zu unterstreichen. Die Feinde der Stadt am Tiber sahen es genauso, etwa

Mithridates, König von Pontos, der in der Interaktion zwischen Wölfin und Stadtväter den Grund für den Blutdurst, die Gewalttätigkeit, die Machtgier Roms sah.[430]

Wenn wir von propagandistischen Übertreibungen absehen, repräsentiert demnach die Höhle als Ort der Begegnung zwischen Mensch und Wildtier physische und psychische Resilienz, Robustheit, Virilität, Naturverbundenheit und Härte. Die Verehrung und rituelle Rückkehr zur Höhle diente der Rückbindung an eine »gesunde« natürlich-animalische Vorzeit, diente als archaisches Antidot, das der *decádence*, der Verweichlichung und Effemination, entgegenwirken soll – eine Entwicklung, die namentlich republikanische Konservative wie Cato mit Sorge sahen, galt doch nach traditioneller republikanischer Lesart die Über-Kultiviertheit des Ostens geradezu als *conditio sine qua non* der stadtbürgerlichen Selbstentmündigung, auf der die verhasste orientalische Despotie gründete.

Auch die Batcave ist ein Transformations- und Übergangsraum, der eine Verbindung herstellt zu entwicklungsbiologisch älteren Verhaltensmustern und so Eigenschaften und Fähigkeiten generiert, die Bruce Wayne benötigt, will er seine Vaterstadt Gotham vor Verfall und Untergang bewahren. Batmans »unterirdischer« Atavismus komplettiert Bruce Waynes republikanischen Charakter, tritt neben die »überirdische« Pflichtethik, Integrität und Contenance.

Daneben erfüllt die Batcave natürlich noch eine ganz praktische Funktion: Sie ist das Versteck des Dunklen Ritters, das seine Identität schützt und ihm die Gelegenheit bietet, ungestört Pläne zu schmieden und Vorbereitungen zu treffen. Und auch das Verborgensein hat eine symbolische Dimension. Gothams Retter residiert in einer Umgebung, die nicht weniger ist als ein Gegenentwurf zur demokratischen Transparenzarchitektur, eine Antithese zu den zahllosen mit gläsernen Wänden und Kuppeln versehenen, »bürgernahen« Parlamentsgebäuden, Ministerien und Behörden.[431] Batmans Erfolge bei der Terrorabwehr und Kriminalitätsbekämpfung basieren ganz wesentlich auf Opazität, ja völliger Intransparenz. Damit nicht genug: Die Höhle ist zugleich Sinnbild für den »gläsernen Bürger«. Zuerst Fernseher, dann Computermonitore bedecken ihre Wände und erlauben wenn nicht eine lückenlose, so doch eine sehr weitgehende Überwachung des öffentlichen und privaten Lebens in Gotham.

Selbstverständlich kommt alles einem guten Zweck zugute, dem Kampf gegen das Böse, aber es fehlt eben an jeder institutionellen Gewährleistung des Datenschutzes. Einzige Sicherheitsvorkehrung ist die persönliche Lauterkeit des pflichtbewussten republikanischen Heros und seiner Verbündeten. Als Batman in »The Dark Knight« den Kontrollwahn auf die Spitze treibt und zur Ortung des Jokers ein »High Frequency Generator« entwickelt, der auf die Mobilfunkdaten aller Bürger Gothams zugreifen kann, stößt er auf Widerstand bei seinem Vertrauten Lucius Fox, der ihm fassungslos entgegnet: »That's too much power for one person!« Batmans Antwort ist so lapidar wie bezeichnend: »That's why I gave it to you. Only you can use it.«[432] Mit anderen Worten: Es kommt – auch und gerade im Staatsnotstand – nicht auf Art und Umfang der Macht an, sondern auf die charakterliche und psychische Disposition dessen, der sie ausübt.

Dass Batman die öffentliche Sicherheit und Ordnung unter Ausschluss der Öffentlichkeit aufrecht erhalten möchte, mag den Prinzipien zeitgenössischer Demokratietheorien widersprechen, ist aber als Ideal »guter Regierung« nicht ohne historische Vorbilder. Auch insoweit erweisen sich die politischen Grundsätze des Dunklen Ritter als eine Assemblage vormoderner Theoriefragmente. Vermehrung und Schutz der *arcana imperii* galten der frühneuzeitlichen Staatslehre als ein durch und durch rationales Instrument der Herrschaftsausübung und waren mit einer verantwortungsvollen, gemeinwohlorientierten Politik ohne weiteres vereinbar.[433] Unter der Erdoberfläche gelegene Minen und Bergwerke – neugierigen Blicke entzogene Höhlen und Schächte – erfreuten sich als Allegorie und Metapher für die *arcana imperii* in der frühen Neuzeit großer Beliebtheit[434] – und so steht auch die Batcave (samt Batcomputer) gleichermaßen für staatspolitische Diskretion wie für unbegrenztes *data mining* in Krisenzeiten.

3. Der Turm

Bruce Wayne verfügt über beachtliche, fast unerschöpfliche materielle Ressourcen. »Dad's estate left me wealthy«, heißt es schon 1939, als in Detective Comics Nr. 33 der Leser erstmals Einblick erhielt in die Gefühlswelt des reichen Erben.[435] Ob Wohlstand zur politischer Teilhabe und dem Ausüben von Ämtern qualifiziert, ist eine alte, seit jeher umstrittene Frage. Es war Solon, der im 6. Jahrhundert v.Chr. im Rahmen der nach ihm benannten Reformen in Athen ein timokratisches Regiment begründete. Fortan war das passive Wahlrecht nach Einkommensklassen gestaffelt (das aktive Wahlrecht stand jedem Bürger zu).[436]

Platon sah in der Timokratie die erste von vier Verfallsstufen, einen Abstieg vom Gipfel des Ideals, der (königlichen) Aristokratie. Im achten Buch der »Politeia« (547c-550b) beschreibt er, wie sich die timokratische Verfassung etabliert und mit ihr ein bestimmter Menschentypus, der timokratische Mensch, der Ehre, militärischen Erfolg und Vermögen höher schätze als Erkenntnis und Wahrheit (dazu bereits III.1). Die Timokratie gehe mit der Zeit in die Oligarchie über (pol. 550c-555a), eine Herrschaftsform, in der dann vollends die finanzielle Potenz über den Anteil an den Staatsgeschäften entscheide. Platon (pol. 550c) definiert sie als »die nach der Schatzung geordnete Verfassung, in welcher die Reichen herrschen, die Armen aber an der Herrschaft keinen Anteil haben.«[437] Aristoteles dachte etwas besser von der Timokratie, die er umschreibt als die »auf dem Zensus beruhende Verfassung, die … meistens Verfassungsstaat oder Republik genannt wird.«[438] Sie sei die schlechteste unter den »guten« Staatsformen, schlechter als Königtum und Aristokratie, besser als Tyrannis, Oligarchie und Demokratie (eth. Nic. 1160a-1160b).

Auch die Neuzeit kennt timokratische (oligarchische) Republiken. In den italienischen Stadtrepubliken der Renaissance lag die Macht häufig in den Händen von Bankiers und reichen Kaufleuten. Am bekanntesten dürfte das Regime der Medici in Florenz sein, einer durch den Textilhandel zu Reichtum gelangten Familie. Es war insoweit eine informelle Herrschaft, die sie ausübten, als selbst Lorenzo der Prächtige nominell nicht dem Gemeinwesen vorstand. Er regierte es durch seine Vertrauten und Günstlinge. In dem in der zweiten Hälfte des 15. Jahrhunderts vollendeten Palazzo Medici Riccardi – de facto zugleich Wohnung, Bankhaus und Residenz – liefen alle Fäden zusammen.

Bruce Waynes persönliche und geschäftliche Belange sind deutlicher voneinander geschieden – sachlich wie räumlich: Sein Privatleben findet in Wayne Manor statt, der altmodisch großbürgerlichen Villa am Stadtrand; soweit er hingegen unternehmerisch tätig ist, begibt er sich in den Wayne Tower in Downtown Gotham, Hauptquartier von Wayne Enterprises, der eigentlichen Machtbasis und Quelle seines Reichtums. Dass Batman auf die Ressourcen eines Großkonzerns angewiesen ist, um seine Mission zu erfüllen, und damit auf genuin moderne kapitalistische Praktiken (weder Altertum noch Renaissance kannten ein Kapitalgesellschafts- und Kapitalmarktrecht im heutigen Sinne[439]), kompliziert die Dinge zusätzlich und führt regelmäßig zu Verwicklungen im Spannungsfeld zwischen gesellschaftlicher Verantwortung und ökonomischer Rationalität.[440]

Allerdings ist diese Facette der Batman-Saga ein vergleichsweise junges Phänomen. Erstmals Erwähnung fand Wayne Enterprises im Jahr 1974 (»The Brave and the Bold« Nr. 113), und nicht vor 1979 (»Batman« Nr. 307) betrat Lucius Fox die Bühne, der als CEO des Konzerns in Abstimmung mit Bruce Wayne das Tagesgeschäft leitet.[441] Dass der Aufstieg von Wayne Enterprises in die 1970er und 1980er fällt, ist kein Zufall, sondern steht in einem Zusammenhang mit dem wirtschaftspolitischen Zeitgeist der Reagan-Ära. Auch die *megacorporations* des Cyberpunk-Genre (»Blade Runner«, 1982) gehören in diesen Kontext.[442]

In den Filmen von Tim Burton spielte das Unternehmen noch keine Rolle, doch seither ist es auch auf der Leinwand präsent. Vor allem Christopher Nolan hat sich des Sujets angenommen. Bemerkenswert sind die Veränderungen in Außendarstellung und Unternehmensstruktur, die Wayne Enterprises im Verlauf der Dark-Knight-Trilogie erfährt. Rückblenden zeigen den kleinen Bruce, wie er mit seinen Eltern Thomas und Martha in der von den Waynes finanzierten Hochbahn durch Gotham City saust.[443] Mittelpunkt und Wahrzeichen der Stadt ist der Wayne Tower, ein mächtiger grauer Monolith, der alle übrigen Bauten überragt (Abb. 30). Als Kulisse diente das Chicago Board of Trade Building, ein Art-Deco-Wolkenkratzer aus dem Jahr 1930 mit den zeittypischen Merkmalen wie riesigen Steinskulpturen und -reliefs sowie Staffelgeschossen (*setbacks*) nach Art der Tempeltürme des alten Orients, der mesopotamischen Zikkurats (dazu III.2.).

Architektur und Kameraführung wecken Erinnerungen an das wohl berühmteste Gebäude der Filmgeschichte, den »neuen Turm zu Babel« in Fritz Langs »Metropolis« von 1927. Die eigentümliche Skyline der Phantasiestadt ist nur aus ihrer Zeit heraus verständlich. In ihr kommt einerseits die Faszination vieler Deutscher der 1920er Jahre für das architektonischen Spektakel Manhattan zum Ausdruck,[444] anderseits ist der Monumentalbau im Stadt*zentrum* aber auch ein Dokument des Widerstands – eines Widerstand gegen den kapitalistischen Geist der Neuen Welt, den man trotz aller Wunder, die er hervorbrachte, in der Nachfolge

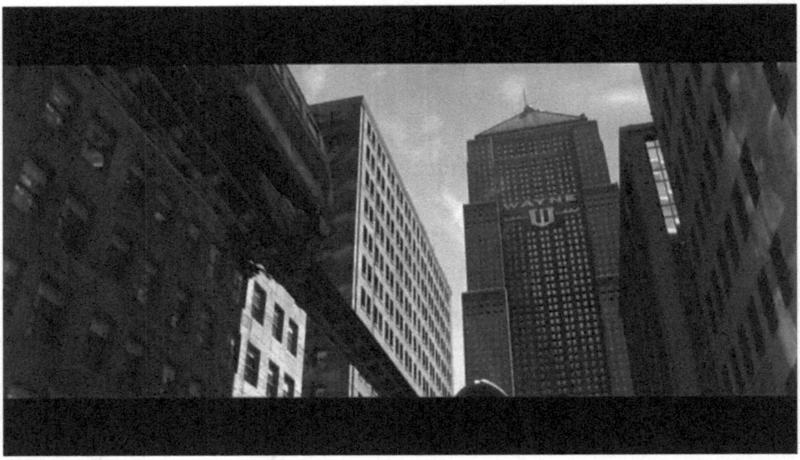

Abb. 30
Quelle: Christopher Nolan, Batman Begins, © Warner Bros. Entertainment Inc., 2005.

Oswald Spenglers als eine Verfallserscheinung wahrnahm.[445] Schon 1921 hatte Siegfried Kracauer in einem Artikel in der »Frankfurter Zeitung« darauf hingewiesen, dass die Vorbehalte gegenüber der Hochhausarchitektur »auf der verschwommenen Vorstellung [beruhten], in den Wolkenkratzern verkörpere sich jener selbe Geist des Materialismus und kapitalistischer Beutegier, den es heute mit allen verfügbaren Mitteln zu bekämpfen gilt.«[446] In den lebhaften Architekturdebatten der Weimarer Republik[447] forderten konservative und rechte Kreise die »Germanisierung des Wolkenkratzers«. Das »deutsche Hochaus« dachte man sich als einen gigantische Turm genau in der Mitte der Stadt nach dem Vorbild gotischer Kathedralen.[448] Aber auch linke, progressive Architekten wie Bruno Taut plädierten für eine monumentale »Stadtkrone« als Alternative zum steinernen Tohuwabohu New Yorks.[449]

Beides lief auf eine symbolische Zähmung des amerikanischen »Raubtierkapitalismus« hinaus. Der »soziale Gedanke« als Gegenmodell zum kapitalistische Laissez-faire sollte im Stadtbild präsent sein. Ob sich ein englischer Regisseur des frühen 21. Jahrhunderts dessen bewusst war, mag dahinstehen, jedenfalls aber passen Nolans (dezente) Metropolis-Zitate ohne weiteres zur gesellschaftlichen Verantwortung unternehmerischer Tätigkeit, zu der sich die »alten« Waynes bekannten. Thomas arbeitete hauptberuflich als Arzt im Krankenhaus und überließ das Geldverdienen dem Management. Wichtig war dem bekennenden Philanthropen allein, dass die Erträge des Konzerns nicht auf unethische Weise erwirtschaftet wurden und zu einem Großteil dem Gemeinwesen wieder zugutekamen, beispielsweise durch Investitionen in die städtische Infrastruktur oder in Hilfsprojekte für sozial Benachteiligte.

In der Sache wurde Wayne Enterprises also ehedem nach den Grundsätzen der »unternehmerischen Sozialverantwortung« (*corporate social responsibility*) geführt. Nicht oder nicht alleine die Gewinnmaximierung (*shareholder value*) sollte dem Vorstand als Ziel und Ideal vor Augen stehen. Stets hatte er zu erwägen, ob das Unternehmen einen Beitrag zur Verbesserung der allgemeinen Wohlfahrt leisten konnte, der über die gesetzlich ohnehin bestehenden Pflichten hinausging. Ein solches zivilgesellschaftliches Engagement der vielgescholtenen Konzerne scheint auf den ersten Blick unproblematisch, ja uneingeschränkt begrüßenswert. In der Rechtswissenschaft ist der Ansatz jedoch alles andere als unumstritten.[450]

Die schärfste Kritik stammt von einem Ökonomen, dem einflussreichsten in der zweiten Hälfte des 20. Jahrhunderts. Unter der Überschrift »The Social Responsibility of Business is to Increase its Profits« sprach sich Milton Friedman in einem längst kanonischen Artikel im »New York Times Magazine« vom 13. September 1970 entschieden gegen eine privatwirtschaftliche Sozialpolitik aus[451] – und seine Argumente haben Gewicht, selbst wenn man Friedmans radikal liberale Weltsicht nicht teilt.[452] Der Vorstand, der gegen oder ohne den Willen der Anteilseigner deren Kapital in (angeblich) dem Gemeinwohl dienende Projekte »investiere«, wohl wissend, dass sich der Einsatz niemals für die Aktionäre auszahlen werde, tue das, was an sich Aufgabe des Staates sei: Er erhebe Steuern und betreibe mit fremdem Geld Wirtschafts- und Sozialpolitik. Dazu sei er weder von den Anteilseignern noch von der Gesamtheit der Bürger mandatiert. Von einer demokratischen Kontrolle, die den Namen verdiene, könne keine Rede sein:

»On the level of political principle, the imposition of taxes and the expenditure of tax proceeds are governmental functions. We have established elaborate constitutional, parliamentary and judicial provisions to control these functions, to assure that taxes are imposed so far as possible in accordance with the preferences and desires of the public–after all, ›taxation without representation‹ was one of the battle cries of the American Revolution. We have a system of checks and balances to separate the legislative function of imposing taxes and enacting expenditures from the executive function of collecting taxes and administering expenditure programs and from the judicial function of mediating disputes and interpreting the law. Here the businessman – self-selected or appointed directly or indirectly by stockholders – is to be simultaneously legislator, executive and jurist.«

Inwieweit Friedmans Argumente auch Anlass zur Kritik an Thomas Wayne geben, hängt davon ab, ob dieser Alleineigentümer von Wayne Enterprises ist (was sich nicht ganz ausschließen lässt) oder noch weitere Anteilseigner (mit entgegengesetzten Interessen) vorhanden sind. Aber selbst wenn letzteres nicht zutrifft, stellt sich doch immerhin die Frage nach den berechtigten Interessen anderer *stakeholder* (neben der »Allgemeinheit«). Wer Geschäftschance nicht nutzt, weil die betreffenden Geschäfte (z.B. die Produktion von Rüstungsgütern) zwar erlaubt, aber ethisch problematisch sind, gefährdet dadurch unter Umständen Arbeitsplätze oder riskiert sogar die Insolvenz des Unternehmens – mit dramatischen Folgen sowohl für die Mitarbeiter als auch für die Gesellschaftsgläubiger.

Bruce Wayne, der Sohn, übernahm des Vaters Grundsätze zunächst, modifizierte sie aber nach und nach in einer für ihn und seine Mission charakteristischen Weise. Der Wayne Tower ist im zweiten Teil der Dark-Knight-Trilogie, als Bruce die Geschicke des Unternehmens (mit-) bestimmt, kein babylonischer Himmelstempel mehr, der von der Wohltätigkeit der Wayne-Familie kündet. Der Sitz von Wayne Enterprises befindet sich nunmehr in einem minimalistischen, dem »internationalen Stil« verpflichteten Stahlhochhaus (das Richard J. Daley Center in Chicago, fertiggestellt 1965). Obwohl in Wirklichkeit um mehr als zehn Meter höher als der Art-Deco-Wolkenkratzer aus »Batman Begins« wirkt das neue Hauptquartier, gefilmt aus der Vogelperspektive, kleiner, unauffälliger, kompakter und erinnert mit seinem rostbraunen Stahlskelett und den getönten Scheiben an einen Industriebau oder eine militärische Einrichtung. Auch scheint es eher am Rande denn im Zentrum der Stadt gelegen (Abb. 31).

Die neue Fassade korrespondiert mit den neuen Aufgaben, die Bruce Wayne dem Konzern zugedacht hat. Wenngleich Wayne Enterprises nach wie vor soziale Projekte fördert, kommen die Ressourcen des Unternehmens zusehends anderen gesellschaftlich-politischen Vorhaben zugute. Es ist jetzt die Verbrechens- und Terrorismusbekämpfung – Bruce Waynes fixe Idee – der alles untergeordnet wird. Namentlich die Forschungs- und Entwicklungsabteilung muss dazu ihren Beitrag leisten. Bruce beauftragt den CEO Lucius Fox mit der Herstellung von Schutzausrüstung, Waffensystemen, Fortbewegungsmitteln und vieler anderer Hilfsmittel,

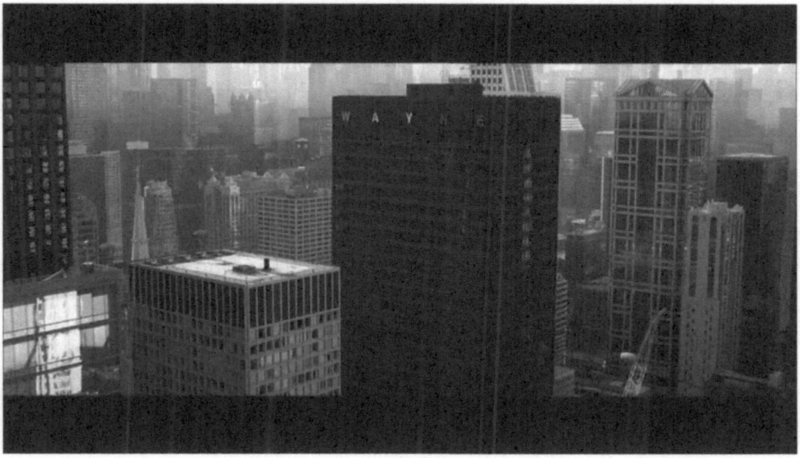

Abb. 31
Quelle: Christopher Nolan, The Dark Knight, © Warner Bros. Entertainment Inc., 2008.

die einzig und allein dazu bestimmt sind, Batman bei seinem Einsatz für das von bösen Mächten bedrängte Gotham zu unterstützen. Wayne Enterprises stellt die für die Überwindung des Staatsnotstands erforderliche kritische Infrastruktur zur Verfügung und übernimmt so Funktionen, die eigentlich Aufgabe des Staates selbst wären.

Darüber hinaus verhandelt das Unternehmen auf eigene Faust mit ausländischen Verbrechersyndikaten, arrangiert Treffen und Konferenzen, zeigt sich zum Schein interessiert an *joint ventures*, nur um Zugang zu Daten und Personen zu erhalten, auf die Gothams Ermittlungsbehörden bei Einhaltung der regulären Verfahren und Zuständigkeiten keinen Zugriff haben. Dank des Beistands durch Lucius Fox, der Wayne Enterprises als *agent provocateur* ins Spiel bringt, kann Batman den kriminellen Geschäftsmann Yinglain Lau aus Hong Kong entführen und der Polizei in Gotham auf dem Silbertablett präsentieren – unter Missachtung internationalen Rechts, versteht sich.[453]

Wer sich mit der *corporate social responsibility* schwer tut, wird erst recht keinen Gefallen an Kapitalgesellschaften finden, die aktive Sicherheitspolitik betreiben, die elementare staatliche, nämlich polizeiliche oder sogar militärische Aufgaben erfüllen, ohne dazu verfassungsrechtlich legitimiert zu sein. Dem Einwand unzureichender demokratischer Willensbildung mag man entgegenhalten, dass Wayne Enterprises nur in Ausnahmesituationen das Heft des Handelns in die Hand nehme, dass in diesen Ausnahmesituationen ohnehin keine ernst zu nehmende demokratische Willensbildung mehr stattfinde und dass etwa bei Staatsstreichen die rechtlich zuständigen Sicherheitsbehörden nicht Teil der Lösung, sondern Teil des Problems seien. Von korrupten Polizisten und aufständischen Soldaten dürfe niemand erwarten, dass sie die Beschwernisse beseitigen, die sie selbst zu verantworten haben. In solchen außergewöhnlichen Zwangslagen verfügten nur internationale Großunternehmen über die notwendige finanzielle Potenz und Unabhängigkeit, um Staatsfeinde wirksam zu bekämpfen und zu eliminieren.

Freilich steht es mit der Unabhängigkeit von Kapitalgesellschaften auch nicht immer zum Besten. Das führt Christopher Nolan ebenfalls eindrucksvoll vor Augen. In seinem ersten Film lässt er William Earle, der während Bruce Waynes langer Abwesenheit Wayne Enterprises als CEO vorstand, einen Börsengang vorbereiten und durchführen. Zur Überraschung Earles, der gehofft hatte, Bruce durch dieses Manöver aus dem Unternehmen zu drängen, gelingt es dem jungen Wayne zwar, die Mehrheit der Aktien auf dem Kapitalmarkt zu erwerben und damit die Kontrolle über den Konzern zu erlangen, aber bei der Börsennotierung blieb es. In Nolans drittem Film wird sie Bruce zum Verhängnis. Bei einem Überfall auf Gothams Börse nimmt der Terrorist Bane Manipulationen am elektronischen Handelssystem vor, die Wayne ruinieren und zu seinem Ausscheiden aus dem Vorstand führen. Kurzzeitig steht eine Übernahme von Wayne Enterprises durch den Konkurrenten Daggett Industries im Raum.

Die technischen und rechtlichen Hintergründe des Komplotts erschließen sich dem Zuschauer nicht so recht, doch eines wird deutlich: dass nämlich Kapitalgesellschaften und insbesondere börsennotierte Unternehmen nicht unverwundbar sind, dass sie unter Umständen zwar Ressourcen mobilisieren können, auf die der Staat keinen Zugriff hat, sie aber andererseits der Gefahr feindlicher Übernahmen ausgesetzt sind. Wenn sich die Eigentumsverhältnisse ändern, ändern sich auch die Kontrollbefugnisse. Sensible Daten oder heikle technologische Innovationen – seien es neue Waffensysteme oder ein Fusionsreaktor[454] – lassen sich dann nicht mehr unter Verschluss halten und können so in falsche Hände geraten. Das ist die Achillesferse, das ist der Schwachpunkt eines kapitalgesellschaftlich basierten, parastaatlichen Schutzkonzepts für Notlagen. Fast wäre Gotham an dem sozial und politisch engagierten, »republikanischen« Kapitalismus zu Grunde gegangen, den der Wayne Tower wie kein zweites Gebäude repräsentiert.

Schwieriger Abschied – Die Wiedererweckung des Politischen

Die Einwohner Gothams wissen nichts vom Doppelleben ihres reichsten Mitbürgers, und also wissen sie nichts von den Tapetentüren, Tunneln und Höhlen in und unter Wayne Manor. Die einzige dingliche Manifestation der Batman'schen Existenz in ihrer Stadt ist nicht ein Gebäude, sondern ein Gegenstand, ein bauliches Accessoire. Wenn es in Gotham wieder einmal drunter und drüber geht und der Polizei alles über den Kopf wächst, begibt sich Commissioner Gordon seufzend zu einem großen Suchscheinwerfer, der sich auf dem Dach des Police Departments befindet (gelegentlich auch davor), und schickt einen Lichtstrahl gen Himmel. Am trüben Nachthimmel der Stadt erscheint sogleich ein Lichtkegel mit dem Emblem der Fledermaus, das dem Dunklen Ritter dringenden Handlungsbedarf signalisiert. Manchmal reicht schon das Aufleuchten des berühmt-berüchtigten Bat-Signals aus, um Gauner und Ganoven von ihren Untaten abzubringen, doch meistens muss Batman persönlich in den Ring steigen und ihnen die Stirn bieten. Er setzt sich dann in sein Batmobil und rast nach Downtown Gotham.

Das Bat-Signal gehört zu den ältesten Requisiten des Gotham-Beschützers. Im Jahr 1942, in der Geschichte »The Case of the Costume-Clad Killers« (Detective Comics Nr. 60), kommt es erstmals zum Einsatz, vielleicht nicht zufällig zu einer Zeit, als Luftschlachten über Europa tobten und diesseits und jenseits des Ärmelkanals Flakscheinwerfer den Himmel nach feindlichen Bomberstaffeln absuchten. In dem besagten Comic sind die Bürger auf der Straße, die von dem Lichtspiel Notiz nehmen, nur mäßig überrascht, was dafür spricht, dass man dergleichen schon mehrfach beobachten konnte (nur war eben noch nie ein Leser zugegen). »That's coming from the searchlight on the roof of police headquarters!« bemerkt ein Passant. »Yes ... they're calling the Batman!« erwidert ein anderer. Und

Bruce Wayne raunt seinem jugendlichen Helfer zu: »We've got business to attend to, Dick!«[455]

Man täusche sich nicht: Aus rechtsstaatlicher Perspektive ist der lustige Lichtautomat Teufelszeug, durch und durch ein Werkzeug des Satans. Als eine Art *memento mori* dokumentiert das Bat-Signal die Abhängigkeit Gothams von Batmans Künsten und Ressourcen und hält die Erinnerung daran fortwährend wach. Laut und deutlich ist zu vernehmen, was die meisten ahnen, aber nur allzu gern verdrängen würden: »Alleine schaffen wir es nicht!« Statt das mangelnde Zutrauen in die eigenen Fähigkeiten gegen eine positive, optimistische Vision vom »Wir« einzutauschen, setzt die *civitas* der Verzagtheit ein Denkmal und konstituiert einen Erinnerungsort des institutionellen und zivilgesellschaftlichen Versagens im topographischen Gedächtnis der Stadt. Legitimation durch Materialisierung.

Schaut nur, möchte man den schafköpfigen Einheimischen ins Gewissen reden, schaut nur, wie sich die Vertreter Eures Staates demütig und ehrfürchtig um den Scheinwerfer der Verzweiflung versammeln (etwa bei der Einweihung des Bat-Signal im Burton-Film von 1989 – Abb. 32),[456] nicht anders als die orientalischen Priester in der Not sich unterwürfig scharen um den Altar des übermächtigen Stadtgottes, ihm Opfer darbieten und Beistand erflehen, obwohl es ihnen weit besser zu Gesicht stünde, zu den Waffen zu eilen und den Feind mit vereinten Kräften in die Flucht zu schlagen. Ein Gottestisch, eine Opferstätte, ein Palladion, ein Heiligtum, das nicht sein soll, das die Errungenschaften der Moderne verrät und verhöhnt, Volkssouveränität, Gesetzesbindung, säkulare Autonomie.

Überdies erleichtert das Bat-Signal die Kommunikation mit dem Dunklen Ritter – dafür ist es ja da – und erhöht so die Versuchung, den Vigilanten auch bei weniger gravierenden Delikten und Bedrohungen zu Hilfe zu rufen. Wer nicht weiß, auf welche Weise er mit der Person oder Institution seines Vertrauens in Kontakt treten soll, wer sich auf dubiose informelle Kanäle verwiesen sieht, der wird zögern und die Unterstützung nur in Anspruch nehmen, wenn die Dinge wirklich nicht mehr anders zu regeln sind. Steht umgekehrt alles schon bereit und bedarf es nur noch eines einzigen Knopfdrucks, um die Last der Verantwortung von sich auf andere abzuwälzen, dann werden nur heroische Natur von der sich aufdrängenden Möglichkeit keinen Gebrauch machen. Ökonomisch gewendet: Es fehlt an hinreichend bemessenen Anreizen für selbsttätiges Handeln, für Eigeninitiative und Selbstbehauptung.

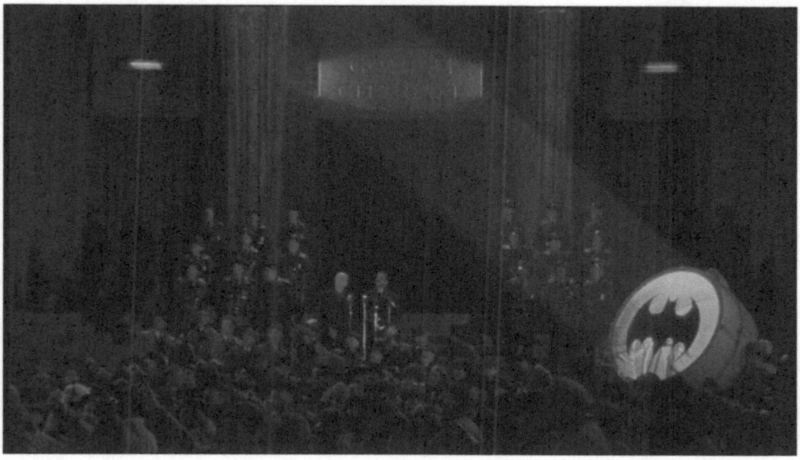

Abb. 32
Quelle: Tim Burton, Batman, © Warner Bros. Entertainment Inc.,1989.

Bleibt nur ein einziger folgerichtiger Ausweg aus dem Schlamassel, nämlich die Beseitigung der Höllenmaschine, ihre Demontage oder völlige physische Vernichtung. Tatsächlich endet der zweite Teil der Nolan-Trilogie mit der Zerstörung des Bat-Signals – in diesem Fall kein Akt der Barbarei, sondern der Emanzipation. Wir erblicken Commissioner Gordon, wie er persönlich vor den Augen der in Reih und Glied angetretenen städtischen Polizisten den Scheinwerfer mit einer Axt zertrümmerte, bei strömendem Regen natürlich, denn das Wetter ist bei solchen Anlässen in Gotham immer schlecht (Abb. 33).[457]

Die mittelfristigen Folgen des gemeinschaftlichen Exorzismus waren alles andere als trist. Immerhin acht volle Jahre gedieh die Stadt prächtig. Von dem Alpdruck des überlegenen, immer schnelleren, agileren, geschickteren Vigilanten in Schwarz befreit, liefen Verwaltung und Sicherheitsbehörden zur Höchstform auf. Die Bevölkerung fasste Vertrauen in die von ihnen gewählten und kontrollierten Repräsentanten. Und siehe da: Die Kriminalität, die ewige Geißel Gothams, ging deutlich zurück und erreichte ein normales, erträgliches Maß. Der Bürger fühlte sich wieder sicher auf den Straßen und kehrte zurück aus dem inneren Exil. Es war Gothams Ausgang aus der selbst verschuldeten politischen Unmündigkeit.

In einer bemerkenswerten historischen Schleife durchlebte Gotham nach der Verbannung seines gefallenen Heroen eine Entwicklung, die zweieinhalb tausend Jahre zuvor Athen in das Zentrum des Weltgesche-

Abb. 33
Quelle: Christopher Nolan, The Dark Knight, © Warner Bros. Entertainment Inc., 2008.

hens katapultiert hatte. Die Entstehung des Politischen im griechischen Altertum vollzog sich Schritt für Schritt.[458] Am Anfang stand das Bewusstwerden der dem Menschen gegebenen Handlungs-, Wahl- und Entscheidungsmöglichkeiten, eine Einsicht, die sich aus der Perspektive etwa der altägyptischen Kosmologie mit ihrer radikalen Ausrichtung auf den einen Handelnden, den König, nicht von selbst verstand, ja eine krasse Anomalie bedeutete.[459] Allein dem Pharao war es vergönnt, »den Prozess der Ordnung, d.h. der Kohärenz und der Kontinuität der Wirklichkeit, in Gang zu halten und den Bewegungen nach dem Verfall zu, der Gravitation des Chaos, entgegenzuwirken.«[460]

Christian Meier, dem wir die geistreichste und prägnanteste Beschreibung des »griechischen Wunders« verdanken, verweist auf einen Grundzug der delphischen Theologie, den religiösen Realismus, der das Tätigwerden, die Suche nach einem menschlichen Maßstab in der Politik begünstigte,[461] und er verweist auf das Eunomie-Gedicht des Solon (um 600 v.Chr.), das die Verantwortung der Bürger für den schlechten Zustand der Stadt akzentuierte und so die Götter gleichsam aus dem Spiel nahm.

»Solon löste den politischen Bereich aus der Natur heraus, innerhalb derer Hesiod Zeus' Strafen für das Unrecht der Richter zum Teil angesiedelt hatte. Für ihn hatte, was politisch verursacht war, dort und nur dort seine Konsequenzen. Darum konnte man eingreifen. Während in der Natur alles nach den Gesetzen der Kausalität verlief, konnten Menschen Ursachen-Wirkungszusammenhänge durchbrechen.« Er, Solon, »dividiert also den undurchdringlichen Wust von Not und Ausweglosigkeit, der nur Resignation oder wildes Aufbegehren übrigzulassen schien, auseinander zu einem verstehbaren Vorgang, dem mit geordneten Verfahren beizukommen ist. Die Stadt kann sich am eigenen Schopf aus dem Sumpf ziehen.«[462]

Die zweite Etappe in der Geschichte der Politisierung und Demokratisierung Athens war die Entmachtung des Areopags, des alten Adelsrates, in den Jahren 462/461 v.Chr. Von nun an hatten allein die Volksversammlung und der Rat der 500 das Sagen.[463] Politik wurde dadurch in der ganzen Breite zur Bürger-Sache.[464] »Zum ersten Mal in der griechischen Geschichte – und auch in der Weltgeschichte – war damals die Polis-Ordnung im ganzen zur Disposition der Bürgerschaft gekommen, also strittig und Gegenstand von Politik geworden,«[465] ein »Schritt ins Freie, ins Ungeschützte, in ganz neue Risiken der menschlichen Existenz.«[466]

In diese Phase des Umbruchs fällt die erstmalige Aufführung der Orestie des Aischylos im Dionysostheater zu Athen (458 v.Chr.), deren dritter Teil – die »Eumeniden« – den schwierigen Abschied von Rache und Selbstjustiz eindrucksvoll in Szene setzt, eindrucksvoll vor allem deshalb, weil Aischylos sich nicht scheut, dem Publikum auch die Zumutungen einer gesellschaftlichen Befriedung durch Verfahren vor Augen zu führen. Verfolgt von den Erinnyen, den Rachegöttinnen, die ihn wegen Mordes belangen wollen, sucht Orestes, Sohn des Agamemnon, Schutz bei Athene. Die Göttin der Weisheit lässt zunächst beide Parteien zu Wort kommen und fasst dann einen folgenschweren Entschluss (Eum. 470–473): »Die Sach' hier zu entscheiden fordert mehr heraus, als man als Sterblicher vermeint; und auch für mich schickt es sich nicht, in einem Mordfall Recht zu sprechen.«[467]

Stattdessen soll ein Gericht es richten, ein Gericht der Bürger, nicht der Götter und erst recht nicht ein Tribunal der physischen Überlegenheit und Rache (Eum. 482–484): »Doch da jetzt diese Sache über uns hereingebrochen ist, will dessen ungeachtet tadellose Männer ich für meine Stadt als Richter für dies Blutgericht erwählen, die des Eides Satzung scheun, die fest ich setzen will für alle Zeit.«[468] Auch Athene beteiligt sich an der finalen Abstimmung des Gerichts, aber eben nur als *eine* Richterin, nicht als *die* Richterin, die ihre göttlicher Autorität über alles stellt. Wenn sich im Ergebnis ihre Auffassung durchsetzt – sie votiert zu Gunsten des Orestes (»An mir ist's nun, zuletzt mein Urteil abzugeben, diesen Stimmenstein werfe ich für Orest«[469]) – und Agamemnons Sohns freigesprochen wird, dann liegt das einzig und allein an einer Bedingung des Verfahrens, die sie *vor* der Auszählung laut und deutlich ausgesprochen hatte (Eum. 741–741): »Es siegt Orest, auch wenn im Urteil Stimmengleichheit sich ergibt.«[470]

Als die Urnen geleert und die Steine gezählt sind, verkündet Athene das Ergebnis (Eum. 752–753): »Der Mann hier – freigesprochen ist er von der Bluttat Schuld: Gleich nämlich ist der Stimmen Zahl.«[471] Kaum konstituiert muss der Rechtsstaat schon die größte aller denkbaren Bewährungsproben überstehen, muss sich für ein unbequemes Urteil auf des Messers Schneide rechtfertigen, das aber gerade deshalb durch und durch rechtsstaatlich ist. Aischylos denkt Gericht und Prozess von der Ausnahme her und widersteht der Versuchung, die Dinge einfacher, anspruchsloser darzustellen als sie sind. Hier wird das Problem einer prozessual regulierten Rechtsordnung zur Disposition der Bürgerschaft »in geradezu beängstigender Form durchgespielt.«[472]

Zu ihren besten Zeiten haben Gotham und Athen demnach sowohl dem politischen Fatalismus eine Absage erteilt als auch einem geordneten rechtsstaatlichen Verfahren den Vorzug gegeben – entschlossen und standhaft sogar dann, wenn im Einzelfall die materielle Gerechtigkeit auf der Strecke blieb.

Für die Geisteshaltung, die in Griechenland (spätestens) im 5. Jahrhundert v.Chr um sich griff, hat Christian Meier den glücklichen Ausdruck des »Könnens-Bewusstseins« geprägt, eine Weltsicht, die zwar dem modernen Fortschrittsglauben nahesteht, in einigen wichtigen Punkt sich aber fundamental von ihm unterscheidet. »Wir haben es in der Antike mit einem Könnens- (und Könner-) Bewusstsein zu tun. Das heißt, es wurden ungeheure Möglichkeiten des Handelns, Herstellens und Gestaltens bewusst«[473] – eine hochbedeutsame Grundtatsache, die es »wahrscheinlich außer in Neuzeit nur in der Antike gegeben« habe. Doch sei es in der Antike anders als in der Neuzeit in Ermangelung einer Geschichtsphilosophie nie zu einer »Verknüpfung der verschiedenen Fortschritte zu einem einheitlichen Ganzen« gekommen.[474] »Darin, dass Menschen, Einzelne wie Bürgerschaften, *politisch* ... Probleme meistern können – und nicht darin, dass die Dinge *processualiter* breithin besser werden (so dass das Vorwärtsdrängende, Jüngere, Neuere dann als das Bessere erscheinen kann) – besteht das Vorankommen in der Zeit.«[475]

Stellt sich die Frage, ob das Könnens-Bewusstsein des Altertums uns Heutige nicht mehr zu sagen hat als die aus dem 19. Jahrhundert ererbte Fortschrittsgewissheit, weil einerseits uns im unheilvollen 20.

und im ebenfalls noch nicht so recht beglückenden 21. Jahrhundert das unverwüstliche Vertrauen in eine *notwendig* bessere Zukunft abhanden gekommen ist, wir andererseits aber nicht den Anspruch aufgeben und nicht aufgeben *dürfen*, dass wir es selbst in den Händen haben, ob ein Wandel zum Besseren eintritt.

Wie fragil des Erreichte ist, zeigt Christopher Nolan im letzten Film der Trilogie, der damit endet, dass Commissioner Gordon beschwingt das von Batman höchstselbst reparierte Bat-Signal tätschelt, weil er nun weiß, dass der Dunkle Ritter (oder ein von ihm bestimmter Nachfolger) der Stadt wieder zu Diensten steht und das Projekt eines radikal selbstbestimmten und erbarmungslos auf sich selbst gestellten Gemeinwesens gescheitert ist. Man hat Nolan immer wieder für diesen so voraussehbaren wie rechts- und demokratietheoretisch unbefriedigenden Abschluss kritisiert – zu Recht, sofern wir von einem Film pädagogisch-didaktische Erbauung erwarten, doch wird wohl beim besten Willen niemand behaupten wollen, dass ein regressiver Verlauf wie der dargestellte der historischen Erfahrung widerspricht. Wirklich seicht und weltfremd wäre der Schluss geraten, wenn Gotham ein für allemal die vergiftete Frucht der Selbstentmündigung aus den Händen gelegt hätte.

Dass die Stadt einen so bedenklichen Rückfall erlitt, hängt auch mit den besonders großen, den übergroßen Herausforderungen zusammen, die sie nach der Rückkehr der extrem gefährlichen, zum Äußersten bereiten Ra's al Ghul-Sekte zu bestehen hatte, aber nicht nur. Noch schwerer wiegt die Unredlichkeit, die Gordon und Batman sich haben zuschulden kommen lassen, als sie beschlossen, die Verfehlungen des umjubelten Staatsanwalts Harvey Dent, auf dem die Hoffnungen der ehrlichen Bürger Gothams ruhten, nicht publik zu machen. So glaubten die beiden Verbündeten zu erreichen, dass Harvey Dent auch nach seinem Tode der Stadt als leuchtendes Vorbild erhalten blieb, um diejenigen zu motivieren, die an Gothams Wiederauferstehung aus eigener Kraft glaubten. Doch der gut gemeinte Plan scheiterte an Bane, dem verschlagenen Terroristen, der die fatale Lüge vor laufenden Kameras auffliegen ließ und dadurch dem Könnens-Bewusstseins der Staatsbürger einen schweren Schlag versetzte, also den von Batman und Gordon beabsichtigten Effekt ins Gegenteil verkehrte.

Es war eine recht platonische Lüge, die das neunmalkluge Duumvirat dem leichtgläubigen Volk da aufgetischt hatte.

»Plato hielt es für nothwendig,« schreibt Nietzsche, »dass die erste Generation seiner neuen Gesellschaft (im vollkommenen Staate) mit der Hülfe einer kräftigen Nothlüge erzogen werde; die Kinder sollten glauben lernen, dass sie alle schon eine Zeit lang träumend unter der Erde gewohnt hätten, woselbst sie von dem Werkmeister der Natur zurechtgeknetet und geformt wären.«[476]

Gemeint ist der Gründungsmythos von den »Erdgeborenen« in Platons »Politeia« (414b-415d), darin der Grieche über den Sinn einer in pädagogischer Absicht erfundenen Erzählung nachdenkt, die eine kollektive Identität stiften und zugleich der von ihm präferierten Ständeordnung Halt geben soll.

»Ihr seid nun«, müsse man den künftigen Angehörigen einer idealen Gemeinschaft einreden, »alle die ihr in der Stadt seid, Brüder; der bildende Gott aber hat denen von euch, welche geschickt sind zu herrschen, Gold bei ihrer Geburt beigemischt, weshalb sie denn die köstlichsten sind, den Gehilfen aber Silber, Eisen hingegen und Erz den Ackerbauern und übrigen Arbeitern« (415a).[477]

Ohne die eine oder andere »kräftige Nothlüge« wäre auch die Staatswerdung im Wilden Westen nicht gelungen, wenn wir John Ford, dem Großmeister des amerikanischen Mid-century-Kinos, Glauben schenken. In einem seiner besten Filme, »The Man Who Shot Liberty Valance« aus dem Jahr 1962, lässt er das Leben des angesehenen Spitzenpolitikers und Senators Stoddard Revue passieren, dessen steile Karriere in einem Örtchen weit weg von Washington, in der rauen, unzivilisierten Wildnis, ihren Anfang nahm, wo ehedem der junge unbedarfte Ostküsten-Yankee als Anwalt Fuß zu fassen versuchte. Schnell geriet er in Konflikt mit dem Banditen Liberty Valance, der sich von einem dahergelaufenen Gernegroß nicht vorschreiben lassen wollte, wie er leben und sich verhalten solle. Eine Versöhnung, eine friedliche Koexistenz konnte es nach Lage der Dinge nicht geben, und so forderte Valance Stoddard zum Duell auf.

Das Greenhorn Stoddard wäre bei dieser Aktion mit an Sicherheit grenzender Wahrscheinlichkeit von dem ungleich erfahreneren Revolverhelden Valance über den Haufen geschossen worden, hätte nicht der ebenfalls raubeinige, aber rechtschaffene Einzelgänger Tom Doniphon diesen mit einer Kugel aus dem Hinterhalt zur Strecke gebracht. So ging Stoddard als strahlender Sieger aus dem Duell hervor und konnte sein Engagement für das öst-westliche amerikanische Zivisilationsprojekt fortsetzen. Doniphon bewahrte das delikate Geheimnis bis ans Ende seiner Tage, nur Stoddard wusste von der stillen Heldentat des Freundes.

Anders als in der Dark-Knight-Trilogie ist es nicht eine Lüge über die Redlichkeit der staatlichen Institutionen, sondern über ihre Durchsetzungsstärke und Kompetenz, die Vertrauen schafft und den Anspruch auf das Gewaltmonopol glaubhaft bekräftigt.

Wenn Platon und John Ford keine Zweifel hegen an der Geburt des Staates aus dem Geist der Unwahrheit, sind Gegenworte fehl am Platz und ebenso, wenn Christopher Nolan uns erinnert an die Vergänglichkeit solcher Lügengespinste und der darauf gegründeten Autorität. Dass Hollywood in der konstruktiven wie destruktiven Kraft von Illusionen den Treibstoff der Weltgeschichte sieht, sollte jedenfalls niemanden verwundern. Die Fassadenarchitektur der Phantasiestadt Gotham City ist Teil dieses kosmischen Spektakels.

Dank

Die Schrift ist im Rahmen des vom Hessischen Ministerium für Wissenschaft und Kunst geförderten LOEWE-Schwerpunkts »Architekturen des Ordnens. Praktiken und Diskurse zwischen Entwerfen und Wissen« entstanden. Für die Gewährung eines Druckkostenzuschusses bin ich dankbar und ebenso für die vielfältigen Anregungen durch die Mitglieder des Schwerpunkts. Danken möchten ich ferner dem Leiter des Comic-Archivs an der Universität Frankfurt am Main, Herrn Dr. Felix Giesa, sowie Herrn Prof. Dr. Thomas Duve und Herrn Rechtsanwalt Steffen Hofmann. Dank schulde ich schließlich dem Verlag, insbesondere Frau Miryam Schellbach und Frau Catharina Heppner, für die professionelle Zusammenarbeit.

Daniel Ben Damler

Frankfurt am Main, Oktober 2021.

Quellen- und Literaturverzeichnis

Abrahamson, Mark, Global Cities, New York, Oxford 2004.

Agamben, Giorgio, Stato di eccezione, Torino 2003.

Aischylos, Die Orestie, übers. von Kurt Steinmann, Stuttgart 2018.

Alföldi, Andreas, Die Struktur des voretruskischen Römerstaates, Heidelberg 1974.

Alzheimer, Alois, Der Krieg und die Nerven, Breslau 1915.

Arendt, Hannah, Vita Activa oder Vom tätigen Leben, 8. Aufl., München, Zürich 1994.

Aristoteles, Nikomachische Ethik, nach der Übersetzung von Eugen Rolfes bearbeitet von Günther Bien, Darmstadt 1995.

Aristoteles, Politik, übers. von Eugen Rolfes, Darmstadt 1995.

Assmann, Jan, Politik zwischen Ritual und Dogma. Spielräume politischen Handelns im pharaoischen Ägypten, Saeculum 35 (1984), S. 97–114.

Aumont, Jacques/Bernard Benoliel (Hrsg.), Le Cinéma expressionniste. De Caligari à Tim Burton, Rennes 2008.

Baddeleyn, Oriana, Ancient Mexican Sources of Art Deco, in: Art Deco 1910–1939, hrsg. von Charlotte Benton, Tim Benton, Ghislaine Wood, London 2003, S. 56–65.

Baer, Susanne, Rechtssoziologie. Eine Einführung in die interdisziplinäre Rechtsforschung, Baden-Baden 2011.

Banhold, Lars, Batman. Konstruktion eines Helden, 2. Aufl., Bochum 2008.

Bartetzko, Dieter, Illusionen in Stein. Stimmungsarchitektur im deutschen Faschismus. Ihre Vorgeschichte in Theater- und Filmbauten, Reinbek bei Hamburg 1985.

Bieloch, Katharina/Sharif Bitar, Transnational and Transcultural Superheroes Batman Goes Transnational: The Global Appropriation and Distribution of an American, in: Transnational Perspectives on Graphic Narratives: Comics at the Crossroads, hrsg. von Daniel Stein, Shane Denson, Christina Meyer, London, New York 2013, S. 103–114.

Billig, Volkmar, Inseln. Geschichte einer Faszination, Berlin 2010.

Blomeyer, Peter, Der Notstand in den letzten Jahren von Weimar, Berlin 1996.

Blößner, Norbert, Dialogform und Argument. Studien zu Platons »Politeia«, Stuttgart 1997.

Böhn, Andreas, Zerstörte Städte im Monumentalfilm am Beispiel von Karthago, in: Andreas Böhn/Christine Mielke (Hrsg.), Die zerstörte Stadt. Mediale Repräsentationen urbaner Räume von Troja bis SimCity, Bielefeld 2007, S. 237–249.

Braga, Anthony A./Brandon C. Welsh/Cory Schnell, Can Policing Disorder Reduce Crime? A Systematic Review and Meta-analysis, Journal of Research in Crime and Delinquency 52 (2014), S. 567–588.

Braga, Anthony A./Brenda J. Bond, Policing Crime and Disorder Hot Spots. A Randomized Controlled Trial, Criminology 46 (2008), S. 577–607.

Brettel, Hauke/Matthias Rau/Jannik Rienhoff (Hrsg.), Strafrecht in Film und Fernsehen, Wiesbaden 2016.

Brooker, Will, Batman Unmasked. Analyzing a Cultural Icon, London, New York 2000.

Brooker, Will, Hunting the Dark Knight: Twenty-first Century Batman, New York 2012.

Burrows, Edwin G./Mike Wallace, Gotham. A History of New York City to 1898, Oxford, New York 1998.

Burton, Tim, Batman, © Warner Bros. Entertainment Inc.,1989.

Burton, Tim, Batman Returns, © Warner Bros. Entertainment Inc., 1992.

Campanella, Tomasso, Sonnenstaat, in: Der utopische Staat, hrsg. und übers. von Klaus J. Heinrich, 26. Aufl., Reinbek bei Hamburg 2001, S. 109–169.

Carney, R. N./J. R. Levin, Fading Mnemonic Memories: Here's Looking Anew, Again!, Contemporary Educational Psychology 25 (2000), S. 499–508.

Carol Willis, Form Follows Finance. Skyscrapers and Skylines in New York and Chicago, New York 1995.

Cavallini, E./ A. Pagnin/T. Vecchi, Aging and everyday memory: The beneficial effect of memory training, Archives of Gerontology and Geriatrics 37 (2003), S. 241–257.

Christ, Karl, Krise und Untergang der römischen Republik, Darmstadt 1979.

Cialdini, Robert, Descriptive Social Norms As Underappreciated Sources of Social Cotrol, Psychometrika 72 (2007), S. 263–268.

Cicero, Marcus Tullius, De oratore/Über den Redner, hrsg. und übers. von Theodor Nüßlein, Düsseldorf 2008.

Colla, Elliott, Conflicted Antiquity. Egyptology, Egyptomania, Egyptian Modernity, Durham, London 2007.

Corman, Hope/Naci Mocan, Carrots, Sticks, and Broken Windows, Journal of Law and Economics 48 (2005), S. 235–266.

Curl, James Stevens, The Egyptian Revival: Ancient Egypt as the Inspiration for Design Motifs in the West, Florence 2005.

Curtis, Neal, Sovereignty and superheroes, Manchester 2016.

Curtis, Penelope, Art Deco Sculpture and Archaism, in: Art Deco 1910–1939, hrsg. von Charlotte Benton, Tim Benton, Ghislaine Wood, London 2003, S. 50–55.

Damler, Daniel, Der Vorhang des Dr. Mabuse, in: Zeitschrift für Ideengeschichte 2019, München, S. 79–94.

Damler, Daniel, Ex sensu ius oritur. Die Materialisierung von Normen im (bewegten) Bild, in: Annali dell'Istituto Storico Italo Germanico 47 (2021) (im Druck).

Damler, Daniel, Konzern und Moderne. die verbundene juristische Person in der visuellen Kultur 1880–1980, Frankfurt am Main 2016.

Damler, Daniel, Rechtsästhetik. Sinnliche Analogie im juristischen Denken, Berlin 2016.

Damler, Daniel, Sichtbarkeit und Unsichtbarkeit im Recht des 20. Jahrhunderts, in: Julia Stenzel/Laura Münkler (Hrsg.), Inszenierung von Recht. Funktionen – Modi – Interaktionen, Weilerswist 2019, S. 95–124.

Damler, Daniel, Synästhetische Normativität, in: Rechtsgeschichte 25 (2017), S. 162–182.

Damler, Daniel, The Synesthesia of Values. How the ideals of modernist design prefigured and shaped fascist legal and political thought, The American Journal of Comparative Law 66 (2018), S. 811–830.

Damler, Daniel, Bauhaus Laws. The Modernist Revolution and Legal Thought, Cambridge 2019.

Daniels, Les, Batman. The Complete History, San Francisco 2004.

Dath, Dietmar, Klassiker der Comic-Literatur. Faustrecht als graphisches Erzählideal: Batman, Frankfurter Allgemeine Zeitung, 15.10.2005, Nr. 240, S. 38.

Davé, Shilpa, Spider-Man India. Comics und die Übersetzung/Transkreation amerikanischer Narrative, in: Lukas Etter/Thomas Nehrlich/Joanna Nowotny (Hrsg.), Reader Superhelden. Theorie, Geschichte, Medien, Bielefeld 2018, S. 401–416.

Davé, Shilpa, Spider-Man India: Comic Books and the Translating/Transcreating of American Cultural Narratives, in: Transnational Perspectives on Graphic Narratives: Comics at the Crossroads, hrsg. von Daniel Stein, Shane Denson, Christina Meyer, London, New York 2013, S. 115–129.

Delcroix, Olivier, Le partenaire français musulman de Batman crée la polémique !, 7. Januar 2011 : https://blog.lefigaro.fr/bd/2011/01/le-partenaire-francais-musulma.html

Demandt, Alexander, Der Idealstaat. Die politischen Theorien der Antike, 3. Aufl., Köln 2000.

Descola, Philippe, Jenseits von Natur und Kultur, Berlin 2011.

Detective Comics Nr. 27 (Mai 1939), in: E. Nelson Bridwell, Batman. From the 30s to the 70s, New York 1971, S. 20–25.

Detective Comics Nr. 33 (November 1939), in: E. Nelson Bridwell, Batman. From the 30s to the 70s, New York 1971, S. 26–27.

Döblin, Alfred, Berlin Alexanderplatz, 20. Aufl., München 1978.

Dreier, Horst/Christian Waldhoff (Hrsg.), Das Wagnis der Demokratie. Eine Anatomie der Weimarer Reichsverfassung, 2. Aufl., München 2018.

Dunsch, Boris, »Exemplo aliis esse debetis.« Cincinnatus in der antiken Literatur, in: Ulrich Niggemann/Kai Ruffing (Hrsg.), Antike als Modell in Nordamerika?, München 2011, S. 219–247.
Duve, Thomas, Rechtsgeschichte als Geschichte von Normativitätswissen?, Rechtsgeschichte 29 (2021), S. 1–28.
Duve, Thomas, Von der Europäischen Rechtsgeschichte zu einer Rechtsgeschichte Europas in globalhistorischer Perspektive, Rechtsgeschichte 20 (2012), S. 18–71.
Eck, John E./Edward R. Maguire, Have Changes in Policing Reduced Violent Crime? An Assessment of the Evidence, in: Alfred Blumstein/Joel Wallman (Hrsg.), The Crime Drop in America, Cambridge 2000, S. 207–265.
Elsaesser, Thomas, Das Weimarer Kino – aufgeklärt und doppelbödig, Berlin 1999.
Engels, Jeremy, The Two Faces of Cincinnatus: A Rhetorical Theory of the State of Exception, Advances in the Theory of Rhetoric 17 (2014), S. 53–64.
Engelsing, Rolf, »Wie Sodom und Gomorrha…« Die Zerstörung der Städte, Berlin 1978.
Englmann, Felicia, Titelkupfer: Frontispize aus Werken zum politischen Denken der frühen Neuzeit und ihr Bezug zur Emblematik, in: Dirk Lüddeke/Felicia Englmann (Hrsg.), Zur Geschichte des politischen Denkens. Denkweisen von der Antike bis zur Gegenwart, Stuttgart, Weimar 2014, S. 105–138.
Etter, Lukas/Thomas Nehrlich/Joanna Nowotny (Hrsg.), Reader Superhelden. Theorie, Geschichte, Medien, Bielefeld 2018.
Fantham, Elaine, Quintilian on Performance: Traditional and Personal Elements in „Institutio« 11.3, Phoenix 36 (1982), S. 243–263.
Farago, Andrew/Gina McIntyre, Batman. Alles über den Dunklen Ritter in Comic, Film und anderen Medien, Stuttgart 2020.
Finckh, Johannes, Die Nerven. Ihre Gefährdung und Pflege in Krieg und Frieden, München 1918.
Fleckner, Andreas M., Antike Kapitalvereinigungen. Ein Beitrag zu den konzeptionellen und historischen Grundlagen der Aktiengesellschaft, Köln 2010.
Ford, John, The Man Who Shot Liberty Valance, 1962.
Foucault, Michel, Naissance de la biopolitique (1978–1979), Paris 2004.
Foucault, Michel, Wahnsinn und Gesellschaft. Eine Geschichte des Wahns im Zeitalter der Vernunft, Frankfurt am Main 1973.
Frayling, Christopher, Egyptomania, in: Art Deco 1910–1939, hrsg. von Charlotte Benton, Tim Benton, Ghislaine Wood, London 2003, S. 40–49.
Frede, Dorothea, Die ungerechten Verfassungen und die ihnen entsprechenden Menschen (Buch VIII 543a – IX 576b), in: Ottfried Höffe (Hrsg.), Platon, Politeia, Berlin 1997, S. 251–270.
Freud, Sigmund/Sándor Ferenczi/Karl Abraham/Ernest Jones, Zur Psychoanalyse der Kriegsneurosen, Leipzig, Wien 1919.
Fried, Johannes, Aufstieg aus dem Untergang. Apokalyptisches Denken und ihre Entstehung der modernen Naturwissenschaften im Mittelalter, München 2001.

Friedman, Lawrence M., The Legal System. A Social Science Perspective, New York 1975.

Gaier, Ulrich, »Plato noster«: Platonismus im Narrenschiff, in: Sebastian Brant (1457–1521), hrsg. von Hans-Gert Rotloff, Jean-Marie Valentin, Volkhard Wels, Berlin 2008, S. 103–142.

Gatti, Mirko, New York (Teil 1), in: Legislating Architecture, Arch+ Zeitschrift für Architektur und Städtebau 2016, S. 30 f.

Gözen, Jiré Emine, Cyberpunk Science Fiction. Literarische Fiktionen und Medientheorien, Bielefeld 2002.

Grandazzi, Alexandre, Foundation of Rome. Myth and History, Ithaca (NY) 1997.

Griffith, D. W., Intolerance, 1916.

Grzeszick, Bernd, in: Maunz/Dürig, Grundgesetz-Kommentar, München 94. EL (Januar 2021), Art. 20 Abs. 4 GG.

Harbarth, Stephan, Aktienrecht, Gemeinwohl und Vergütungsparameter, Zeitschrift für Unternehmens- und Gesellschaftsrecht 47 (2018), S. 379–402.

Harcourt, Bernard E./Jens Ludwig, Broken Windows: New Evidence from New York City and a Five-City Social Experiment, The University of Chicago Law Review 73 (2006), S. 271–320.

Heilmann, Regina, Paradigma Babylon. Rezeption und Visualisierung des Alten Orients im Spielfilm. Ein Beitrag der Vorderasiatischen Archäologie zur Orientalismus-Forschung, Diss. Mainz 2004.

Heller, Hermann, Staatslehre, 4. Aufl., Leiden 1970.

Heller-Nicholas, Alexandra, Masks in Horror Cinema. Eyes Without Faces, Cardiff 2019.

Herodot, Die Bücher der Geschichte I-IV, übers. von Walther Sontheimer, Stuttgart 2002.

Hirschl, Ran, City, State. Comparative Constitutionalism and the Megacity, Oxford 2020.

Hoepfner, Wolfram, Bauten der Demokratie, in: Die griechische Polis. Architektur und Politik, hrsg. von Wolfram Hoepfner, Gerhard Zimmer, Tübingen 1993, S. 86–93.

Hölscher, Tonio, Öffentliche Räume in frühen griechischen Städten, Heidelberg 1998.

Honold, Alexander, Im Nervenzentrum der Katastrophe. Die Großstadt als traumatischer Gedächtnisraum in Döblins Berlin Alexanderplatz, in: Thomas Klinkert/Günter Oesterle (Hrsg.), Katastrophe und Gedächtnis, Berlin 2014, S. 99–119.

Horstmann, Bernhard, Hitler in Pasewalk. Die Hypnose und ihre Folgen, Düsseldorf 2004.

Huddy, Leonie/David O. Sears/Jack S. Levy (Hrsg.), The Oxford Handbook of Political Psychology, 2. Aufl., Oxford 2013.

Irving, Washington, Salmagundi, New York 1883.

Jacobs, Jane, Tod und Leben großer amerikanischer Städte, übers. von Eva Gärtner, Berlin, Frankfurt am Main, Wien 1964.

Jahn, Matthias, Das Strafrecht des Staatsnotstandes. Die strafrechtlichen Rechtfertigungsgründe und ihr Verhältnis zu Eingriff und Intervention im Verfassungs- und Völkerrecht der Gegenwart, Frankfurt am Main 2004.
Jeck, Udo Reinhold, Platonica Orientalia. Aufdeckung einer philosophischen Tradition, Frankfurt am Main 2004.
Jefferson, Thomas, Notes on the state of Virginia, Richmond (VA) 1853.
Kaes, Anton, Shell Shock Cinema. Weimar Culture and the Wounds of War, Princeton, Oxford 2009.
Kahneman, Daniel/Paul Slovic/Amos Tversky (Hrsg.), Judgment under uncertainty: Heuristics and biases, Cambridge 1982.
Kaiser, Anna-Bettina, Ausnahmeverfassungsrecht, Tübingen 2020.
Kalman, Laura, The Strange Career of Legal Liberalism, New Haven 1996.
Keizer, Kees/Siegwart Lindenberg/Linda Steg, The Spreading of Disorder, Science 322 (2008), S. 1681–1685.
Keller, Vera, Mining Tacitus. Secrets of empire, nature and art in the reason of state, The British Journal for the History of Science 45 (2012), S. 189–212.
Kelling, George L./William H. Sousa, Do police matter? An analysis of the impact of New York City's police reforms, New York 2001.
Keuschnigg, Marc/Tobias Wolbring, Disorder, social capital, and norm violation: Three field experiments on the broken windows thesis, Rationality and Society 27 (2015), S. 96–126.
Killen, Andreas, Berlin Electropolis. Shock, Nerves, and German Modernity, Berkeley 2006.
Kniebe, Tobias, Riss in der Wirklichkeit, Süddeutsche Zeitung, 24.7.2014.
Kolb, Frank, Agora und Theater, Volks- und Festversammlung, Berlin 1981.
Kolb, Frank, Art. »Agora«, in: Der neue Pauly. Enzyklopädie der Antike, Bd. 1, Stuttgart 1996, Sp. 267–273.
Kolb, Frank, Die Stadt im Altertum, Düsseldorf 2005.
Kracauer, Siegfried, Über Turmhäuser, Frankfurter Zeitung vom 2. März 1921, in: Dietrich Neumann, »Die Wolkenkratzer kommen!« Deutsche Hochhäuser der zwanziger Jahre. Debatte, Projekte, Bauten, Braunschweig 1995.
Kracauer, Siegfried, Von Caligari zu Hitler. Eine psychologische Geschichte deutschen Films, Frankfurt am Main 1984.
Kunkel, Wolfgang/Roland Wittmann, Staatsordnung und Staatspraxis der römischen Republik, Zweiter Abschnitt: Die Magistratur, München 1995.
Kunze, Peter C., The Use of German Expressionism and American Exceptionalism, in: Johnson Cheu (Hrsg.), Tim Burton. Essays on the Films, Jefferson 2016, S. 198–211.
Landmarks Preservation Commission March 18, 1986, Designation List 184 LP-1415, S. 12, http://s-media.nyc.gov/agencies/lpc/lp/1415.pdf.
Lang, Fritz, Metropolis, 1927.
Lasswell, Harold D., Psychopathology and Politics, Chicago, London 1977.

Lemke, Matthias, Demokratie im Ausnahmezustand. Wie Regierungen ihre Macht ausweiten, Frankfurt, New York 2017.

Leni, Paul, The Man Who Laughs, 1928.

Lenz, Timothy, Republican Virtue and the American Vigilante, Legal Studies Forum 12 (1988), S. 117–140.

Lewis-Williams, David, The Mind in the Cave. Consciousness and the Origins of Art, London 2002.

Lisken, Hans, Zur polizeilichen Rasterfahndung, NVwZ 2002, S. 513–519.

Liverani, Mario, Ancient Near Eastern Cities and Modern Ideologies, in: Die orientalische Stadt. Kontinuität, Wandel, Bruch, hrsg. von Gernot Wilhelm, Saarbrücken 1995, S. 85–107.

Locke, John Two Treatises of Government, hrsg. von Peter Laslett, Cambridge 2005.

Lubitsch, Ernst, Das Weib des Pharao, 1922.

Machiavelli, Niccolò, Discorsi. Gedanken über Politik und Staatsführung, übers. von Rudolf Zorn, 2. Aufl., Stuttgart 1977.

Mandt, Hella, Tyrannis, Despotie, in: Geschichtliche Grundbegriffe. Historisches Lexikon zur politischen Sprache in Deutschland, Bd. 6, Stuttgart 1990, S. 651–705.

Mattie, Sean, Prerogative and the Rule of Law in John Locke and the Lincoln Presidency, The Review of Politics 67 (2005), S. 77–112.

Mazzoni, Cristina, She-Wolf. The Story of a Roman Icon, Cambridge 2010.

McGowan, Todd, The fictional Christopher Nolan, Austin 2012.

Meier, Christian, Entstehung des Begriffs »Demokratie«. Vier Prolegomena zu einer historischen Theorie, Frankfurt am Main 1970.

Meier, Christian, Caesar, 3. Aufl., München 1993.

Meier, Christian, Die Entstehung des Politischen bei den Griechen, Frankfurt am Main 1983.

Meier, Christian, Kultur, um der Freiheit willen. Griechische Anfänge – Anfang Europas?, München 2012.

Merkt, Hanno, US-amerikanisches Gesellschaftsrecht, 3. Aufl., Frankfurt am Main 2013.

Messler, Norbert, The Art Deco Skyscraper in New York, Frankfurt am Main, Bern 1983.

Miller, Frank/Klaus Janson/Lynn Varley, Die Rückkehr des Dunklen Ritters, übers. von Uwe Anton, Hamburg 1997.

Möllers, Christoph, Die Möglichkeit der Normen. Über eine Praxis jenseits von Moralität und Kausalität, Berlin 2015.

Montesquieu, Charles Louis de Secondat, Baron de La Brède et de, De l'esprit des loix, Genf 1748.

Morrison, Grant, Batman Incorporated, übersetzt von Steve Kups, Band 2, Stuttgart 2014.

Münkler, Herfried, Republik, Demokratie und Diktatur. Die Rezeption von drei antiken Begriffen im politischen Denken der Neuzeit, in: Walter Jens/Bernd

Seidensticker (Hrsg.), Ferne und Nähe der Antike. Beiträge zu den Künsten und Wissenschaften der Moderne, Berlin 2003, S. 69–97.

Münkler, Herfried/Marcus Llanque, Art. »Diktatur«, in: Der neue Pauly. Enzyklopädie der Antike. Rezeptions- und Wissenschaftsgeschichte, Bd. 13, Stuttgart/Weimar 1999, Sp. 852–862.

Nerdinger, Winfried, Architektur wie sie im Buche steht, in: ders. (Hrsg.), Architektur wie sie im Buche steht. Fiktive Bauten und Städte in der Literatur, München 2006, S. 9-19.

Neumann, Dietrich (Hrsg.), Filmarchitektur. Von Metropolis bis Blade Runner, München, New York 1996.

Neumann, Dietrich, Vorboten und Folgen von Metropolis. Film und Architektur auf der Suche nach der modernen Stadt, in: Dietrich Neumann (Hrsg.), Filmarchitektur. Von Metropolis bis Blade Runner, München, New York 1996, S. 33–38.

Nietzsche, Friedrich, Menschliches, Allzumenschliches. Ein Buch für freie Geister, Bd. 1, Neue Ausgabe, Leipzig 1886.

Nietzsche, Friedrich, Unzeitgemäße Betrachtungen – Zweites Stück: Vom Nutzen und Nachtheil der Historie für das Leben, in: ders., Kritische Studienausgabe, Bd. 1, 6. Aufl., München 2003, S. 243–324.

Niggemann, Ulrich, Von einer Oppositionsfigur zum staatstragenden Modell. Cincinnatus in der anglo-amerikanischen Publizistik des 18. Jahrhunderts, in: Ulrich Niggemann/Kai Ruffing (Hrsg.), Antike als Modell in Nordamerika?, München 2011, S. 249–273.

Nippel, Wilfried, Der Diskurs über die orientalische Despotie im 18. und 19. Jahrhundert. Von Montesquieu zu Marx, in: Aneignung und Abgrenzung. Wechselnde Perspektiven auf die Antithese »Ost« und »West« in der griechischen Antike, hrsg. von Nicolas Zenzen, Tonio Hölscher, Kai Trampedach, Heidelberg 2013, S. 465–481.

Nolan, Christopher, Batman Begins, © Warner Bros. Entertainment Inc., 2005.

Nolan, Christopher, The Dark Knight, © Warner Bros. Entertainment Inc., 2008.

Nolan, Christopher, The Dark Knight Rises, © Warner Bros. Entertainment Inc., 2012.

North, J. A., Caesar at the Lupercalia, The Journal of Roman Studies 98 (2008), S. 144-160.

Novotny, Patrick, No Future! Cyberpunk, Industrial Music, and the Aesthetics of Postmodern Disintegration, in: Donald M. Hassler/Clyde Wiclox (Hrsg.), Political Science Fiction, Columbia (SC) 1997, S. 99–123.

Oppenheim, Hermann, Der Krieg und die traumatischen Neurosen, Berlin 1915.

Ottmann, Henning, Geschichte politischen Denkens. Bd. 1: Die Griechen, Tbd. 1: Von Homer bis Sokrates, Stuttgart, Weimar 2001.

Page, Max, The City's End. Two Centuries of Fantasies, Fears, and Predominitions of New York's Destruction, New Haven, London 2008.

Papke, Davi Ray, The Impact of Popular Culture on American Perceptions of the Courts, Indiana Law Journal 82 (2007), S. 125–134.

Philips, Todd, Joker, © Warner Bros. Entertainment Inc., 2019.

Picariello, Damien K. (Hrsg.), Politics in Gotham. The Batman Universe and Political Thought, Cham 2019.

Pieper, Jan, Das Labyrinthische. Über die Idee des Verborgenen, Rätselhaften, Schwierigen in der Geschichte der Architektur, 2. Aufl., Basel 2009.

Pippin, Robert B., Hollywood Westerns and American Myth. The Importance of Howard Hawks and John Ford for Political Philosophy, New Haven, London 2010.

Pippin, Robert B., Fatalism in American Film Noir. Some Cinematic Philosophy, Charlottesville, London 2012.

Platon, Werke Bd. 8/1: Nomoi, hrsg. von Gunther Eigler, übers. von Klaus Schöpsdau, 6. Aufl., Darmstadt 2011.

Platon, Werke, Bd. 4: Politeia, hrsg. von Gunther Eigler, übers. von Friedrich Schleiermacher, 6. Aufl., Darmstadt 2011.

Platthaus, Andreas, Der zornige Ritter, Frankfurter Allgemeine Sonntagszeitung, 27.7.2008.

Quintilianus, Marcus Fabius, Institutio oratoria/Ausbildung des Redners. Zwölf Bücher, hrsg. und übers. von Helmut Rahn, Darmstadt 2006.

Raaflaub, Kurt A., Romulus und die Wölfin – Roms Anfänge zwischen Mythos und Geschichte, in: Elke Stein-Hölkeskamp/Karl-Joachim Hölkeskamp (Hrsg.), Erinnerungsorte der Antike: Die römische Welt, München 2006, S. 18–39.

Radkau, Joachim, Das Zeitalter der Nervosität. Deutschland zwischen Bismarck und Hitler, Darmstadt 1998.

Raiser, Thomas, Grundlagen der Rechtssoziologie, 6. Aufl., Tübingen 2013.

Rehbinder, Manfred, Rechtssoziologie, 8. Aufl., München 2014.

Reinert, Robert, Nerven, Robert Reinert Monumental-Film-Werk GmbH, 1919.

Reynolds, Richard, Masked Heros, in: The Superhero Reader, hrsg. von Charles Hatfield, Jeet Heer, Kent Worcester, Jackson 2013, S. 99–115.

Rhetorica ad Herennium, hrsg. und übers. von Theodor Nüsslein, München, Zürich 1994.

Ricci, Matteo, Die westliche ars memorativa (Xiguo jifa), in: Michael Lackner (Hrsg.), Das vergessene Gedächtnis. Die jesuitische mnemotechnische Abhandlung Xiguo jifa. Übersetzung und Kommentar, Stuttgart 1986, S. 28–48.

Röhl, Klaus F., Art. »Popular Culture and Law«, in: Encyclopedia of Law and Society, Los Angeles 2007, S. 1146–1149.

Röhl, Klaus F., Art. »Visual Communication in and about Law«, in: Encyclopedia of Law and Society, Los Angeles 2007, S. 1561–1565.

Röhl, Klaus F., Rechtsoziologie. Ein Lehrbuch, Köln 1987.

Rosenberg, Norman L., Law and Commercial Popular Culture in the Twentieth-Century United States, in: Michael Grossberger/Christopher Tomlins (Hrsg.), The

Cambridge History of Law in America, Bd. 3: The Twentieth Century and after, Cambridge 2008, S. 653–679.
Rückert, Joachim, Das »gesunde Volksempfinden« – eine Erbschaft Savignys?, ZRG (GA),103 (1986), S. 199–247.
Sanders, James, Celluloid Skyline. New York and the Movies, New York 2001.
Sassen, Saskia, The Global City: New York, London, Tokyo, 2. Aufl., Princeton 2001.
Scheller, Jörg, Philanthrokapitalheroismus. Der Unternehmer im Superheldenfilm, in: Jens Eder, Joseph Imorde, Maike Sarah Reinerth (Hrsg.), Medialität und Menschenbild. de Gruyter, Berlin, 2012, S. 219–233.
Schmidt, W., Die psychischen und nervösen Folgezustände nach Granatexplosionen und Minenverschüttungen, Zeitschrift für die gesamte Neurologie und Psychiatrie 29, S. 514–542.
Schmitt, Carl, Die Diktatur. Von den Anfängen des modernen Souveränitätsgedankens bis zum proletarischen Klassenkampf, 7. Aufl., Berlin 2006.
Schmitt, Carl, Politische Theologie. Vier Kapitel zur Lehre von der Souveränität, 9. Aufl., Berlin 2009.
Schmitt, Carl, Theorie des Partisanen. Zwischenbemerkung zum Begriff des Politischen, 7. Aufl., Berlin 2010.
Schöpsdau, Klaus, in: Platon, Nomoi (Gesetze), Buch I-III, hrsg. und übers. von Klaus Schöpsdau, Göttingen 1994.
Schröder, Jan, Recht als Wissenschaft. Geschichte der juristischen Methodenlehre in der Neuzeit, Bd. 2 (1933–1990), München 2020.
Schumacher, Joel, Batman Forever, © Warner Bros. Entertainment Inc., 1995.
Schumacher, Joel, Batman & Robin, © Warner Bros. Entertainment Inc., 1997.
Schuster, Philipp, Mnemotechniken. Neuronale Hintergründe und Auswirkungen auf das kognitive Leistungsvermögen, Diss. München 2020.
Schwarte, Ludger, Philosophie der Architektur, München 2009.
Seymour, Michael, The Babylon of D. W. Griffith's Intolerance, in: Imaging Ancient Cities in Film. From Babylon to Cinecittà, hrsg. von Marta García Morcillo, Pauline Hanesworth, Óscar Lapeña Marchena, London, New York 2015, S. 18–34.
Siehr, Angelika, Das Recht am öffentlichen Raum. Theorie des öffentlichen Raumes und die räumliche Dimension von Freiheit, Tübingen 2016.
Simmel, Ernst, Kriegs-Neurosen und »Psychisches Trauma«, München 1918.
Sklair, Leslie, Icon Project. Architecture, Cities, and Capitalist Globalization, New York, Oxford 2017.
Smith, Jim/J. Clive Matthews, Tim Burton, London 2002.
Snyder, Zack, Batman v Superman. Dawn of Justice, © Warner Bros. Entertainment Inc., 2016.
Soboczynski, Adam, Der Milliardär lebe hoch!, Die Zeit, 26.7.2012, Nr. 31.
Stamp, Jimmy, The Cartographer Who Mapped Out Gotham City: https://www.smithsonianmag.com/arts-culture/cartographer-gotham-city-180951594/

Stolleis, Michael, Arcana imperii und ratio status. Bemerkungen zur politischen Theorie des frühen 17. Jahrhunderts, Göttingen 1980.
Stolleis, Michael, Geschichte des öffentlichen Rechts in Deutschland, Bd. 3, München 1999.
Strümpell, Adolf, Die Schädigung der Nerven und des geistigen Lebens durch den Krieg, Leipzig 1917.
Syme, Ronald, Die Römische Revolution, München 1992.
The Batman Meets Dr. Death (1939), in: E. Nelson Bridwell, Batman. From the 30s to the 70s, New York 1971, S. 54–63.
Tomei, Maria Antonietta, Die Residenz des ersten Kaisers – der Palast in augusteischer Zeit, in: Adolf Hoffmann/Ulrike Wulf (Hrsg.), Die Kaiserpaläste auf dem Palatin in Rom. Das Zentrum der römischen Welt und seine Bauten, Mainz 2004, S. 6–17.
Trotter, Markus, Der Ausnahmezustand im historischen und europäischen Rechtsvergleich, Diss. Heidelberg 1997.
Ueding, Gert/Bernd Steinbrink, Grundriss der Rhetorik. Geschichte, Technik, Methode, 3. Aufl., Stuttgart, Weimar 1994.
Ustinova, Yulia, Caves and the Ancient Greek Mind. Descending Underground in the Search for Ultimate Truth, Oxford 2009.
Vec, Miloš, Zeremonialwissenschaft im Fürstenstaat: Studien zur juristischen und politischen Theorie absolutistischer Herrschaftsrepräsentation, Frankfurt am Main 1998.
Vogl, Peter, Hollywood Justice. Selbstjustiz im amerikanischen Film 1915–2015, Frankenthal 2016.
Voigt, Rüdiger (Hrsg.), Staatsgeheimnisse. Arkanpolitik im Wandel der Zeiten, Wiesbaden 2017.
Wang, A.Y./M. H. Thomas, Looking for Long-Term Mnemonic Effects on Serial Recall: The Legacy of Simonides, The American Journal of Psychology 113 (2000), S. 331–340.
Wegener, Bernhard W., Der geheime Staat. Arkantradition und Informationsfreiheitsrecht, Göttingen 2006.
Wegener, Paul/Carl Boese, Der Golem, wie er in die Welt kam, 1920.
Weldon, Ryan, Catwoman and Subjectivity. Constructions of Identity and Power in Tim Burton's Batman Returns, in: Jennifer L. MacMahon, The Philosophy of Tim Burton, Lexington 2014, S. 31–46.
West, Roland, The Bat Whispers, 1930.
White, Mark D., Batman and Ethics, Hoboken, NJ 2019.
White, Mark D., Criminal Justice in Gotham. The Role of the Dark Knight, in: Damien K. Picariello (Hrsg.), Politics in Gotham. The Batman Universe and Political Thought, Cham 2019, S. 123–140, 124–126.
White, Mark D., Die Philosophie bei Batman. Eine Reise in die Seele des Dark Knight, Weinheim 2012.
Wiene, Robert, Das Cabinet des Dr. Caligari, 1920.

Wills, Garry, Cincinnatus. George Washington and the Enlightenment, Garden City 1984.

Wilson James Q./George L. Kelling, Polizei und Nachbarschaftssicherheit: Zerbrochene Fenster, in: Gunther Dreher/Thomas Feltes (Hrsg.), Das Modell New York: Kriminalprävention durch »Zero Tolerance«, Beiträge zur aktuellen kriminalpolitischen Diskussion, Holzkirchen 1997, S. 43–55.

Wilson, James Q./George L. Kelling, Broken Windows. The police and neighborhood safety, in: The Atlantic Monthly, März 1982, S. 29–39.

Wittfogel, Karl August, Die orientalische Despotie. Eine vergleichende Untersuchung totaler Macht, Köln, Berlin 1962.

Witthinrich, Jochen, Politicae civitas idea reipublicae, 1623, in: Winfried Nerdinger (Hrsg.), Architektur wie sie im Buche steht. Fiktive Bauten und Städte in der Literatur, München 2006, S. 280–281.

Witthinrich, Jochen, Timaios, Kritias, um 360 v.Chr., in: Winfried Nerdinger (Hrsg.), Architektur wie sie im Buche steht. Fiktive Bauten und Städte in der Literatur, München 2006, 268–269.

Wolfschlag, Claus M., Traumstadt und Armageddon. Zukunftsvision und Weltuntergang im Science-Fiction-Film, Graz 2007.

Yates, Frances A., Gedächtnis und Erinnern. Mnemonik von Aristoteles bis Shakespeare, Weinheim 1990.

Zimbardo, Philip G., The Human Choice: Individuation, Reason, and Order versus Deindividuation, Impulse, and Chaos, in: Nebraska Symposium on Motivation 1969, hrsg. von William J. Arnold, David Levine, Lincoln 1970, S. 237–307.

Zingales, Luigi/Jana Kasperkevic/Asher Schechter (Hrsg.), Milton Friedman 50 Years Later, Chicago 2020.

Zucchini, Guiseppe, Die öffentlichen Räume des Dictators Caesar, in: Karl-Joachim Hölkeskamp (Hrsg.), Eine politische Kultur (in) der Krise?. Die »letzte Generation« der römischen Republik, München 2009, S. 183–194.

Anmerkungen

1 Zu Bob Kane und den frühen Batman-Geschichten u.a. S. 16–36; Les Daniels, Batman. The Complete History, S. 16–36; Andrew Farago/Gina McIntyre, Batman. Alles über den Dunklen Ritter in Comic, Film und anderen Medien, S. 14–37.

2 Detective Comics Nr. 27 (Mai 1939), in: E. Nelson Bridwell, Batman. From the 30s to the 70s, S. 20–25, 20.

3 Detective Comics Nr. 33 (November 1939), in: E. Nelson Bridwell, Batman. From the 30s to the 70s, S. 26–27, 26.

4 Detective Comics Nr. 33 (November 1939), in: E. Nelson Bridwell, Batman. From the 30s to the 70s, S. 26–27, 27.

5 Richard Reynolds, Masked Heros, S. 99–115, 110. Vgl. auch Les Daniels, Batman. The Complete History, S. 31.

6 Washington Irving, Salmagundi, S. 24, 103, 148, 149 (usw.).

7 Edwin G. Burrows/Mike Wallace, Gotham. A History of New York City to 1898, S. xii f.

8 Edwin G. Burrows/Mike Wallace, Gotham. A History of New York City to 1898, S. xii f.; vgl. auch Lars Banhold, Batman. Konstruktion eines Helden, S. 24.

9 Zitiert nach Richard Reynolds, Masked Heros, S. 99–115, 110.

10 Saskia Sassen, The Global City: New York, London, Tokyo.

11 Ran Hirschl, City, State. Comparative Constitutionalism and the Megacity, S. 6 f.

12 Ran Hirschl, City, State. Comparative Constitutionalism and the Megacity, S. 8.

13 Saskia Sassen, The Global City: New York, London, Tokyo, S. 7 f.

14 Ran Hirschl, City, State: Comparative Constitutionalism and the Megacity.

15 Vgl. Andrew Farago/Gina McIntyre, Batman. Alles über den Dunklen Ritter in Comic, Film und anderen Medien, S. 268 f.

16 Christopher Nolan, 2012, 1:30:45.

17 Christopher Nolan, 2012, 1:32:19.

18 Zur Bedeutung der Stadt in der Antike ausführlich Frank Kolb, Die Stadt im Altertum.

19 Vgl. Jimmy Stamp, The Cartographer Who Mapped Out Gotham City: https://www.smithsonianmag.com/arts-culture/cartographer-gotham-city-180951594/

20 Vgl. Volkmar Billig, Inseln. Geschichte einer Faszination, S. 20–23.

21 Dazu Felicia Englmann, Titelkupfer: Frontispize aus Werken zum politischen Denken der frühen Neuzeit und ihr Bezug zur Emblematik, in: Dirk Lüddeke/Felicia Englmann (Hrsg.), Zur Geschichte des politischen Denkens. Denkweisen von der Antike bis zur Gegenwart, Stuttgart, S. 105–138, 108 f.

22 Saskia Sassen, The Global City: New York, London, Tokyo, S. 195.

23 Ausführlich Leslie Sklair, Icon Project. Architecture, Cities, and Capitalist Globalization.

24 Mark Abrahamson, Global Cities, S. 122.

25 Andrew Farago/Gina McIntyre, Batman. Alles über den Dunklen Ritter in Comic, Film und anderen Medien, S. 308, 314.

26 https://www.boxofficemojo.com/releasegroup/gr1144476165/

27 https://www.boxofficemojo.com/title/tt1345836/?ref_=bo_rl_ti

28 Dazu Katharina Bieloch/Sharif Bitar, Transnational and Transcultural Superheroes Batman Goes Transnational: The Global Appropriation and Distribution of an American, S. 103–114.

29 Grant Morrison, Batman Incorporated, übersetzt von Steve Kups (nicht paginiert). Hervorhebung im Original.

30 Grant Morrison, Batman Incorporated, übersetzt von Steve Kups (nicht paginiert). Hervorhebung im Original.

31 Zu einem Vorläufer (»cartoon-trust«) vgl. Daniel Damler, Konzern und Moderne. Die verbundene juristische Person in der visuellen Kultur 1880–1980, S. 83 f.

32 Grant Morrison, Batman Incorporated, übersetzt von Steve Kups (nicht paginiert). Hervorhebung im Original.

33 Shilpa Davé, Spider-Man India: Comic Books and the Translating/Transcreating of American Cultural Narratives, S. 115–129 (deutsch: Shilpa Davé, Spider-Man India. Comics und die Übersetzung/Transkreation amerikanischer Narrative, S. 401–416).

34 Shilpa Davé, Spider-Man India. Comics und die Übersetzung/Transkreation amerikanischer Narrative, S. 401–416, 401.

35 Shilpa Davé, Spider-Man India. Comics und die Übersetzung/Transkreation amerikanischer Narrative, S. 401–416, 405.

36 Katharina Bieloch/Sharif Bitar, Transnational and Transcultural Superheroes Batman Goes Transnational: The Global Appropriation and Distribution of an American, S. 103–114, 110 f.; Shilpa Davé, Spider-Man India. Comics und die Übersetzung/Transkreation amerikanischer Narrative, S. 401–416, 414 f.

37 Vgl. Olivier Delcroix, Le partenaire français musulman de Batman crée la polémique!, 7. Januar 2011: https://blog.lefigaro.fr/bd/2011/01/le-partenaire-francais-musulma.html

38 Thomas Duve, Von der Europäischen Rechtsgeschichte zu einer Rechtsgeschichte Europas in globalhistorischer Perspektive, S. 18–71, insbes. 52–56.

39 Dazu eingehend Thomas Duve, Rechtsgeschichte als Geschichte von Normativitätswissen?, S. 1–28.

40 Winfried Nerdinger, Architektur wie sie im Buche steht, S. 9–19, 9.

41 Ausführlich Daniel Damler, Bauhaus Laws. The Modernist Revolution and Legal Thought; ders., Rechtsästhetik. Sinnliche Analogie im juristischen Denken.

42 Jochen Witthinrich, Timaios, Kritias, um 360 v.Chr., S. 268–269, 268.

43 Tomasso Campanella, Sonnenstaat, in: Der utopische Staat, hrsg. und übers. von Klaus J. Heinrich, S. 109–169, 117–119.

44 Jochen Witthinrich, Timaios, Politicae civitas idea reipublicae, 1623, in: Winfried Nerdinger (Hrsg.), Architektur wie sie im Buche steht. Fiktive Bauten und Städte in der Literatur, S. 280–281, 281.

45 Tomasso Campanella, Sonnenstaat, S. 109–169, S. 120 f.

46 Z.B. Andrew Farago/Gina McIntyre, Batman. Alles über den Dunklen Ritter in Comic, Film und anderen Medien; Lars Banhold, Batman. Konstruktion eines Helden; Les Daniels,

Batman. The Complete History; Will Brooker, Batman Unmasked. Analyzing a Cultural Icon; ders., Hunting the Dark Knight: Twenty-first Century Batman.

47 Wem das noch nicht reicht, der sollte die mit großer Sorgfalt und Liebe zum Detail kuratierten und fortlaufend um Neuigkeiten ergänzten Informationsportale konsultieren, z.B. (deutschsprachig) https://batmanprojekt.com/; https://www.batmannews.de/

48 Z.B. Damien K. Picariello (Hrsg.), Politics in Gotham. The Batman Universe and Political Thought; Mark D. White, Batman and Ethics; ders., Die Philosophie bei Batman. Eine Reise in die Seele des Dark Knight; Peter Vogl, Hollywood Justice. Selbstjustiz im amerikanischen Film 1915–2015, insbes. S. 137–155. Kaum noch zu überblicken ist die Literatur zum Superhelden-Genre. Eine Einführung und Anthologie in deutscher Sprache: Lukas Etter/Thomas Nehrlich/Joanna Nowotny (Hrsg.), Reader Superhelden. Theorie, Geschichte, Medien. Zur politisch-juristischen Dimension vgl. etwa Neal Curtis, Sovereignty and superheroes.

49 Z.B. Dietmar Dath, Klassiker der Comic-Literatur. Faustrecht als graphisches Erzählideal: Batman; Andreas Platthaus, Der zornige Ritter; Tobias Kniebe, Riss in der Wirklichkeit; Adam Soboczynski, Der Milliardär lebe hoch!

50 Neuauflage und Übersetzung: Frank Miller/Klaus Janson/Lynn Varley, Die Rückkehr des Dunklen Ritters. Zum Kontext Andrew Farago/Gina McIntyre, Batman. Alles über den Dunklen Ritter in Comic, Film und anderen Medien, S. 116–133; Les Daniels, Batman. The Complete History, S. 155–157.

51 Andrew Farago/Gina McIntyre, Batman. Alles über den Dunklen Ritter in Comic, Film und anderen Medien, S. 152,

52 Andrew Farago/Gina McIntyre, Batman. Alles über den Dunklen Ritter in Comic, Film und anderen Medien, S. 155.

53 Andrew Farago/Gina McIntyre, Batman. Alles über den Dunklen Ritter in Comic, Film und anderen Medien, S. 168–171.

54 Vgl. Todd McGowan, The fictional Christopher Nolan.

55 Dazu Andrew Farago/Gina McIntyre, Batman. Alles über den Dunklen Ritter in Comic, Film und anderen Medien, S. 116–132, 374.

56 Eine erweiterte Fassung dieses Kapitels erscheint unter dem Titel »Ex sensu ius oritur. Die Materialisierung von Normen im (bewegten) Bild« in Annali dell'Istituto Storico Italo Germanico 47 (2021).

57 Vgl. Robert B. Pippin, Hollywood Westerns and American Myth. The Importance of Howard Hawks and John Ford for Political Philosophy, S. 12 f.

58 Vgl. bereits Daniel Damler, Bauhaus Laws. The Modernist Revolution and Legal Thought, S. 1–4.

59 Platon, Werke Bd. 8/1: Nomoi, S. 89 – dazu die Kommentierung von Klaus Schöpsdau, in: Platon, Nomoi (Gesetze), S. 276 f.

60 Charles Louis de Secondat, Baron de La Brède et de Montesquieu, De l'esprit des loix, S. 491.

61 Vgl. etwa Susanne Baer, Rechtssoziologie. Eine Einführung in die interdisziplinäre Rechtsforschung, S. 210–212; Thomas Raiser, Grundlagen der Rechtssoziologie, S. 338–342; Manfred Rehbinder, Rechtssoziologie, Rn. 118 f.

62 Manfred Rehbinder, Rechtssoziologie, Rn. 118.

63 Lawrence M. Friedman, The Legal System. A Social Science Perspective, S. 223: »The external legal culture is the legal culture of the general population; the internal legal culture is the legal culture of those members of society who perform specialized legal tasks.«

64 Thomas Raiser, Grundlagen der Rechtssoziologie, S. 340.

65 Zum Status des Gewohnheitsrechts nach 1945 Jan Schröder, Recht als Wissenschaft. Geschichte der juristischen Methodenlehre in der Neuzeit, Bd. 2 (1933–1990), S. 140–149.

66 Grundlegend zur normwissenschaftlichen Perspektive Thomas Duve, Rechtsgeschichte als Geschichte von Normativitätswissen?, S. 1–28; ferner Christoph Möllers, Die Möglichkeit der Normen. Über eine Praxis jenseits von Moralität und Kausalität.

67 Christoph Möllers, Die Möglichkeit der Normen. Über eine Praxis jenseits von Moralität und Kausalität, S. 18; vgl. auch Daniel Damler, Synästhetische Normativität, S. 162–182, 175 f.

68 Vgl. Susanne Baer, Rechtssoziologie. Eine Einführung in die interdisziplinäre Rechtsforschung, S. 212 f.; Thomas Raiser, Grundlagen der Rechtssoziologie, S. 342; Klaus F. Röhl, Rechtsoziologie. Ein Lehrbuch, S. 293–303.

69 Thomas Raiser, Grundlagen der Rechtssoziologie, S. 341 f.

70 Joachim Rückert, Das »gesunde Volksempfinden« – eine Erbschaft Savignys?, S. 199–247, 239.

71 Manfred Rehbinder, Rechtssoziologie, Rn. 120. Etwas optimistischer Thomas Raiser, Grundlagen der Rechtssoziologie, S. 344.

72 Thomas Raiser, Grundlagen der Rechtssoziologie, S. 343 f.; Klaus F. Röhl, Art. »Popular Culture and Law«, in: Encyclopedia of Law and Society, S. 1146–1149, 1147 f.

73 Klaus F. Röhl, Rechtsoziologie. Ein Lehrbuch, S. 285 f.; ders., Art. »Popular Culture and Law«, S. 1146–1149, 1147.

74 Vgl. den Sammelband Hauke Brettel/Matthias Rau/Jannik Rienhoff (Hrsg.), Strafrecht in Film und Fernsehen. Daneben ist die Nähe des Strafrechts zu moralischen Grundnormen von Belang: Thomas Raiser, Grundlagen der Rechtssoziologie, S. 343 f.; Klaus F. Röhl, Rechtsoziologie. Ein Lehrbuch, S. 296.

75 Das Folgende gilt auch für alle vergleichbaren »Formate« wie etwa (Fernseh-) Serien.

76 Vgl. auch Davi Ray Papke, The Impact of Popular Culture on American Perceptions of the Courts, Indiana, S. 125–134; Klaus F. Röhl, Art. »Popular Culture and Law«, S. 1146–1149, 1147–1149; ders., Art. »Visual Communication in and about Law«, S. 1561–1565, 1563–1565; Susanne Baer, Rechtssoziologie. Eine Einführung in die interdisziplinäre Rechtsforschung, S. 77 f. Zur Geschichte des »Lexitainment« in den USA Norman L. Rosenberg, Law and Commercial Popular Culture in the Twentieth-Century United States, S. 653–679.

77 Vgl. Siegfried Kracauer, Von Caligari zu Hitler. Eine psychologische Geschichte deutschen Films, S. 11.

78 Siegfried Kracauer, Von Caligari zu Hitler. Eine psychologische Geschichte deutschen Films, S. 12.

79 Siegfried Kracauer, Von Caligari zu Hitler. Eine psychologische Geschichte deutschen Films, S. 7.

80 Siegfried Kracauer, Von Caligari zu Hitler. Eine psychologische Geschichte deutschen Films, S. 11.

81 Thomas Elsaesser, Das Weimarer Kino – aufgeklärt und doppelbödig, S. 43: »Das hohe Niveau und die hohe Professionalität der Filmtechnik und des Filmdesigns legen einen doppelten Zugang zur Betrachtung eines Films und Bestimmung seines Stils nahe. Wenn man weiß, wie die Studios mit kreativer Teamarbeit operierten, lässt sich annehmen, dass die Filmemacher und -ausstatter genauso intensiv damit beschäftigt waren, unterschiedliche Elemente zu ›vereinheitlichen‹, ästhetische Stile als Versatzstücke je nach Mode und Nachfrage zu zitieren und wiederzuverwerten wie ihrer individuellen Begabung

Ausdruck zu verleihen.« So könne es geschehen, dass »der Inhalt plötzlich von der Form vorgegeben wird.«

82 Ausführlich Daniel Damler, Rechtsästhetik. Sinnliche Analogien im juristischen Denken, S. 192–337.

83 M. Tullius Cicero, De oratore/Über den Redner, S. 233.

84 M. Tullius Cicero, De oratore/Über den Redner, S. 233 f.

85 Grundlegend Frances A. Yates, Gedächtnis und Erinnern. Mnemonik von Aristoteles bis Shakespeare.

86 M. Tullius Cicero, De oratore/Über den Redner, S. 234.

87 Philipp Schuster, Mnemotechniken. Neuronale Hintergründe und Auswirkungen auf das kognitive Leistungsvermögen, S. 87 f. Vgl. auch R.N. Carney, R. N./J. R. Levin, Fading Mnemonic Memories: Here's Looking Anew, Again!, S. 499–508; E. Cavallini/ A. Pagnin/T. Vecchi, Aging and everyday memory: The beneficial effect of memory training, S. 241–257; A. Y. Wang/M. H. Thomas, Looking for Long-Term Mnemonic Effects on Serial Recall: The Legacy of Simonides, S. 331–340.

88 Marcus Fabius Quintilianus, Institutio oratoria/Ausbildung des Redners. Zwölf Bücher, S. 593.

89 M. Tullius Cicero, De oratore/Über den Redner, S. 234.

90 Ausführlich auch Matteo Ricci, Die westliche *ars memorativa* (Xiguo jifa), S. 28–48.

91 Rhetorica ad Herennium, S. 167.

92 Rhetorica ad Herennium, S. 175.

93 Marcus Fabius Quintilianus, Institutio oratoria/Ausbildung des Redners. Zwölf Bücher, S. 593.

94 Vgl. Carl Schmitt, Die Diktatur. Von den Anfängen des modernen Souveränitätsgedankens bis zum proletarischen Klassenkampf; Giorgio Agamben, Stato di eccezione; Michel Foucault, Naissance de la biopolitique (1978–1979).

95 Eine wichtige Ausnahme ist die Habilitationsschrift von Anna-Bettina Kaiser, Ausnahmeverfassungsrecht.

96 Eingehend Michael Stolleis, Geschichte des öffentlichen Rechts in Deutschland, S. 171–186. Zu den Hintergründen vgl. auch Peter Blomeyer, Der Notstand in den letzten Jahren von Weimar, S. 24–61.

97 Matthias Jahn, Das Strafrecht des Staatsnotstandes. Die strafrechtlichen Rechtfertigungsgründe und ihr Verhältnis zu Eingriff und Intervention im Verfassungs- und Völkerrecht der Gegenwart, S. 15–17.

98 Hermann Heller, Staatslehre, S. 252.

99 Michael Stolleis, Geschichte des öffentlichen Rechts in Deutschland, S. 184.

100 Carl Schmitt, Politische Theologie. Vier Kapitel zur Lehre von der Souveränität, S. 19.

101 Carl Schmitt, Politische Theologie. Vier Kapitel zur Lehre von der Souveränität, S. 19.

102 Dezidiert gegen die Rechtlosigkeitsthese Matthias Jahn, Das Strafrecht des Staatsnotstandes. Die strafrechtlichen Rechtfertigungsgründe und ihr Verhältnis zu Eingriff und Intervention im Verfassungs- und Völkerrecht der Gegenwart, S. 20–25.

103 Tim Burton, 1992, 00:50:53.

104 Niccolò Machiavelli, Discorsi. Gedanken über Politik und Staatsführung, I. Buch 34. Kapitel (S. 94).

105 Vgl. auch Herfried Münkler, Republik, Demokratie und Diktatur. Die Rezeption von drei antiken Begriffen im politischen Denken der Neuzeit, Berlin 2003, S. 69–97, 91; Matthias

Lemke, Demokratie im Ausnahmezustand. Wie Regierungen ihre Macht ausweiten, S. 90 Fn. 54.

106 Thomas Jefferson, Notes on the state of Virginia, S. 136.

107 Thomas Jefferson, Notes on the state of Virginia, S. 138.

108 Thomas Jefferson, Notes on the state of Virginia, S. 137.

109 Zu Art. 48 Abs. 2 WRV ausführlich Peter Blomeyer, Der Notstand in den letzten Jahren von Weimar, S. 62–80.

110 Vgl. Matthias Lemke, Demokratie im Ausnahmezustand. Wie Regierungen ihre Macht ausweiten, Frankfurt, S. 121 f.

111 Matthias Lemke, Demokratie im Ausnahmezustand. Wie Regierungen ihre Macht ausweiten, S. 148 f.

112 Vgl. etwa Hans Lisken, Zur polizeilichen Rasterfahmdung, S. 513–519, 515 f.; dazu Matthias Jahn, Das Strafrecht des Staatsnotstandes. Die strafrechtlichen Rechtfertigungsgründe und ihr Verhältnis zu Eingriff und Intervention im Verfassungs- und Völkerrecht der Gegenwart, S. 132.

113 Matthias Lemke, Demokratie im Ausnahmezustand. Wie Regierungen ihre Macht ausweiten, S. 140 [BT 1960, 7176, 7171].

114 Niccolò Machiavelli, Discorsi. Gedanken über Politik und Staatsführung, I. Buch 34. Kapitel (S. 96).

115 Zur Begriffsgeschichte Herfried Münkler, Republik, Demokratie und Diktatur. Die Rezeption von drei antiken Begriffen im politischen Denken der Neuzeit, S. 69–97, 96; Herfried Münkler/Marcus Llanque, Art. »Diktatur«, Sp. 852–862, 852.

116 Niccolò Machiavelli, Discorsi. Gedanken über Politik und Staatsführung, I. Buch 34. Kapitel (S. 96).

117 Darauf verwies u.a. Willy Brandt vgl. Matthias Lemke, Demokratie im Ausnahmezustand. Wie Regierungen ihre Macht ausweiten, S. 144.

118 Matthias Lemke, Demokratie im Ausnahmezustand. Wie Regierungen ihre Macht ausweiten, S. 141 f.

119 Niccolò Machiavelli, Discorsi. Gedanken über Politik und Staatsführung, übers. von Rudolf Zorn, I. Buch 34. Kapitel (S. 95).

120 Wolfgang Kunkel/Roland Wittmann, Staatsordnung und Staatspraxis der römischen Republik, Zweiter Abschnitt: Die Magistratur, S. 665 f.

121 Wolfgang Kunkel/Roland Wittmann, Staatsordnung und Staatspraxis der römischen Republik, Zweiter Abschnitt: Die Magistratur, S. 667, 670.

122 Wolfgang Kunkel/Roland Wittmann, Staatsordnung und Staatspraxis der römischen Republik, Zweiter Abschnitt: Die Magistratur, S. 668.

123 Niccolò Machiavelli, Discorsi. Gedanken über Politik und Staatsführung, übers. von Rudolf Zorn, 2. Aufl., Stuttgart 1977, I. Buch 34. Kapitel (S. 97).

124 Matthias Lemke, Demokratie im Ausnahmezustand. Wie Regierungen ihre Macht ausweiten, S. 80–83; Sean Mattie, Prerogative and the Rule of Law in John Locke and the Lincoln Presidency, S. 77–112. Es ist allerdings darauf hinzuweisen, dass »Prärogativen« im Sinne von monarchischen Vorrechten in der frühen Neuzeit und im 19. Jahrhundert weit verbreitet waren und sich keineswegs (nur) auf Notstandslagen bezogen.

125 John Locke, Two Treatises of Government, Second Treatise, Ch. XIV § 159 (S. 374).

126 John Locke, Two Treatises of Government, Second Treatise, Ch. XIV § 160 (S. 375).

127 John Locke, Two Treatises of Government, Second Treatise, Ch. XIV § 159 (S. 374).

128 Allenfalls stellt der (für den Verteidigungsfall vorgesehene) Gemeinsame Ausschuss i.S. des Art. 53a GG eine irreguläre (Notstands-) Institution dar.

129 »Gegen jeden, der es unternimmt, diese Ordnung zu beseitigen, haben alle Deutschen das Recht zum Widerstand, wenn andere Abhilfe nicht möglich ist.«

130 Bernd Grzeszick, in: Maunz/Dürig, Grundgesetz-Kommentar, Art. 20 Abs. 4 GG Rn. 15; Matthias Jahn, Das Strafrecht des Staatsnotstandes. Die strafrechtlichen Rechtfertigungsgründe und ihr Verhältnis zu Eingriff und Intervention im Verfassungs- und Völkerrecht der Gegenwart, S. 462–463.

131 Rechtsvergleichend Markus Trotter, Der Ausnahmezustand im historischen und europäischen Rechtsvergleich.

132 Zitiert nach Andrew Farago/Gina McIntyre, Batman. Alles über den Dunklen Ritter in Comic, Film und anderen Medien, S. 168.

133 Zitiert nach Andrew Farago/Gina McIntyre, Batman. Alles über den Dunklen Ritter in Comic, Film und anderen Medien, S. 216.

134 Jim Smith/J. Clive Matthews, Tim Burton, S. 20.

135 Peter C. Kunze, The Use of German Expressionism and American Exceptionalism, S. 198–211, 204.

136 Jim Smith/J. Clive Matthews, Tim Burton, S. 202.

137 Vgl. Peter C. Kunze, The Use of German Expressionism and American Exceptionalism, S. 198–211, 199.

138 Vgl. nur Peter C. Kunze, The Use of German Expressionism and American Exceptionalism, S. 198–211, 204–207; Andrew Farago/Gina McIntyre, Batman. Alles über den Dunklen Ritter in Comic, Film und anderen Medien, Stuttgart 2020, S. 216; Jim Smith/J. Clive Matthews, Tim Burton, S. 114.

139 Tim Burton, 1992, 07:01.

140 Tim Burton, 1989, 1:41:51-1:43:50.

141 Tim Burton, 1989, 0:23:50-0:29:07.

142 Tim Burton, 1992, u.a. 17:48.

143 Die Drehorte sind gut dokumentiert, vgl. u.a. https://www.movie-locations.com/movies/d/Dark-Knight.php; https://movie-locations.com/movies/d/Dark-Knight-Rises.php; https://moviemaps.org/movies/7y; https://moviemaps.org/movies/1s.

144 Christopher Nolan, 2008, 0:11:45-0:12:01.

145 Christopher Nolan, 2012, 0:58:59-1:00:46.

146 Christopher Nolan, 2008, 0:17:59-0:18:07.

147 Christopher Nolan, 2012, 0:36:35-0:37:01.

148 Christopher Nolan, 2008, 0:26:27-0:26:33.

149 Christopher Nolan, 2012, 0:58:34-0:59:58.

150 Christopher Nolan, 2012, 1:49:14-1:49:36.

151 Les Daniels, Batman. The Complete History, S. 20.

152 Alexandra Heller-Nicholas, Masks in Horror Cinema. Eyes Without Faces, S. 67.

153 Les Daniels, Batman. The Complete History, S. 20.

154 Peter C. Kunze, The Use of German Expressionism and American Exceptionalism, S. 198–211, 206.

155 Dass Kategorien und Zuschreibungen dieser Art einem Kunstwerk nie gerecht werden, steht auf einem anderen Blatt. Zum umstrittenen Gattungsbegriff »expressionistischer Film« vgl.

die Beiträge in Jacques Aumont/Bernard Benoliel (Hrsg.), Le Cinéma expressionniste. De Caligari à Tim Burton.

156 Les Daniels, Batman. The Complete History, S. 40; Andrew Farago/Gina McIntyre, Batman. Alles über den Dunklen Ritter in Comic, Film und anderen Medien, S. 26.

157 Vgl. Siegfried Kracauer, Von Caligari zu Hitler. Eine psychologische Geschichte deutschen Films, S. 84–95 (»Aufmarsch der Tyrannen«).

158 Eingehend Anton Kaes, Shell Shock Cinema. Weimar Culture and the Wounds of War (zur Kritik an Kracauer: S. 5).

159 Siegfried Kracauer, Von Caligari zu Hitler. Eine psychologische Geschichte deutschen Films, S. 75.

160 Siegfried Kracauer, Von Caligari zu Hitler. Eine psychologische Geschichte deutschen Films, S. 76 f.

161 Siegfried Kracauer, Von Caligari zu Hitler. Eine psychologische Geschichte deutschen Films, S. 77.

162 Vgl. zu Symptomen und Ursachen Andreas Killen, Berlin Electropolis. Shock, Nerves, and German Modernity, S. 130.

163 Andreas Killen, Berlin Electropolis. Shock, Nerves, and German Modernity, S. 130; ferner Joachim Radkau, Das Zeitalter der Nervosität. Deutschland zwischen Bismarck und Hitler, S. 430 (200.000).

164 Alois Alzheimer, Der Krieg und die Nerven.

165 Hermann Oppenheim, Der Krieg und die traumatischen Neurosen.

166 Adolf Strümpell, Die Schädigung der Nerven und des geistigen Lebens durch den Krieg.

167 Ernst Simmel, Kriegs-Neurosen und »Psychisches Trauma«.

168 Johannes Finckh, Die Nerven. Ihre Gefährdung und Pflege in Krieg und Frieden.

169 Sigmund Freud/Sándor Ferenczi/Karl Abraham/Ernest Jones, Zur Psychoanalyse der Kriegsneurosen, Leipzig.

170 Ernst Simmel, Kriegs-Neurosen und »Psychisches Trauma«, S. 5.

171 W. Schmidt, Die psychischen und nervösen Folgezustände nach Granatexplosionen und Minenverschüttungen, S. 514–542, 514.

172 Andreas Killen, Berlin Electropolis. Shock, Nerves, and German Modernity, S. 159.

173 Andreas Killen, Berlin Electropolis. Shock, Nerves, and German Modernity, S. 158.

174 Anton Kaes, Shell Shock Cinema. Weimar Culture and the Wounds of War, S. 78 f. Monographisch Bernhard Horstmann, Hitler in Pasewalk. Die Hypnose und ihre Folgen.

175 Joachim Radkau, Das Zeitalter der Nervosität. Deutschland zwischen Bismarck und Hitler, S. 430.

176 Andreas Killen, Berlin Electropolis. Shock, Nerves, and German Modernity, S. 214, 217.

177 Alexander Honold, Im Nervenzentrum der Katastrophe. Die Großstadt als traumatischer Gedächtnisraum in Döblins Berlin Alexanderplatz, S. 99–119, 106; Andreas Killen, Berlin Electropolis. Shock, Nerves, and German Modernity, S. 213.

178 Alfred Döblin, Berlin Alexanderplatz, S. 402.

179 Alfred Döblin, Berlin Alexanderplatz, S. 400.

180 Anton Kaes, Shell Shock Cinema. Weimar Culture and the Wounds of War, S. 81.

181 Anton Kaes, Shell Shock Cinema. Weimar Culture and the Wounds of War, S. 43 f.

182 Robert Reinert, 1919, 2:39-2:48.

183 Robert Reinert, 1919, 2:13.

184 Anton Kaes, Shell Shock Cinema. Weimar Culture and the Wounds of War, S. 82, 86.

185 Anton Kaes, Shell Shock Cinema. Weimar Culture and the Wounds of War, S. 46–48; Andreas Killen, Berlin Electropolis. Shock, Nerves, and German Modernity, S. 150 f.
186 Vgl. Joachim Radkau, Das Zeitalter der Nervosität. Deutschland zwischen Bismarck und Hitler, S. 190–215.
187 Andreas Killen, Berlin Electropolis. Shock, Nerves, and German Modernity, S. 2.
188 Zu Beard vgl. Joachim Radkau, Das Zeitalter der Nervosität. Deutschland zwischen Bismarck und Hitler, S. 49–62.
189 Friedrich Nietzsche, Menschliches, Allzumenschliches. Ein Buch für freie Geister, Bd. 1, Neue Ausgabe, Nr. 244.
190 Joachim Radkau, Das Zeitalter der Nervosität. Deutschland zwischen Bismarck und Hitler, S. 275 f.
191 Andreas Killen, Berlin Electropolis. Shock, Nerves, and German Modernity, S. 129.
192 Vgl. das Ärztegespräch in Alfred Döblin, Berlin Alexanderplatz, S. 384 f.
193 Vgl. insbesondere Andreas Killen, Berlin Electropolis. Shock, Nerves, and German Modernity; Joachim Radkau, Das Zeitalter der Nervosität. Deutschland zwischen Bismarck und Hitler, S. 357–455.
194 Andreas Killen, Berlin Electropolis. Shock, Nerves, and German Modernity, S. 160.
195 Anton Kaes, Shell Shock Cinema. Weimar Culture and the Wounds of War, S. 74 (zu Hans Janowitz und Carl Mayer, die das Drehbuch des »Caligari« verfassten).
196 Anton Kaes, Shell Shock Cinema. Weimar Culture and the Wounds of War, S. 6. In größerem Umfang als Eisner und Kracauer bezieht daher Thomas Elsaesser, (Das Weimarer Kino – aufgeklärt und doppelbödig) populäre nicht-expressionistische Produktionen in seine Überlegungen ein.
197 Anton Kaes, Shell Shock Cinema. Weimar Culture and the Wounds of War, S. 6.
198 Vgl. Ryan Weldon, Catwoman and Subjectivity. Constructions of Identity and Power in Tim Burton's Batman Returns, in: Jennifer L. MacMahon, The Philosophy of Tim Burton, S. 31–46.
199 Christopher Nolan, 2005, 1:24:52-1:25:20.
200 Robert B. Pippin, Hollywood Westerns and American Myth. The Importance of Howard Hawks and John Ford for Political Philosophy, S. 12 f.
201 Über den aktuellen Forschungsstand in der politischen Psychologie informieren die Beiträge in Leonie Huddy/David O. Sears/Jack S. Levy (Hrsg.), The Oxford Handbook of Political Psychology.
202 Zu dem – im Folgenden nicht vertieften – Einfluss der Polis auf die Seele: Norbert Blößner, Dialogform und Argument. Studien zu Platons »Politeia«, S. 210–212.
203 Dorothea Frede, Die ungerechten Verfassungen und die ihnen entsprechenden Menschen (Buch VIII 543a – IX 576b), S. 251–270, 258 f.
204 Dorothea Frede, Die ungerechten Verfassungen und die ihnen entsprechenden Menschen (Buch VIII 543a – IX 576b), S. 251–270, 259. Zum Begriff vgl. Harold D. Lasswell, Psychopathology and Politics.
205 Norbert Blößner, Dialogform und Argument. Studien zu Platons »Politeia«, S. 197.
206 Platon, Werke, Bd. 4: Politeia, S. 331.
207 Platon, Werke, Bd. 4: Politeia, S. 643.
208 Platon, Werke, Bd. 4: Politeia, S. 655.
209 Dorothea Frede, Die ungerechten Verfassungen und die ihnen entsprechenden Menschen (Buch VIII 543a – IX 576b), S. 251–270, 260.
210 Platon, Werke, Bd. 4: Politeia, S. 745.

211 Dorothea Frede, Die ungerechten Verfassungen und die ihnen entsprechenden Menschen (Buch VIII 543a – IX 576b), S. 251–270, 261.

212 Platon, Werke, Bd. 4: Politeia, S. 683.

213 Platon, Werke, Bd. 4: Politeia, S. 481.

214 »Stulifera Navis«, Narrenschiff, ist bekanntlich das erste Kapitel in Michel Foucaults »Wahnsinn und Gesellschaft« überschrieben. Foucault verweist darin auf die Existenz realer »Narrenschiffe« im Spätmittelalter: Michel Foucault, Wahnsinn und Gesellschaft. Eine Geschichte des Wahns im Zeitalter der Vernunft, S. 25–31.

215 Vgl. Ulrich Gaier, »Plato noster«: Platonismus im Narrenschiff, S. 103–142, mit dem Nachweis, dass Brant »wesentliche Elemente seines Narrenbegriffs und anderer Konzepte im *Narrenschiff* aus seiner Platonlektüre entwickelt hat« (105). Allerdings zitiert Brant im »Narrenschiff« selbst nur aus Platons »Phaidros« und den »Briefen«.

216 Vgl. Dorothea Frede, Die ungerechten Verfassungen und die ihnen entsprechenden Menschen (Buch VIII 543a – IX 576b), S. 251–270, 262–265.

217 Dorothea Frede, Die ungerechten Verfassungen und die ihnen entsprechenden Menschen (Buch VIII 543a – IX 576b), S. 251–270, 259 (»Psychpathologie der Bürger«).

218 Zur Rehabilitation der Weimarer Verfassung überzeugend die Beiträge in Horst Dreier/ Christian Waldhoff (Hrsg.), Das Wagnis der Demokratie. Eine Anatomie der Weimarer Reichsverfassung.

219 Christopher Nolan, 2005, 1:39:50.

220 Tim Burton, 1992, 46:39-51:51.

221 M. Tullius Cicero, De oratore/Über den Redner, S. 318.

222 Zu Quintilians Actio-Verständnis vgl. Elaine Fantham, Quintilian on Performance: Traditional and Personal Elements in »Institutio« 11.3, S. 243–263.

223 Gert Ueding/Bernd Steinbrink, Grundriss der Rhetorik. Geschichte, Technik, Methode, S. 216. Zum Konzept des Decorum in der (frühen) Neuzeit grundlegend Miloš Vec, Zeremonialwissenschaft im Fürstenstaat: Studien zur juristischen und politischen Theorie absolutistischer Herrschaftsrepräsentation, insbes. S. 49–54.

224 Marcus Fabius Quintilianus, Institutio oratoria/Ausbildung des Redners. Zwölf Bücher, S. 635.

225 Marcus Fabius Quintilianus, Institutio oratoria/Ausbildung des Redners. Zwölf Bücher, S. 635.

226 Tim Burton, 1992, 6:03, 1:12.29.

227 Tim Burton, 1989, 1:54:52-58.

228 Tim Burton, 1989, 1:04:40-1:05:01.

229 Joel Schumacher, 1995, 28:12-18.

230 Joel Schumacher, 1997, 33:07-18.

231 Kopf im Arno-Breker-Stil: Joel Schumacher, 1997, 46:50.

232 Joel Schumacher, 1995, 12:09-23.

233 Zu Autonomie und Eigengewicht »ästhetischer Tugenden« vgl. Daniel Damler, Rechtsästhetik. Sinnliche Analogien im juristischen Denken, u.a. S. 208 f.

234 Eingehend Udo Reinhold Jeck, Platonica Orientalia. Aufdeckung einer philosophischen Tradition, insbes. S. 23–25.

235 Vgl. Elliott Colla, Conflicted Antiquity. Egyptology, Egyptomania, Egyptian Modernity, S. 30.

236 Vgl. Regina Heilmann, Paradigma Babylon. Rezeption und Visualisierung des Alten Orients im Spielfilm. Ein Beitrag der Vorderasiatischen Archäologie zur Orientalismus-Forschung, S. 19–24, 35–45.

237 Elliott Colla, Conflicted Antiquity. Egyptology, Egyptomania, Egyptian Modernity, S. 172–226; James Stevens Curl, The Egyptian Revival: Ancient Egypt as the Inspiration for Design Motifs in the West, S. 373–389; Michael Seymour, The Babylon of D. W. Griffith's Intolerance, S. 18–34, 19 f.

238 Dieter Bartetzko, Illusionen in Stein. Stimmungsarchitektur im deutschen Faschismus. Ihre Vorgeschichte in Theater- und Filmbauten, S. 199–201.

239 Dieter Bartetzko, Illusionen in Stein. Stimmungsarchitektur im deutschen Faschismus. Ihre Vorgeschichte in Theater- und Filmbauten, S. 201.

240 Dieter Bartetzko, Illusionen in Stein. Stimmungsarchitektur im deutschen Faschismus. Ihre Vorgeschichte in Theater- und Filmbauten, S. 232.

241 Dieter Bartetzko, Illusionen in Stein. Stimmungsarchitektur im deutschen Faschismus. Ihre Vorgeschichte in Theater- und Filmbauten, S. 234.

242 Dieter Bartetzko, Illusionen in Stein. Stimmungsarchitektur im deutschen Faschismus. Ihre Vorgeschichte in Theater- und Filmbauten, S. 281.

243 Vgl. zum Kontext Daniel Damler, The Synesthesia of Values. How the ideals of modernist design prefigured and shaped fascist legal and political thought, S. 811–830.

244 Vgl. den Überblick in Regina Heilmann, Paradigma Babylon. Rezeption und Visualisierung des Alten Orients im Spielfilm. Ein Beitrag der Vorderasiatischen Archäologie zur Orientalismus-Forschung, S. 46–158.

245 Michael Seymour, The Babylon of D. W. Griffith's Intolerance, S. 18–34, 20.

246 Regina Heilmann, Paradigma Babylon. Rezeption und Visualisierung des Alten Orients im Spielfilm. Ein Beitrag der Vorderasiatischen Archäologie zur Orientalismus-Forschung, S. 84; Michael Seymour, The Babylon of D. W. Griffith's Intolerance, S. 18–34, 18.

247 Regina Heilmann, Paradigma Babylon. Rezeption und Visualisierung des Alten Orients im Spielfilm. Ein Beitrag der Vorderasiatischen Archäologie zur Orientalismus-Forschung, S. 90–92; Michael Seymour, The Babylon of D. W. Griffith's Intolerance, S. 18–34, 23–27.

248 Michael Seymour, The Babylon of D. W. Griffith's Intolerance, S. 18–34, 18.

249 Michael Seymour, The Babylon of D. W. Griffith's Intolerance, S. 18–34, 23 f.

250 Vgl. die Beiträge von Christopher Frayling (Egyptomania, S. 40–49) und Oriana Baddeleyn (Ancient Mexican Sources of Art Deco, S. 56–65) in: Art Deco 1910–1939, hrsg. von Charlotte Benton, Tim Benton, Ghislaine Wood.

251 Vgl. Penelope Curtis, Deco Sculpture and Archaism, S. 50–55.

252 Vgl. Norbert Messler, The Art Deco Skyscraper in New York, Frankfurt am Main, S. 29–33.

253 Vgl. Carol Willis, Form Follows Finance. Skyscrapers and Skylines in New York and Chicago, S. 67–79; Mirko Gatti, New York (Teil 1), in: Legislating Architecture, S. 30 f., 30.

254 Vgl. etwa The Batman Meets Dr. Death (1939), S. 54–63, 55.

255 H. Douglas Ives, The Architecture of the French Building, The Voice, 1 (February, 1927) S. 4 – nach Norbert Messler, The Art Deco Skyscraper in New York, Frankfurt am Main, S. 31; vgl. auch Landmarks Preservation Commission March 18, 1986, Designation List 184 LP-1415, S. 12 (http://s-media.nyc.gov/agencies/lpc/lp/1415.pdf).

256 Karl August Wittfogel, Die orientalische Despotie. Eine vergleichende Untersuchung totaler Macht, S. 72.

257 Karl August Wittfogel, Die orientalische Despotie. Eine vergleichende Untersuchung totaler Macht, S. 28.

258 Dazu Mario Liverani Ancient Near Eastern Cities and Modern Ideologies, S. 85–107, 92.

259 Zu Recht kritisch in Bezug auf »ein simples Bild des ›Orientalismus‹, der nichts anderes als westlichen Kolonialismus legitimieren soll«: Wilfried Nippel, Der Diskurs über die orientalische Despotie im 18. und 19. Jahrhundert. Von Montesquieu zu Marx, in: Aneignung und Abgrenzung. Wechselnde Perspektiven auf die Antithese 'Ost‹ und 'West‹ in der griechischen Antike, S. 465–481, 481. Ausführlich zur »Despotie-Tradition« ferner Hella Mandt, Tyrannis, Despotie, S. 651–705.

260 Aristoteles, Politik, S. 251

261 Zur Klimatheorie vgl. Daniel Damler, Bauhaus Laws. The Modernist Revolution and Legal Thought, S. 125–128.

262 Wilfried Nippel, Der Diskurs über die orientalische Despotie im 18. und 19. Jahrhundert. Von Montesquieu zu Marx, S. 465–481, 472.

263 Charles Louis de Secondat, Baron de La Brède et de Montesquieu, Vom Geist der Gesetze, S. 288 (17. Buch, 6. Kapitel).

264 Nach Hella Mandt, Tyrannis, Despotie, S. 651–705. 687, 701.

265 Charles Louis de Secondat, Baron de La Brède et de Montesquieu, Vom Geist der Gesetze, S. 266 (14. Buch, 4. Kapitel).

266 Robert Pippin, Fatalism in American Film Noir. Some Cinematic Philosophy, S. 10.

267 Der »öffentliche Raum« aus juristischer Sicht, ebenfalls an Hannah Arendt orientiert: Angelika Siehr, Das Recht am öffentlichen Raum. Theorie des öffentlichen Raumes und die räumliche Dimension von Freiheit. Eine neuere Theorie und Definition des »öffentlichen Raumes« bei Ludger Schwarte, Philosophie der Architektur, S. 147–167.

268 Dazu vgl. Angelika Siehr, Das Recht am öffentlichen Raum. Theorie des öffentlichen Raumes und die räumliche Dimension von Freiheit, S. 128 f.

269 Hannah Arendt, Vita Activa oder Vom tätigen Leben, S. 54.

270 Hannah Arendt, Vita Activa oder Vom tätigen Leben, S. 61 f.

271 Vgl. auch Angelika Siehr, Das Recht am öffentlichen Raum. Theorie des öffentlichen Raumes und die räumliche Dimension von Freiheit, S. 159.

272 Hannah Arendt, Vita Activa oder Vom tätigen Leben, S. 28.

273 Hannah Arendt, Vita Activa oder Vom tätigen Leben, S. 32 f.

274 Hannah Arendt, Vita Activa oder Vom tätigen Leben, S. 33.

275 Ähnlich (»Möglichkeit gegenseitiger Wahrnehmung«) Ludger Schwarte, Philosophie der Architektur, S. 266 f.

276 Hannah Arendt, Vita Activa oder Vom tätigen Leben, S. 56.

277 Hannah Arendt, Vita Activa oder Vom tätigen Leben, S. 56 f.

278 Hannah Arendt, Vita Activa oder Vom tätigen Leben, S. 35.

279 Hannah Arendt, Vita Activa oder Vom tätigen Leben, S. 48 f.

280 Hannah Arendt, Vita Activa oder Vom tätigen Leben, S. 30.

281 Hannah Arendt, Vita Activa oder Vom tätigen Leben, S. 57.

282 Näher dazu (mwN) Angelika Siehr, Das Recht am öffentlichen Raum. Theorie des öffentlichen Raumes und die räumliche Dimension von Freiheit, S. 139 f.

283 Frank Kolb, Die Stadt im Altertum, S. 130 f.; ders., Art. »Agora«, Sp. 267–273, 268–270; Tonio Hölscher, Öffentliche Räume in frühen griechischen Städten, S. 36 f.

284 Tonio Hölscher, Öffentliche Räume in frühen griechischen Städten, S. 37.

285 Vgl. Wolfram Hoepfner, Bauten der Demokratie, S. 86–93, 86 f.
286 Frank Kolb, Die Stadt im Altertum, S. 132; ders., Art. »Agora«, in: Der neue Pauly. Enzyklopädie der Antike, Bd. 1, Sp. 267–273, 268; vgl. auch ders., Agora und Theater, Volks- und Festversammlung, S. 1–4; Wolfram Hoepfner, Bauten der Demokratie, S. 86–93, 86; Ludger Schwarte, Philosophie der Architektur, S. 266.
287 Tim Burton, 1989, 45:30-47:59, 1:04:40-1:05:01.
288 Jane Jacobs, Tod und Leben großer amerikanischer Städte, S. 47.
289 Christopher Nolan, 2005, 1:37:42-1:39:33.
290 Christopher Nolan, 2012, 6:42-10:25.
291 Christopher Nolan, 2008, 41:52-46:42.
292 Christopher Nolan, 2008, 41:52-46:42.
293 Christopher Nolan, 2012, 6:42-10:25.
294 Christopher Nolan, 2008, 47:02- 50:40. Vgl. auch Christopher Nolan, 2005, 1:39:34-1:46:04.
295 Vgl. Frank Kolb, Die Stadt im Altertum, S. 31 f.
296 Herodot, Die Bücher der Geschichte I-IV, 68 f.
297 Detective Comics Nr. 33 (November 1939), S. 26–27, 26.
298 Tim Burton, 1989, 3:35-4:17.
299 Tim Burton, 1989, 1:04:05-1:09:25.
300 Tim Burton, 1989, 1:37:31-1:37:39.
301 Joel Schumacher, 1995, 1:03:07-1:05:47.
302 Joel Schumacher, 1997, 59:06-1:02:12.
303 Christopher Nolan, 2005, 1:47:27-1:47:50.
304 Christopher Nolan, 2005, 1:47:57-1:48:02.
305 Tim Burton, 1992, 16:50-16:53; 47:00; 1:01:03-1:04:25.
306 Joel Schumacher, 1997, 25:27-25:30; 1:10:12-1:10:17.
307 Joel Schumacher, 1997, 54:13-56:59.
308 James Q. Wilson/George L. Kelling, Broken Windows. The police and neighborhood safety, S. 29–39 – vorliegend zitiert nach der deutschen Fassung »Polizei und Nachbarschaftssicherheit: Zerbrochene Fenster« S. 43–55.
309 Philip G. Zimbardo, The Human Choice: Individuation, Reason, and Order versus Deindividuation, Impulse, and Chaos, S. 237–307, 287–293.
310 Philip G. Zimbardo, The Human Choice: Individuation, Reason, and Order versus Deindividuation, Impulse, and Chaos, S. 237–307, 287.
311 Philip G. Zimbardo, The Human Choice: Individuation, Reason, and Order versus Deindividuation, Impulse, and Chaos, S. 237–307, S. 291 f.
312 James Q. Wilson/George L. Kelling, Polizei und Nachbarschaftssicherheit: Zerbrochene Fenster, S. 43–55, 46.
313 James Q. Wilson/George L. Kelling, Polizei und Nachbarschaftssicherheit: Zerbrochene Fenster, S. 43–55, 47.
314 James Q. Wilson/George L. Kelling, Polizei und Nachbarschaftssicherheit: Zerbrochene Fenster, S. 43–55, 48.
315 James Q. Wilson/George L. Kelling, Polizei und Nachbarschaftssicherheit: Zerbrochene Fenster, S. 43–55, 48.
316 James Q. Wilson/George L. Kelling, Polizei und Nachbarschaftssicherheit: Zerbrochene Fenster, S. 43–55, 49.

317 James Q. Wilson/George L. Kelling, Polizei und Nachbarschaftssicherheit: Zerbrochene Fenster, S. 43–55, 51.

318 James Q. Wilson/George L. Kelling, Polizei und Nachbarschaftssicherheit: Zerbrochene Fenster, S. 43–55, 51.

319 New York City Police Department, Police Strategy No. 5: Reclaiming the Public Spaces of New York, S. 5

320 New York City Police Department, Police Strategy No. 5: Reclaiming the Public Spaces of New York, S. 6.

321 Bernard E. Harcourt/Jens Ludwig, Broken Windows: New Evidence from New York City and a Five-City Social Experiment, S. 271–320, 272.

322 Zitiert nach Bernard E. Harcourt/Jens Ludwig, Broken Windows: New Evidence from New York City and a Five-City Social Experiment, S. 271–320, 272.

323 Hope Corman/Naci Mocan, Carrots, Sticks, and Broken Windows, S. 235–266, 235.

324 Hope Corman/Naci Mocan, Carrots, Sticks, and Broken Windows, S. 235–266, 236.

325 Vgl. Anthony A. Braga/Brandon C. Welsh/Cory Schnell, Can Policing Disorder Reduce Crime? A Systematic Review and Meta-analysis, S. 567–588, 569; Bernard E. Harcourt/Jens Ludwig, Broken Windows: New Evidence from New York City and a Five-City Social Experiment, S. 271–320, 275.

326 Vgl. etwa einerseits George L. Kelling/William H. Sousa, Do police matter? An analysis of the impact of New York City's police reforms; Hope Corman/Naci Mocan, Carrots, Sticks, and Broken Windows, S. 235–266, und andererseits John E. Eck/Edward R. Maguire, Have Changes in Policing Reduced Violent Crime? An Assessment of the Evidence, S. 207–265; Bernard E. Harcourt/Jens Ludwig, Broken Windows: New Evidence from New York City and a Five-City Social Experiment, S. 271–320.

327 Vgl. auch Anthony A. Braga/Brandon C. Welsh/Cory Schnell, Can Policing Disorder Reduce Crime? A Systematic Review and Meta-analysis, S. 567–588, 582.

328 Anthony A. Braga/Brenda J. Bond, Policing Crime and Disorder Hot Spots. A Randomized Controlled Trial, S. 577–607.

329 Anthony A. Braga/Brenda J. Bond, Policing Crime and Disorder Hot Spots. A Randomized Controlled Trial, S. 577–607, 592.

330 Vgl. Anthony A. Braga/Brenda J. Bond, Policing Crime and Disorder Hot Spots. A Randomized Controlled Trial, S. 577–607, 585.

331 Anthony A. Braga/Brenda J. Bond, Policing Crime and Disorder Hot Spots. A Randomized Controlled Trial, S. 577–607, 599 f.

332 Was die Sozialarbeit anbelangt, so ist allerdings zu berücksichtigen, dass sich in einer solchen Studie positive Langzeiteffekte nur unzureichend abbilden lassen: Anthony A. Braga/Brenda J. Bond, Policing Crime and Disorder Hot Spots. A Randomized Controlled Trial, S. 577–607, 600.

333 Anthony A. Braga/Brandon C. Welsh/Cory Schnell, Can Policing Disorder Reduce Crime? A Systematic Review and Meta-analysis, S. 567–588, 580–582.

334 Kees Keizer/Siegwart Lindenberg/Linda Steg, The Spreading of Disorder, S. 1681–1685.

335 Kees Keizer/Siegwart Lindenberg/Linda Steg, The Spreading of Disorder, S. 1681–1685, 1683.

336 Kees Keizer/Siegwart Lindenberg/Linda Steg, The Spreading of Disorder, S. 1681–1685, 1684.

337 Marc Keuschnigg/Tobias Wolbring, Disorder, social capital, and norm violation: Three field experiments on the broken windows thesis, S. 96–126.

338 Marc Keuschnigg/Tobias Wolbring, Disorder, social capital, and norm violation: Three field experiments on the broken windows thesis, S. 96–126, 116 f.

339 Marc Keuschnigg/Tobias Wolbring, Disorder, social capital, and norm violation: Three field experiments on the broken windows thesis, S. 96–126, 121 f.

340 Vgl. James Q. Wilson/George L. Kelling, Polizei und Nachbarschaftssicherheit: Zerbrochene Fenster, S. 43–55, 47.

341 Manfred Rehbinder, Rechtssoziologie, 8. Aufl., München 2014, Rn. 115. Vgl. auch Susanne Baer, Rechtssoziologie. Eine Einführung in die interdisziplinäre Rechtsforschung, S. 242 f.

342 Daniel Kahneman/Paul Slovic/Amos Tversky (Hrsg.), Judgment under uncertainty: Heuristics and biases.

343 Kees Keizer/Siegwart Lindenberg/Linda Steg, The Spreading of Disorder.

344 Robert B. Cialdini, Descriptive Social Norms As Underappreciated Sources of Social Cotrol, S. 263–268, 264.

345 »Descriptive social norms, which involve perceptions not of what others approve but of what others actually do, also influence compliance decisions powerfully« – Robert B. Cialdini, Descriptive Social Norms As Underappreciated Sources of Social Cotrol, 263.

346 Kees Keizer/Siegwart Lindenberg/Linda Steg, The Spreading of Disorder, S. 1681–1685, 1683.

347 Ähnlich Kees Keizer/Siegwart Lindenberg/Linda Steg, The Spreading of Disorder, S. 1681–1685, 1682.

348 Todd Philips, 2019, 0:22-1:16: Eingangsszene mit Radionachrichten zum Streik der Müllabfuhr: »Egal durch welche Straßen man geht, man sieht überall nur Müll und Ratten.«

349 Todd Philips, 2019, 28:11-32:22.

350 Wolfgang Kunkel/Roland Wittmann, Staatsordnung und Staatspraxis der römischen Republik, Zweiter Abschnitt: Die Magistratur, S. 668 f.

351 Siegfried Kracauer, Das Ornament der Masse, in: Das Ornament der Masse, S. 50–63.

352 Andrew Farago/Gina McIntyre, Batman. Alles über den Dunklen Ritter in Comic, Film und anderen Medien, S. 268.

353 Andrew Farago/Gina McIntyre, Batman. Alles über den Dunklen Ritter in Comic, Film und anderen Medien, S. 86.

354 Joel Schumacher, 1995, 1:50:00-1:51:27; Joel Schumacher, 1997, 52:12-54:04.

355 Christopher Nolan, 2005, 1:20:27-1:25:24.

356 Christopher Nolan, 2012, 1:32:52-1:37:06.

357 Christopher Nolan, 2012, 1:32:52-1:37:06.

358 Christopher Nolan, 2012, 1:52:26.

359 Christopher Nolan, 2012, 1:20:35-1:21:45.

360 Carl Schmitt, Theorie des Partisanen. Zwischenbemerkung zum Begriff des Politischen, S. 95.

361 Carl Schmitt, Theorie des Partisanen. Zwischenbemerkung zum Begriff des Politischen, S. 94.

362 Tim Burton, 1989, 1:30:22-1:31:40.

363 Dazu Daniel Damler, Sichtbarkeit und Unsichtbarkeit im Recht des 20. Jahrhunderts, S. 95–124; ders., Der Vorhang des Dr. Mabuse, S. 79–94.

364 Christopher Nolan, 2008, 39:32-43:26.

365 Christopher Nolan, 2005, 1:47:52-1:48:30.

366 Joel Schumacher, 1995, 31:46-39:19.

367 Tim Burton, 1992, 11:30-16:50.

368 Tim Burton, 1992, 16:50-18:00.

369 Joel Schumacher, 1997, 33:06, 1:22:08-1:24:16.
370 Tim Burton, 1989, 57:06-1:04:38.
371 Joel Schumacher, 1997, 25:28, 1:10:11-1:16:58.
372 Christopher Nolan, 2012, 1:24:08-1:21:45.
373 Tim Burton, 1989, 1:31:56-1:41:00.
374 Joel Schumacher, 1997, 38:02-46:44.
375 Christopher Nolan, 2012, 1:24:08-1:26:55.
376 Christopher Nolan, 2005, 1:54:48-1:59:22.
377 Christopher Nolan, 2005, 1:42:55-1:46:14; vgl. auch die Ruinen des ausgebrannten Wayne Manor in Zack Snyder, 2016, 1:20:30-1:20:34.
378 Zack Snyder, 2016, 1:09:43-1:10:35.
379 Vgl. (zu Mittelalter und Neuzeit) Rolf Engelsing, »Wie Sodom und Gomorrha…« Die Zerstörung der Städte; aus medienwissenschaftlicher Perspektive Andreas Böhn, Zerstörte Städte im Monumentalfilm am Beispiel von Karthago, S. 237–249.
380 Christopher Nolan, 2005, 1:42:27-1:43:58 (Rede Ra's al Ghuls).
381 Johannes Fried, Aufstieg aus dem Untergang. Apokalyptisches Denken und ihre Entstehung der modernen Naturwissenschaften im Mittelalter, S. 15.
382 Max Page, The City's End. Two Centuries of Fantasies, Fears, and Predominitions of New York's Destruction, S. 15.
383 Max Page, The City's End. Two Centuries of Fantasies, Fears, and Predominitions of New York's Destruction, S. 16.
384 Eingehend Max Page, The City's End. Two Centuries of Fantasies, Fears, and Predominitions of New York's Destruction, S. 143–197. Allgemein zu New York als Film-Stadt James Sanders, Celluloid Skyline. New York and the Movies.
385 Max Page, The City's End. Two Centuries of Fantasies, Fears, and Predominitions of New York's Destruction, S. 199–232.
386 Zack Snyder, 2016, 7:10-9:23.
387 Zu Anfang von Christopher Nolan, 2012, nach Batmans Rückzug, hat Gotham vorübergehend die Kriminalität unter Kontrolle.
388 Christopher Nolan, 2008, 19:30-20:48.
389 Vgl. Wolfgang Kunkel/Roland Wittmann, Staatsordnung und Staatspraxis der römischen Republik, Zweiter Abschnitt: Die Magistratur, S. 712–716; Ronald Syme, Die Römische Revolution, München 1992, S. 48–61; Karl Christ, Krise und Untergang der römischen Republik, S. 380–390.
390 Wolfgang Kunkel/Roland Wittmann, Staatsordnung und Staatspraxis der römischen Republik, Zweiter Abschnitt: Die Magistratur, S. 712 f.
391 Karl Christ, Krise und Untergang der römischen Republik, S. 383; Wolfgang Kunkel/Roland Wittmann, Staatsordnung und Staatspraxis der römischen Republik, Zweiter Abschnitt: Die Magistratur, S. 715.
392 Vgl. Christian Meier, Caesar, S. 564–568; Ronald Syme, Die Römische Revolution, S. 55–61; Karl Christ, Krise und Untergang der römischen Republik, S. 388–390; Wolfgang Kunkel/Roland Wittmann, Staatsordnung und Staatspraxis der römischen Republik, Zweiter Abschnitt: Die Magistratur, S. 716.
393 Wolfgang Kunkel/Roland Wittmann, Staatsordnung und Staatspraxis der römischen Republik, Zweiter Abschnitt: Die Magistratur, S. 712.

394 Zu Cincinnatus im historischen Kontext der frühen Republik Boris Dunsch, »Exemplo aliis esse debetis.« Cincinnatus in der antiken Literatur, in: Ulrich Niggemann/Kai Ruffing (Hrsg.), Antike als Modell in Nordamerika?, S. 219–247, 221–226.

395 Erste Diktatur: Liv. 3, 26, 6 – 3, 29, 7.

396 Vgl. Boris Dunsch, »Exemplo aliis esse debetis.« Cincinnatus in der antiken Literatur, S. 219–247, 226–228.

397 Liv. 3, 13, 1–14.

398 Liv. 3, 26, 1–12.

399 Liv. 3, 29, 7.

400 Ulrich Niggemann, Von einer Oppositionsfigur zum staatstragenden Modell. Cincinnatus in der anglo-amerikanischen Publizistik des 18. Jahrhunderts, S. 249–273, 253–265.

401 Vgl. Ulrich Niggemann, Von einer Oppositionsfigur zum staatstragenden Modell. Cincinnatus in der anglo-amerikanischen Publizistik des 18. Jahrhunderts, S. 249–273 (mwN); Jeremy Engels, The Two Faces of Cincinnatus: A Rhetorical Theory of the State of Exception, S. 53–64; Garry Wills, Cincinnatus. George Washington and the Enlightenment.

402 Zitiert nach Ulrich Niggemann, Von einer Oppositionsfigur zum staatstragenden Modell. Cincinnatus in der anglo-amerikanischen Publizistik des 18. Jahrhunderts, S. 249–273, 266 f.

403 Vgl. Ulrich Niggemann, Von einer Oppositionsfigur zum staatstragenden Modell. Cincinnatus in der anglo-amerikanischen Publizistik des 18. Jahrhunderts, S. 249–273, 266–268; ferner Matthias Lemke, Demokratie im Ausnahmezustand. Wie Regierungen ihre Macht ausweiten, S. 89–94.

404 Vgl. auch Jeremy Engels, The Two Faces of Cincinnatus: A Rhetorical Theory of the State of Exception, S. 53–64, 56 f.

405 Eingehend Laura Kalman, The Strange Career of Legal Liberalism, insbes. S. 154–163; vgl. auch Timothy Lenz, Republican Virtue and the American Vigilante, S. 117–140, 127–132.

406 Ulrich Niggemann, Von einer Oppositionsfigur zum staatstragenden Modell. Cincinnatus in der anglo-amerikanischen Publizistik des 18. Jahrhunderts, S. 249–273, 271.

407 Zack Snyder, 2016, 35:26-36:22; 1:01:59-1:02:07.

408 Cic. rep. 1, 42.

409 Christopher Nolan, 2008, 10:00-10:10.

410 Christopher Nolan, 2008, 12:37-12:39.

411 Vgl. Mark D. White, Batman and Ethics, S. 222–224; ders., Criminal Justice in Gotham. The Role of the Dark Knight, S. 123–140, 124–126.

412 Wolfgang Kunkel/Roland Wittmann, Staatsordnung und Staatspraxis der römischen Republik, Zweiter Abschnitt: Die Magistratur, S. 717.

413 Liv. 4, 14, 1–7.

414 Boris Dunsch, »Exemplo aliis esse debetis.« Cincinnatus in der antiken Literatur, S. 219–247, 230 f.

415 Cic. Mil. 72; Cic. Cat. 1, 3, 4 f.; Boris Dunsch, »Exemplo aliis esse debetis.« Cincinnatus in der antiken Literatur, S. 219–247, 229.

416 Boris Dunsch, »Exemplo aliis esse debetis.« Cincinnatus in der antiken Literatur, in: Ulrich Niggemann/Kai Ruffing (Hrsg.), Antike als Modell in Nordamerika?, S. 219–247, 231.

417 In der Washington-Cincinnatus-Folklore stand freilich die erste (gegen einen *äußeren Feind* gerichtete) Diktatur im Vordergrund: Jeremy Engels, The Two Faces of Cincinnatus: A Rhetorical Theory of the State of Exception, S. 53–64, 56.

418 In: Les Daniels, Batman. The Complete History, S. 52 f.

419 Batman Nr. 48, August 1948, S. 44.

420 Eingehend Yulia Ustinova, Caves and the Ancient Greek Mind. Descending Underground in the Search for Ultimate Truth – neuropsychologische Deutung: S. 13–52 (»caves serve as an environment that facilitates reaching visions and revelations«); zur Höhlenmalerei David Lewis-Williams, The Mind in the Cave. Consciousness and the Origins of Art.

421 Jan Pieper, Das Labyrinthische. Über die Idee des Verborgenen, Rätselhaften, Schwierigen in der Geschichte der Architektur, S. 157–162.

422 Yulia Ustinova, Caves and the Ancient Greek Mind. Descending Underground in the Search for Ultimate Truth, S. 68–89.

423 Christopher Nolan, 2005, 0:44:32-0:45:01.

424 Vgl. J. A. North, Caesar at the Lupercalia, S. 144–160; Guiseppe Zucchini, Die öffentlichen Räume des Dictators Caesar, S. 183–194, 191.

425 Maria Antonietta Tomei, Die Residenz des ersten Kaisers – der Palast in augusteischer Zeit, S. 6–17, 17.

426 Vgl. Cristina Mazzoni, She-Wolf. The Story of a Roman Icon, S. 19; Alexandre Grandazzi, Foundation of Rome. Myth and History, S. 166; Andreas Alföldi, Die Struktur des voretruskischen Römerstaates, S. 84.

427 Kurt A. Raaflaub, Romulus und die Wölfin – Roms Anfänge zwischen Mythos und Geschichte, S. 18–39, 38.

428 Eine neuere Deutung mit Bezügen zu Lévi-Strauss: Philippe Descola, Jenseits von Natur und Kultur, S. 219–258.

429 Kurt A. Raaflaub, Romulus und die Wölfin – Roms Anfänge zwischen Mythos und Geschichte, S. 18–39, 19.

430 Kurt A. Raaflaub, Romulus und die Wölfin – Roms Anfänge zwischen Mythos und Geschichte, S. 18–39, 39.

431 Dazu Daniel Damler, Rechtsästhetik. Sinnliche Analogien im juristischen Denken, S. 302–337.

432 Christopher Nolan, 2008, 1:49:39-1:52:18.

433 Vgl. Bernhard W. Wegener, Der geheime Staat. Arkantradition und Informationsfreiheitsrecht, S. 31–123; Michael Stolleis, Arcana imperii und ratio status. Bemerkungen zur politischen Theorie des frühen 17. Jahrhunderts, sowie die Beiträge in Rüdiger Voigt (Hrsg.), Staatsgeheimnisse. Arkanpolitik im Wandel der Zeiten, S. 5–108.

434 Ausführlich Vera Keller, Mining Tacitus. Secrets of empire, nature and art in the reason of state, S. 189–212.

435 Detective Comics Nr. 33 (November 1939), S. 26–27, 26.

436 Alexander Demandt, Der Idealstaat. Die politischen Theorien der Antike, S. 25.

437 Platon, Der Staat, nach der Übersetzung von Friedrich Schleiermacher bearbeitet von Dietrich Kurz, 6. Aufl., S. 659.

438 Aristoteles, Nikomachische Ethik, nach der Übersetzung von Eugen Rolfes bearbeitet von Günther Bien, S. 197.

439 Vgl. Andreas M. Fleckner, Antike Kapitalvereinigungen. Ein Beitrag zu den konzeptionellen und historischen Grundlagen der Aktiengesellschaft, S. 654 f.

440 Zum Typus des Superhelden-Unternehmers vgl. Jörg Scheller, Philanthrokapitalheroismus. Der Unternehmer im Superheldenfilm, in: Jens Eder, Joseph Imorde, Maike Sarah Reinerth (Hrsg.), Medialität und Menschenbild. de Gruyter, S. 219–233.

441 Andrew Farago/Gina McIntyre, Batman. Alles über den Dunklen Ritter in Comic, Film und anderen Medien, S. 106.

442 Vgl. Claus M. Wolfschlag, Traumstadt und Armageddon. Zukunftsvision und Weltuntergang im Science-Fiction-Film, S. 78–84; Patrick Novotny, No Future! Cyberpunk, Industrial Music, and the Aesthetics of Postmodern Disintegration, S. 99–123; Jiré Emine Gözen, Cyberpunk Science Fiction. Literarische Fiktionen und Medientheorien, S. 205–208.

443 Christopher Nolan, 2005, 11:23-11:57.

444 Prägend war auch für Fritz Lang der Anblick Manhattans bei seinem ersten Besuch im Jahr 1924: Dietrich Neumann, Vorboten und Folgen von Metropolis. Film und Architektur auf der Suche nach der modernen Stadt, S. 33–38, 33.

445 Diese Auffassung war damals in ganz Europa verbreitet. Zu Le Corbusier vgl. Daniel Damler, Konzern und Moderne. Die verbundene juristische Person in der visuellen Kultur 1880–1980, S. 274–284.

446 Siegfried Kracauer, Über Turmhäuser, Frankfurter Zeitung vom 2. März 1921, S. 9–10, 10.

447 Vgl. Dietrich Neumann, »Die Wolkenkratzer kommen!« Deutsche Hochhäuser der zwanziger Jahre. Debatte, Projekte, Bauten, Braunschweig 1995.

448 Dietrich Neumann (Hrsg.), Filmarchitektur. Von Metropolis bis Blade Runner, S. 33–38, 35.

449 Dazu und zu den verfassungspolitischen Implikationen Daniel Damler, Bauhaus Laws. The Modernist Revolution and Legal Thought, S. 37–43.

450 Zur US-amerikanischen Diskussion und Hinweisen zu dem »kaum noch überschaubaren Schrifttum« (Rn. 127): Hanno Merkt, US-amerikanisches Gesellschaftsrecht, 3. Aufl., Rn. 127–135. Zur Lage in Deutschland vgl. die Beiträge zum ZGR-Symposium in Zeitschrift für Unternehmens- und Gesellschaftsrecht 47 (2018) Hft. 2–3; etwa Stephan Harbarth, Aktienrecht, Gemeinwohl und Vergütungsparameter, S. 379–402.

451 Dazu die »Festschrift« von Luigi Zingales/Jana Kasperkevic/Asher Schechter (Hrsg.), Milton Friedman 50 Years Later.

452 Zur Kontextualisierung von Milton Friedman vgl. Daniel Damler, Konzern und Moderne. Die verbundene juristische Person in der visuellen Kultur 1880–1980, S. 293 f.

453 Christopher Nolan, 2008, 0:30:47-0:36:15.

454 Vgl. Christopher Nolan, 2012, 57:50-59:59.

455 Ausführlich zur Geschichte des Bat-Signal: https://batmanprojekt.com/2019/11/23/bat-signal-ursprung-geschichte/

456 Tim Burton, 1989, 1:55:45-1:55:59.

457 Christopher Nolan, 2008, 2:16:52-2:17:05.

458 Vgl. Christian Meier, Die Entstehung des Politischen bei den Griechen, S. 153.

459 Vgl. Henning Ottmann, Geschichte politischen Denkens. Bd. 1: Die Griechen, Tbd. 1: Von Homer bis Sokrates, S. 13.

460 Jan Assmann, Politik zwischen Ritual und Dogma. Spielräume politischen Handelns im pharaoischen Ägypten, S. 97–114, 106.

461 Christian Meier, Die Entstehung des Politischen bei den Griechen, Frankfurt am Main 1983, S. 78 f.

462 Christian Meier, Kultur, um der Freiheit willen. Griechische Anfänge – Anfang Europas?, S. 266 f. Vgl. auch ders., Entstehung des Begriffs »Demokratie«. Vier Prolegomena zu einer historischen Theorie, S. 20 f.

463 Christian Meier, Die Entstehung des Politischen bei den Griechen, S. 148, 151.

464 Christian Meier, Die Entstehung des Politischen bei den Griechen, S. 151.

465 Christian Meier, Die Entstehung des Politischen bei den Griechen, S. 149.
466 Christian Meier, Die Entstehung des Politischen bei den Griechen, S. 152.
467 Aischylos, Die Orestie, übers. von Kurt Steinmann, S. 149.
468 Aischylos, Die Orestie, übers. von Kurt Steinmann, S. 149.
469 Aischylos, Die Orestie, übers. von Kurt Steinmann, S. 160 (Eum. 734–735).
470 Aischylos, Die Orestie, übers. von Kurt Steinmann, S. 160.
471 Aischylos, Die Orestie, übers. von Kurt Steinmann, S. 161.
472 Christian Meier, Die Entstehung des Politischen bei den Griechen, S. 192.
473 Christian Meier, Die Entstehung des Politischen bei den Griechen, S. 472.
474 Christian Meier, Die Entstehung des Politischen bei den Griechen, S. 471.
475 Christian Meier, Die Entstehung des Politischen bei den Griechen, S. 172 (Hervorhebung in der Vorlage).
476 Friedrich Nietzsche, Unzeitgemäße Betrachtungen – Zweites Stück: Vom Nutzen und Nachtheil der Historie für das Leben, S. 243–324, 327.
477 Platon, Werke, Bd. 4: Politeia, S. 269, 271.